Mario Brühlmann

Die 10 Gebote
für Unternehmer

Mit ethischen Prinzipien erfolgreich sein

BRUNNEN
Verlag Giessen · Basel

Die Mustervorlagen (s. S. 200 ff.) stehen Lesern dieses Buches im Downloadbereich von www.swisscreate.com mit dem Passwort *montblancBRUNNEN* zur Verfügung.

© 2012 Brunnen Verlag

www.brunnen-verlag.de

Umschlaggestaltung: Ralf Simon

Umschlagbild: Mario Brühlmann

Bildnachweis S. 178 + 183: shutterstock

Satz: DTP Brunnen

Herstellung: GGP Media GmbH, Pößneck

ISBN 978-3-7655-1213-1

Inhalt

Geleitwort: Freiheit und Selbstverantwortung   7
Von Hans-Ulrich Bigler

Vorwort: Andere beobachten spart viel Geld, Zeit und Ärger   11

1. Geschäftsmodelle fallen nicht vom Himmel – oder doch?   15

Das Geschäftsmodell verlangt Entscheidungen   15
Die Zehn Gebote verlangen Entscheidungen   16
Wie mich ein Freund das Bergsteigen lehrte   17
Die Bergtour des Unternehmers   18
Probleme sind Chancen   19
Meine wichtigste Entscheidung   22
Die zehn Ausreden   23
Mit der SWOT-Analyse Chancen realistisch beurteilen   27
Das Geschäftsmodell – der kompakte Businessplan   29
Das Geschäft in Fahrt bringen   31

2. Marketing muss nicht viel kosten – aber viel bringen   34

Gott ist keine Versicherungspolice   34
Werte leben   35
Unsere Ausstrahlung   36
Zwei Arten von Verkäufern   36
Das Marketingkonzept: einfach, aber umfassend   37
Marketing = Kundenorientierung   39
Qualitätsmanagement   41
Kommunikation   42

3. Zeit ist Geld – und noch viel mehr   44
Der Ruhetag ist für den Menschen da   45
Tankstelle Weisheit   48
Ohne Ruhetag schwindet die Geschäftsethik   49
Der ethische Kompass   50
Störfelder   50
Tankstelle Lebensfreude   52

4. Veränderungen brauchen Kraft – und bringen Saft   55
Die 5 Lebensphasen eines Unternehmens   56
Die Phasenübergänge   59
Mit Humor geht's besser   60
Von der Nullphase in die Pionierphase   62
Von der Pionierphase in die Wachstumsphase   62
Veränderungskompetenzen   64
Von der Wachstumsphase in die Differenzierungsphase   70
Von der Differenzierungsphase in die Konsolidierungsphase   75
Von der Konsolidierungsphase in die Liquidierungsphase   76

5. Kämpfen gehört zum Spiel – töten nicht   78
Mobbing   80
Offenheit beugt Mobbing vor   81
Ursachen des Mobbings   81

6. Menschen führen ist eine wahre Kunst – und lernbar   85
Selbstbewusstsein ja, Überheblichkeit nein   86
Treue Eheleute im Gespräch   87
Unsere Mitarbeiter   89
Lieferanten   93
Kunden   94

7. *Rechte muss man haben – und kennen*   97
Ehrlichkeit   98
Diebstahlsfallen   99
Neues schaffen ist seliger denn stehlen   100
Probleme lösen   101

8. *Kommunikation ist schwierig – und öffnet Tür und Tor*   107
Vertrauen – Fundament der Kommunikation   107
Die Kommunikationsqualität verbessern   109

9. *Partnerschaften sind riskant – und brauchen Pflege*   119
Vom maßvollen zum schädlichen Begehren   119
Partnerschaft Ehe   121
Grauzone der Usanzen   121
Geschäftspartnerschaften   122
Risikomanagement   123
Krisenmanagement   124

10. *Mit Zahlen spielt man Lotto – oder führt
ein Unternehmen*   127
Geld verdienen ja – Gier nein   127
Transparenz statt Lebenslügen   128
Lebenslügen   129
Zeit und Pläne   131
Steuerungsinstrumente: das Firmencockpit   132

11. *Zehn Fallbeispiele*   136
  1. Zbären: neue Strategie wegen zu dünner Gewinnmarge   136
  2. Autoworld: vom Hinterhof zum Top-Standort   139
  3. Arnos: aus Arbeitslosigkeit zum Unternehmer   142

4. ROMCOM: Steigbügelhalter für andere 146

5. Adaconi: Handeln im Blut und Ethik im Herzen 149

6. Brothers Mobil: ein Familienunternehmen
   wie es im Buche steht 153

7. Carol Tech: sozialer Unternehmergeist im Dorf 158

8. Optimedia: keine unzufriedenen Kunden erlaubt 162

9. GEWA: ein sozialwirtschaftliches Unternehmen 167

10. Baumann Schreinerei: Qualitätsprodukte mit
    sozial schwächeren Mitarbeitern herstellen 172

12. Strategisches Management – Praxiserfahrungen
   aus dem Führungscockpit *177*

Der Unternehmer als Pilot 178

Das Dreieck des strategischen Managements 180

Strategisches Management in Aktion: Situationsanalyse,
   Strategieumsetzung, strategische Führung 183

Fazit 199

Anhang *200*

Mustervorlagen *200*

Bibliografie *235*

Bücher 235

Zeitschriftenartikel 239

Geleitwort

Freiheit und Selbstverantwortung

Von Hans-Ulrich Bigler, Direktor des Schweizerischen Gewerbeverbandes (sgv)

Die Schweizerische Volkswirtschaft ist gekennzeichnet durch eine ausgeprägte Struktur von Klein- und Mittelunternehmen (KMU). Dies dokumentieren die nachfolgenden Fakten eindrücklich:

- 88 % aller Unternehmungen beschäftigen weniger als zehn Mitarbeitende und weitere 10 % weniger als fünfzig. Nur gerade 0,3 % aller Unternehmungen gelten als Großbetriebe mit mehr als 250 Mitarbeitenden.
- Die KMU bieten in der Schweiz zwei Drittel aller Arbeitsplätze an und bilden rund 70 % aller Lernenden aus.
- Ein Viertel aller Unternehmungen machen weniger als CHF 150.000 Umsatz pro Jahr, währenddem auf der anderen Seite der Skala knapp zwei Fünftel mehr als CHF 600.000 Umsatz verzeichnen.

Zu Recht gilt deshalb die Feststellung, wonach die KMU das Rückgrat der Schweizer Volkswirtschaft bilden. Es sind damit diejenigen Betriebe, die uns in unserem nächsten Umfeld laufend begegnen: der Metzger und der Bäcker, die Vermögens- und die Steuerberatung, die Autowerkstatt, das Hotel und die Restaurants, der Schreiner, der Klempner und so weiter. Sie alle leisten Tag für Tag fernab gleißender Medien-Scheinwerfer ihren unverzichtbaren Beitrag für die Wertschöpfung unseres Landes, sichern Arbeitsplätze und bereiten Jugendliche in der Lehre für die Arbeitswelt vor.

Diese ausgeprägte KMU-Struktur ist dabei nicht etwa eine schweizerische Besonderheit, vielmehr ist sie weitgehend typisch für das gesamte europäische Umfeld. Dabei ist ein Merkmal ganz wesentlich für KMU-Unternehmerinnen und -Unternehmer: Sie stehen in guten wie in schlechten Zeiten zu ihren Betrieben. Gerade in Rezessionsphasen hat sich dies nachweislich in unserem Land gezeigt, indem KMU in der Regel proportional weniger Arbeitsplätze abbauen als Großbetriebe. Ihnen kommt damit die Funktion eines wirksamen Konjunkturpuffers zu, werden doch einerseits gefährdete Arbeitsplätze nach Möglichkeit im Betrieb erhalten und andererseits die Sozialversicherungen, speziell die Arbeitslosenkasse, dadurch wirksam entlastet. Dass dies immer auch zulasten des eigenen Gewinnes geht, sei nur nebenbei erwähnt.

Ganz generell zeichnen sich KMU-Unternehmer durch eine gesunde Bodenhaftung aus, haben sie doch einen guten Instinkt für das Machbare. Dies hängt stark mit der Tatsache zusammen, dass sie ihr eigenes Kapital ganz oder teilweise im Betrieb und mit einem langfristigen Zeithorizont investiert haben. Damit tragen sie auch das Risiko selber. Im Falle einer Krise ist da keine rettende (Staats-) Hand zur Stelle. Es ist denn auch nicht verwunderlich, dass die aktuelle Problematik unverhältnismäßiger Managervergütungen, Diskussionen um Abzockerei und die spektakulären Folgen der Finanzkrise in erster Linie börsennotierte Unternehmen und nicht die KMU betrifft.

Natürlich sind dafür auch betriebliche Gründe maßgebend, die sich aus der Größe ergeben. Ein Mikrobetrieb kann es sich kaum leisten, seine Fachkräfte in der Krise zu entlassen. Trotzdem ist darauf hinzuweisen, dass sich aus diesen strukturellen Aspekten heraus fast automatisch auch Wertvorstellungen für das unternehmerische Selbstverständnis und das individuelle Führungsverhalten im Betrieb auch hinsichtlich der eigenen Mitarbeitenden ergeben.

Auf dieser Grundlage baut der Autor dieses Buches auf und lässt seinen eigenen, reichen Erfahrungsschatz in konkrete Hinweise und Empfehlungen einfließen. Dabei geht es ihm nicht nur um den betriebswirtschaftlichen Erfolg sowie die Vermittlung von Professionalität und Führungsgrundsätzen. Vielmehr weitet er den Blickwinkel aus, gestützt auf die Überzeugung, dass sich nebst den betriebswirtschaftlichen Gesetzmäßigkeiten echter, ganzheitlicher Erfolg nur dort einstellen kann, wo eine umfassende Geschäftsethik im Unternehmen zum Tragen kommt. Damit vermag der Inhalt denn auch nebst den fachlichen Aspekten mit ausgesprochener Authentizität zu überzeugen.

Krisen und Rezessionen der vergangenen Jahre konnten vor allem auch deshalb immer wieder überwunden werden, weil die solide Arbeit und das hohe gesellschaftspolitische Verantwortungsbewusstsein der KMU-Unternehmerinnen und -Unternehmer mit dazu beitrug, Schwierigkeiten zu überwinden. Mein Dank geht denn auch an alle Familienunternehmer, die Tag für Tag ihre Frau beziehungsweise ihren Mann stehen – ohne viel Aufhebens und überzogene Boni, dafür darauf bedacht, Arbeitsplätze und Lehrstellen zu sichern und damit einen unverzichtbaren Beitrag zum Wohlstand und wirtschaftlichen Wachstum zu leisten.

Diesen wahren Unternehmern ist in ihrer unternehmerischen Tätigkeit ein möglichst großer Freiraum zu gewähren, darf doch eines nicht vergessen werden: Freiheit und Selbstverantwortung sind heute schon und werden auch in Zukunft weiterhin die Grundlagen unseres Wohlstandes sein, in guten wie in schlechten Zeiten.

Hans-Ulrich Bigler, 2. April 2012

Vorwort

Andere beobachten spart viel Geld, Zeit und Ärger

Es ist erstaunlich, wie viele unternehmerische Fehler immer wieder gemacht werden. Fast habe ich den Eindruck, die einen schauen bei den andern ab und kopieren frisch drauflos. Die Gründe für Firmenkonkurse sind immer wieder dieselben: fehlende Liquidität, falsche Markteinschätzung und mangelnde Umsetzung von Ideen. Wenn Nachfolgeregelungen nicht funktionieren, liegt es meist daran, dass der bisherige Eigentümer die Firma nicht loslassen kann oder dass die falschen Personen als Nachfolger ausgewählt werden.

Andere zu beobachten ist gut – sofern wir daraus die richtigen Erkenntnisse und Lehren ziehen. Genau das werden wir in diesem Buch tun. Ich lade Sie ein auf eine Reise durch zwanzig Jahre Unternehmensberatung und -entwicklung in mehreren Ländern und Kontinenten. Ich berichte über Erfahrungen und Erkenntnisse vieler Firmengründungen und -entwicklungen in unterschiedlichen Kulturen. Aus diesen Informationen leiten wir Prinzipien ab, die sich in angepasster Form kopieren lassen. Und wenn Sie wollen, können Sie diese in Ihrem Unternehmen umsetzen.

Auch sehr sozial ausgerichtete Unternehmer müssen mit ihren Firmen Gewinne erwirtschaften, wenn sie langfristig überleben wollen. Daran ist nicht zu rütteln. Ich bin bei meiner Arbeit selbstständigen Freiberuflern und auch Multimillionären begegnet. Letztere sind auf der Erfolgsleiter offensichtlich weit aufgestiegen. Mit Erstaunen stelle ich jedoch fest, dass nur sehr wenige von ihnen wirklich glückliche Menschen geworden sind. Diese wenigen haben einiges gemeinsam: zum Beispiel ihre Sicht

für das Wesentliche. Oder ihre Liebe zu Menschen und ihre Großzügigkeit im Teilen. Oder ihre Innovationskraft und ihre Hartnäckigkeit beim Überwinden von Hindernissen. Zufall? Nein,
dies hat System. Und diesem System gehen wir auf den Grund.

Es ist kein Zufall, dass wir dabei bei den Zehn Geboten aus
der Bibel landen. Gott hat es geschafft, die Verhaltensnormen
für die ganze Menschheit in zehn Geboten zusammenzufassen.
Sollte das nicht auch für eine erfolgreiche Geschäftsführung reichen? Ja, es reicht. Die Zehn Gebote regeln die entscheidenden
Punkte für das Zusammenleben in einer großen Gemeinschaft.
Diese Regeln gelten für politische und Wirtschaftssysteme gleichermaßen. Würden sich Wirtschaftsführer vermehrt daran orientieren, sähe unsere Welt um einiges gerechter und menschenfreundlicher aus.

Auf den ersten Blick ist der Zusammenhang zwischen den
Zehn Geboten der Bibel und professioneller Unternehmensführung
vielleicht nicht sofort erkennbar. Die Gebote wirken vielleicht unverständlich und radikal. Für viele mag
dies ein Grund sein, sich nicht damit zu befassen.
Bei näherer Betrachtung öffnen sich Türen zu zahlreichen Erkenntnissen, wie professionelle Methoden der Geschäftsführung sozialverträglich angewendet werden können. Das Firmenziel bleibt das
gleiche: Gewinn. Dieser darf aber nicht zulasten
der Mitmenschen und der Mitwelt gehen. Nur wenn
soziale, ökologische und Wirtschaftssysteme gleichermaßen nachhaltig profitieren, dürfen wir von
einem echten Gewinn sprechen.

> **Nur wenn soziale, ökologische und Wirtschaftssysteme gleichermaßen nachhaltig profitieren, dürfen wir von einem echten Gewinn sprechen.**

Die Verknüpfung der Zehn Gebote mit dem alltäglichen
Wirtschaftsleben fordert heraus: Grenzen des Machbaren werden sichtbar und müssen respektiert werden. Wir nennen dies
Wahrnehmen von Verantwortung. Zudem öffnen sich ungeahnte
Möglichkeiten des kreativen Wirkens. Wir nennen dies unternehmerisches Denken und Handeln.

Dieses Buch lässt wenig Raum für Halbheiten. Es ist ein Buch für Unternehmer, für Menschen, die unternehmerische Freiheiten und Verantwortung wahrnehmen wollen. Es bietet Beispiele und Gedanken an, sich in zehn Schritten zum wirkungsvollen Unternehmer zu entwickeln, der Menschen und Umwelt achtet.

Die ehrliche Auseinandersetzung mit den Zehn Geboten beeinflusst und prägt unser Denken und damit unser Handeln im Privat- und im Geschäftsleben. Die Folge davon ist eine gelebte Geschäftsethik, die Mehrwert schafft ohne Ausbeutung von Mensch und Natur.

1. Kapitel

Geschäftsmodelle fallen nicht vom Himmel – oder doch?

„Ist es Professionalität oder Zufall?" Diese Frage stellt sich unweigerlich, wenn wir nach den Erfolgsfaktoren bei herausragenden Firmen suchen. Die Antwort ist nicht einfach. Viele Unternehmer arbeiten höchst professionell und haben trotzdem nie Erfolg. Andere können sich alle erdenklichen unternehmerischen Fehler erlauben, und das Geschäftsmodell ist trotzdem erfolgreich. Nun interessieren uns nicht die einmaligen, zufälligen Erfolgsgeschichten. Ein großer Lottogewinn ist sehr selten und kaum wiederholbar. Wir interessieren uns vielmehr für die Prinzipien, die systematisch und wiederholbar Erfolg bringen. Dazu gehören professionelle Methoden genauso wie das „Zufallen" von Gelegenheiten. Methoden muss man kennen und beherrschen. Der Umgang mit uns zufallenden Gelegenheiten braucht mehr als Wissen und Können, nämlich offene Augen und Empfänglichkeit für Neues und Ungewohntes. Dafür steht uns ein einfaches und hilfreiches Instrument zur Verfügung: das Geschäftsmodell.

Erfolgsmodelle basieren auf einer Summe von logisch aufeinander abgestimmten Entscheidungen.

Das Geschäftsmodell verlangt Entscheidungen

Ein Geschäftsmodell ist eine einfache Darstellung der für das Unternehmen wichtigsten Erfolgsfaktoren. Es gibt Antworten auf die zentralen betriebswirtschaftlichen Fragen. Es bietet Platz für Visionen, Ziele, Strategien, Pläne, Zahlen und das Zulassen von Zufälligkeiten. Ein Geschäftsmodell fordert uns heraus zum Entscheiden. Erfolgsmodelle basieren auf einer Summe von logisch aufeinander abgestimmten Entscheidungen. Mit diesen Entscheidungen werden Wohlstand und Werte geschaffen oder zerstört. Hier beginnt die unternehmerische Freiheit und Verantwortung.

Die Zehn Gebote verlangen Entscheidungen

Die biblischen Zehn Gebote fordern uns ebenfalls zu Entscheidungen auf. Einige klingen zwar anmaßend und provokativ. Aber sie stiften Sinn, und es lohnt sich, darüber nachzudenken. Dem ersten Gebot, „Du sollst keine anderen Götter haben neben mir", geht ein Machtanspruch Gottes voraus. Letztlich haben wir unsere Entscheidungen vor ihm zu verantworten. Allein dieser Gedanke der Rechenschaft kann die Qualität von unternehmerischen Entscheidungen maßgebend beeinflussen.

Wem will ich Rechenschaft ablegen über meine Entscheidungen? Ich habe die Wahl. Das ist die unternehmerische Freiheit. Das ist Segen und Fluch des Unternehmers zugleich. Viele Unternehmer und Manager machen sich selbst oder die Erhöhung des Firmenwertes zum alleinigen Maßstab für die Beurteilung ihrer Entscheidungen. Das sind selbst gemachte Götter. Das ist gleichzeitig Selbstüberschätzung und Eingrenzung. Unternehmer brauchen eine kompetente Instanz, die sie in die Entscheidung einbeziehen und der sie Rechenschaft ablegen. So erhöhen sie die Qualität ihres ethischen Handelns automatisch – vorausgesetzt, sie haben die richtigen Ratgeber und Partner ausgewählt. Denn überall lauern selbst ernannte Experten, die Entscheidungen beeinflussen wollen. Manchmal sind es wertvolle Ratgeber, oft jedoch Verhinderer oder Verführer.

Wie mich ein Freund das Bergsteigen lehrte

Ein guter Ratgeber kann Großes bewirken: In meinen jungen Jahren hatte ich einen Freund, der mir Fähigkeiten zutraute, an die ich selbst nicht im Entferntesten gedacht hätte. Ich war ein unsportlicher und völlig untrainierter Student. Mein Selbstwertgefühl war minimal. Meine Eltern haben ihr Geschäft und sämtliches Eigentum während meiner Kindheit verloren. Kurz darauf starb meine Mutter. Ich war völlig auf mich gestellt. Mit vielen Wochenend- und Ferienjobs finanzierte ich meine Ausbildung selbst. Diese schlechten Voraussetzungen haben meine Möglichkeiten begrenzt. Mein Freund hat diese Grenzen glücklicherweise nicht gesehen – oder sie haben ihn nicht gestört. Umso mehr sah er meine Potenziale. So führte er mich an das Bergsteigen heran. Er lehrte mich sehr professionell, in Theorie und Praxis erlernte ich in kleinen Schritten den Umgang mit Fels, Seil und Kompass. Da war nichts dem Zufall überlassen. In der steilen Felswand kann ein Fehler den Tod für eine ganze Seilschaft bedeuten. In dieser Schule lernte ich, nach vorne zu schauen und Ängste zu überwinden. Diese Eigenschaften erwiesen sich viel später als ausgezeichnete Managementwerkzeuge. Nach dem Training an kleinen Felsen folgten hohe und immer höhere Berge. Oft mussten wir erst große Gletscher überqueren, um auf den Gipfel zu gelangen. Ich musste lernen, mit Sonnenschein und Nebel umzugehen sowie Pickel, Seil und Kompass richtig anzuwenden. Das Schwierigste war das Umkehren vor dem Erreichen des Gipfels, wenn die Gefahr oder Angst zu groß wurden. Aber auch das gehörte zur Ausbildung. Meistens haben wir das Ziel erreicht und das Gipfelerlebnis genossen. Zufriedenheit über das Geleistete, die Schönheit der Natur aus einer einzigartigen Perspektive und ein starkes Gemeinschaftsgefühl waren die Belohnung für viel Mühe und Überwindung. Und so standen wir nach mehreren Jahren mit vielen kleinen und großen Touren zum Abschluss auf dem höchsten Berg Europas, dem Montblanc. Ein unvergessliches Erlebnis. Ich habe es geschafft. Ich, mit all meinen Begrenzungen.

In jenen Jahren auf den Bergen ist viel Erkenntnis geboren, die ich später in vielen Unternehmerseminaren und Beratungen deuten und anwenden konnte. Hier habe ich die wichtigsten Lektionen für eine erfolgreiche Unternehmungsführung gelernt. Hier habe ich gelernt, Grenzen zu überwinden, Schönheiten zu genießen sowie Verantwortung und Ehrfurcht zu entwickeln.

Grenzen überwinden, Schönheiten genießen, Verantwortung und Ehrfurcht entwickeln

Zum Gelernten gehörte auch die Notwendigkeit und Gefahr des Abstiegs. Eine Bergtour ist nie auf dem Gipfel zu Ende. Der Abstieg ist oft gefährlicher als der Aufstieg. Aber er gehört dazu. Das Ziel ist erst erreicht, wenn wir nach der vollendeten Tour zu Hause unsere Lieben in die Arme schließen können, wenn wir uns gemeinsam mit Vertrauten über Erlebtes austauschen und freuen können.

Die Bergtour des Unternehmers

Nun machen wir uns auf den Weg zu einer unternehmerischen Bergtour. Wo ist der Anfang? Bei einem perfekten Businessplan, der jeden Bankangestellten überzeugt? Bei einer faszinierenden Idee oder Vision, die meine Fantasie beflügelt? Bei einem herausfordernden Auftrag, der mich zu Höchstleistungen antreibt?

Bei der Begleitung im Auf- und Ausbau von unzähligen Firmen bin ich zu anderen Erkenntnissen gelangt. Am Anfang stand meistens ein *Problem*. Zum Beispiel Arbeitslosigkeit. Ich denke an den jungen rumänischen Ingenieur, der nach der politischen Wende seine Arbeitsstelle verlor und seine siebenköpfige Familie nur mit Mühe ernähren konnte.

Probleme sind oft der Anfang eines Unternehmens.

Jahre später war er Inhaber einer Teigwarenfabrik mit über hundert Mitarbeitern (ARNOS – vgl. Kap. 11, S. 142). Oder ich denke an den Schreinermeister in einem schweizerischen Bergtal, der feststellen musste, dass seine Gewinnmargen wegen hochmoderner Konkurrenzbetriebe gefährlich sanken. Heute besetzt er eine Marktnische im Hochpreissegment – weit entfernt von seinen Konkurrenten – und ist global tätig (ZBAEREN – vgl. Kap. 11, S. 136).

Oder ich denke an jenen rumänischen Mechaniker, der auf einer Reise in den Karpaten von einem alten Bekannten auf der Straße angehalten wurde. „Wir brauchen dich, schaffe Arbeitsplätze für uns – in unserem Dorf." Heute führt er dort eine mechanische Werkstatt, produziert Metallteile für die Fischerei in der Nordsee und bietet etlichen Mitarbeitern in diesem abgelegenen Dorf eine Existenz und Zukunftsperspektive für ihre Familien (CAROL TECH – vgl. Kap. 11, S. 158).

Die meisten Menschen hassen Probleme. Sie verdrängen sie. Sie hoffen, dass sie sich selbst lösen oder von anderen gelöst werden. Oder sie umgehen sie. Sie laufen vor ihnen davon. Und sie staunen, dass sie von ihren Problemen immer wieder eingeholt werden. Sie begehen immer wieder die gleichen Fehler, ohne aus ihnen zu lernen. Manche erstarren angesichts von Problemen. Sie sind blockiert und nicht mehr in der Lage, logisch oder gar kreativ zu denken und entsprechend zu handeln. Sie gleichen hochmotorisierten Autos, die mit angezogener Handbremse fahren. Alles ist mühsam, holprig, kräfteraubend, entmutigend. Wieder andere haben Angst vor jeder Veränderung. Lieber leiden als etwas verändern ist ihre Devise. Das Unbekannte lähmt und überfordert sie.

Probleme sind Chancen

Leider denkt ein Großteil der Menschen so, wie gerade beschrieben, und verhindert damit eine persönliche und gesellschaftliche Entwicklung. Unternehmerisches Denken ist grundsätzlich anders. Es sieht Probleme als *Chancen*. Es sieht Veränderung als faszinierende Gestaltungsmöglichkeit. Aus diesem Grund starte ich meine Unternehmerseminare meistens mit Gedanken zu diesem chinesischen Schriftzeichen:

Abbildung 1: „Chancen"

Es bedeutet „Problem" und zeigt dies von zwei Seiten: Die erste Seite zeigt die Gefahr, die Krise. Die zweite Sicht lenkt unsere Aufmerksamkeit auf die Möglichkeiten, die dem Problem innewohnenden Chancen. Das symbolisiert unser Denken.

- Gehöre ich zu den Menschen, die sich in Krisen festbeißen und von Ängsten blockiert sind?
- Oder gehöre ich zu den Superoptimisten, die überhaupt keine Gefahren erkennen?
- Oder gehöre ich zu den Menschen, die Gefahren realistisch erkennen, dann ihr Denken aber sehr schnell den Chancen widmen?

Unternehmerisches Denken akzeptiert nur die dritte Variante. Leider ist nur wenigen Menschen die Fähigkeit des realistischen Chancenergreifens mitgegeben. Und die wenigen, die darüber verfügen, setzen sie nicht wirkungsvoll ein. Es gibt immer zehn Gründe, etwas Wesentliches doch nicht zu tun. Vielen sehr ernsthaften Menschen ist das Denken in Problemen schlicht angeboren. Sie tendieren von ihrer Natur her dazu, Probleme zu analysieren und Schwierigkeiten zu erkennen. Das ist ein Grund, warum viele wertvolle Ideen im Keim ersticken und nie umgesetzt werden. Schon die Vorstellung der mutmaßlichen Probleme lähmt die anfängliche Schöpfungskraft.

Wir kennen aber auch das andere Phänomen: Menschen, die strotzen vor Schöpfungskraft. Sie entwickeln ununterbrochen neue Ideen und Visionen zur Lösung von Problemen. Leider verlieren sie ihre Kraft meist auf halber Strecke, weil sie sich auf zu viele Wege, Ablenkungen und Verführungen eingelassen haben.

Es lohnt sich, einen Blick in den Spiegel zu werfen und die eigene *Persönlichkeitsstruktur* zu erkennen und zu verstehen. Meine Erfahrung mit unterschiedlichsten Persönlichkeitstypen brachte mich zu einer wertvollen Erkenntnis: Es ist nicht so wichtig, wie wir sind, aber außerordentlich wichtig, was wir aus uns machen. Manchmal schaffen wir diese Veränderung aus eigener Kraft. Viel öfters haben jedoch andere einen großen Einfluss auf uns, sofern wir es zulassen.

> Es ist nicht so wichtig, wie wir sind, aber außerordentlich wichtig, was wir aus uns machen.

Ich habe die Wahl: Betrachte ich mich als unveränderbar, als in der Entwicklung abgeschlossen, als zu Höherem unfähig? Dann sollte ich die Finger vom Unternehmertum lassen. Unternehmer zu sein bedeutet kontinuierliche Veränderung, Weiterentwicklung, Neuschöpfung. Der Blick ist nach vorne gerichtet. Die gute Nachricht: Das ist lernbar. Das ist machbar. Das wirkt befreiend. Denken Sie an mein persönliches Erlebnis als unsportlicher Student. Meine Lieblingsbeschäftigung war damals das Wälzen von Problemen. Ich zog mich zurück in eine Scheinwelt, um die harte Realität zu ertragen. Kein Gedanke an eine *Montblanc-Perspektive*. Derartige Leistungen waren für mich außerhalb des Denk- und Erreichbaren. Dennoch war eine Veränderung möglich. Ich habe sie zugelassen. Aus meinem tiefen Wunsch nach Gemeinschaft, meiner Sehnsucht, der Einsamkeit zu entrinnen, habe ich zugelassen, dass mein Freund mein Leben positiv beeinflussen konnte. Vielleicht war es ihm gar nicht bewusst, was er bei mir auslöste. Die Folgen aber waren extrem nachhaltig, lebensverändernd bis zum heutigen Tag.

Meine wichtigste Entscheidung

Ich muss Ihnen auch die *Vorgeschichte* erzählen. Kurz vor dem Zusammentreffen mit meinem Freund, der mir das Bergsteigen beibrachte, machte ich eine andere Bekanntschaft. Völlig unerwartet wurde ich auf der Straße von einem jungen Mann angesprochen. Er wollte mit mir über Gott reden. Natürlich war mir bekannt, dass Gott existiert. Ich war schließlich in einer christlichen Familie aufgewachsen. Jedoch wurde mir in diesem Gespräch das erste Mal in meinem Leben bewusst, dass dieser Gott nicht so sehr an Kirchtürmen, sondern viel mehr an einzelnen Menschen interessiert ist. Und ich habe erkannt, dass eine persönliche Beziehung zwischen Mensch und Gott – durch Jesus Christus – möglich ist. Und ich habe auch gelernt, dass dies nur freiwillig geschehen kann. Einmal mehr stand ich vor einer Wahl. Glücklicherweise habe ich mich damals für einen gemeinsamen Weg mit Gott entschieden. Was hat das bedeutet? Ich durfte alle Fragen und Probleme direkt mit Gott im Gebet besprechen und von ihm Hilfe erbitten. Das tat ich dann auch. Und das tue ich noch heute, mehrere Jahrzehnte später. Und warum? Es funktioniert. Gott ist nicht tot. Er lebt und es ist ihm eine Freude, mich in allen Lebensfragen zu begleiten und zu führen. Oft ist seine Hilfe auf Anhieb nicht so klar verständlich oder sie ist sogar unsichtbar. Auch das war für mich eine wichtige Erkenntnis. Gott hat seinen eigenen Zeitplan und seine eigenen Methoden zu wirken und einzugreifen. In meiner damaligen Situation hat er mir einen Freund geschenkt, der mir eine dreijährige Therapie verpasste – nicht auf der Therapiecouch, sondern in freier Natur auf unzähligen Bergtouren. Ich lernte, professionelle Methoden anzuwenden und damit Risiken zu mindern. Ich lernte den Umgang mit Angst und deren Überwindung. Ich lernte Probleme in kleinen Schritten zu lösen. Ich lernte vorwärtszuschauen. Ich lernte, mich bei einer wichtigen Aufgabe von nichts und niemandem ablenken zu lassen. Ich lernte das Vertrauen in mich selbst, in meinen Freund und in Gott. Ich lernte auch, Erfolge zu genießen. Und ich lernte, andere anzuleiten. Manchmal brauchen wir einen Freund, der uns begleitet. Manchmal müssen oder dürfen wir Freund für andere sein.

Diese Dimension des Unternehmerseins prägte in mir eine tiefe Ehrfurcht vor dem Schöpfer und die Gewissheit, von ihm geliebt zu sein. So beginnt bei mir bis heute jede wichtige Unternehmung im Gespräch mit Gott. Ich erwarte von ihm nicht, dass er meine Arbeit erledigt. Dazu hat er mir meine Fähigkeiten und Möglichkeiten gegeben. Aber ich erwarte von ihm Weisheit in Entscheidungen und die Sicht für das für uns Unsichtbare. Ich interessiere mich nicht mehr so sehr für das Offensichtliche, aber viel mehr für das Potenzial. Das Potenzial in Projekten, Organisationen und Menschen. Ehrfurcht bedeutet für mich nicht Angst, sondern Respekt und Geborgenheit.

> Ich erwarte von Gott nicht, dass er meine Arbeit erledigt. Aber ich erwarte von ihm Weisheit und die Sicht für das für uns Unsichtbare.

Die zehn Ausreden

Der Anfang großer Veränderungen ist meistens ein Problem. Hier liegt vielleicht ein Grund für die abnehmende kreative Leistung in den Wohlstandsländern. Es herrscht zu wenig Druck zu Weiterentwicklung und Veränderung. Es gibt *zehn Gründe*, etwas Wichtiges oder Nötiges nicht zu tun:

1. *Es funktioniert sowieso nicht.*
2. *Ich schaffe es nicht.*
3. *Andere haben es schon – besser – getan.*
4. *Es ist zu mühsam.*
5. *Es ist risikoreich.*
6. *Es ist unmöglich.*
7. *Die Zeit ist noch nicht reif dafür.*
8. *Mir fehlt das Geld dafür.*
9. *Was werden die anderen über mich denken?*
10. *Und überhaupt ...*

Alle zehn Gründe sind falsch. Es sind Lügen. Es sind gefährliche Ablenkungen und Verführungen. Wenn ich von einer Sache wirklich begeistert und überzeugt bin, werden schwierigste Hindernisse zu überwindbaren Herausforderungen. Begeisterung und Überzeugung sind weit mehr als eine Idee: Sie entstehen aus dem Willen, eine Not zu beseitigen, ein Unrecht zu bekämpfen oder einen Wunsch zu erfüllen. Diese Berührung und Begeisterung wächst oft im intensiven Gespräch mit Gott. Meistens ist es die Folge eines gemeinsamen Prozesses des Denkens und Fragens. Ich vergleiche diesen Prozess gerne mit einem Gewebe.

Abbildung 2: Gewebe

Ein reißfestes Gewebe besteht aus Schuss- und Kettfäden, die systematisch ineinander verwoben werden. Genauso entstehen funktionierende Visionen oder Aufträge. Die horizontale Dimension stellt unser menschliches Denken mit Anwendung professioneller Methoden dar und die vertikale die spirituelle Dimension, in der wir den Willen Gottes in unser Handeln mit einbeziehen. In der Folge widmen wir uns hauptsächlich den professionellen Methoden, Werkzeugen und Denkhaltungen.

Der renommierte Unternehmensberater Dr. Rudolf Schnyder von Wartensee hat das unterschiedliche Denkverhalten von Menschen auf den Punkt gebracht:

*„Es sind immer wenige, die dafür sorgen, dass etwas geschieht,
aber viele, die zuschauen, was geschieht,
und eine große Masse, die nicht merkt, was geschieht."*

Die wenigen, die dafür sorgen, dass etwas geschieht, sind die eigentlichen Unternehmer. Sie akzeptieren Probleme als Normalität und Herausforderung. Sie verspüren den Drang zum Verbessern und Gestalten. Und sie setzen ihre Ideen um. Dabei stecken sie andere an und nehmen sie mit auf den Weg.

Winston Churchill hat die gleichen Gedanken so formuliert: „Manche halten den Unternehmer für einen räudigen Wolf, den man totschlagen müsse; andere meinen, er sei eine Kuh, die man ununterbrochen melken könne; nur wenige sehen in ihm ein Pferd, das den Karren zieht."

Die vielen Zuschauer sind gefährlich. Sie finden jeden Fehler und sie sind stark im Kritisieren. Sie wissen immer, warum etwas nicht funktioniert, liefern aber keine Hilfe.

Die große Masse, die nicht merkt, was geschieht, ist träge, muss geweckt werden und braucht Information, Wegweisung und Führung.

Wiederum müssen wir entscheiden. Zu welcher Sorte von Mensch möchte ich gehören? Was unternehme ich, damit ich mich in die gewünschte Gruppe einordnen kann?

Sie sehen, jedem Element meiner Analysen folgt unmittelbar eine Aufforderung zu einer Entscheidung oder einer Tat. Dies führt zu einer organischen Dynamik. Das habe ich beim Bergsteigen gelernt. Der Blick ist immer auf den nächsten Griff im Felsen gerichtet.

Richtiges Entscheiden muss auch erlernt werden. Im *Entscheidungsprozess* gibt es Cowboy- und Feiglingsbereiche. Beide sind gleichermaßen gefährlich. Im Cowboybereich verfügen wir über wenig sichere Informationen, jedoch über viele Möglichkeiten. Eine Entscheidung in diesem Bereich führt oft zu Schnellschüssen, die wiederum neue Probleme und zusätzlichen Aufwand

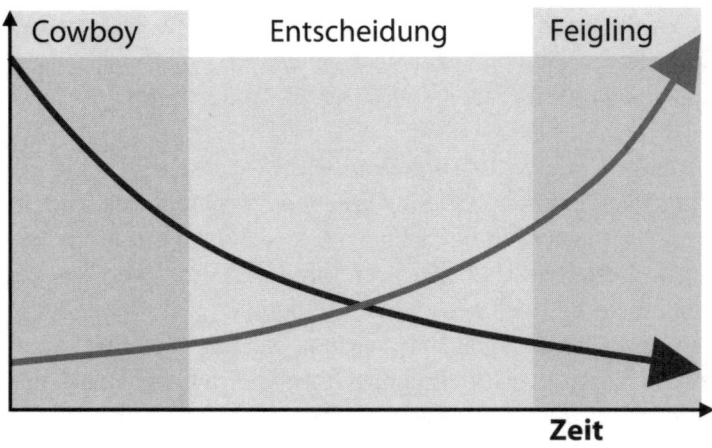

Abbildung 3: Der Entscheidungsprozess

verursachen. Auf diese Weise wird sehr viel unnötige Hektik und Frustration produziert. Im Feiglingsbereich verfügen wir über sehr viele Informationen, haben jedoch kaum noch die Wahl zwischen verschiedenen Möglichkeiten. Somit sind wir fremdbestimmt und können gar nicht mehr selbst entscheiden. In einem guten Entscheidungsprozess sorgen wir dafür, dass wir über genügend gesicherte Informationen verfügen, ohne zu viel Zeit zu verlieren bis zur Entscheidung.

Mit der SWOT-Analyse Chancen realistisch beurteilen

Eines der einfachsten und wirkungsvollsten Analyseinstrumente als Grundlage für gute Entscheidungen ist die SWOT-Analyse der Boston Consulting Group (Strengths, Weaknesses, Opportunities, Threats, vgl. Kap. 12, S. 190).

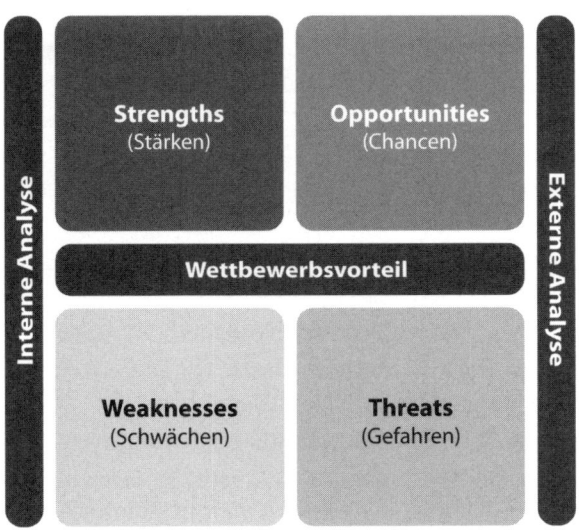

Abbildung 4: SWOT-Analyse

Die SWOT-Analyse bringt die besten Resultate, wenn eine Gruppe sie gemeinsam erstellt. Dabei analysieren wir einerseits unser bestehendes oder geplantes Unternehmen nach seinen Stärken und Schwächen. Anderseits werfen wir einen Blick auf das Umfeld, indem wir nach neuen Möglichkeiten Ausschau halten und die damit verbundenen Risiken ausfindig machen. Die erarbeiteten Informationen bilden nun eine seriöse Basis für Maßnahmenpläne oder einen Businessplan.

Und schon lauert die nächste Gefahr für den Unternehmer. Sie liegt tief in seiner *Persönlichkeitsstruktur:* die selektive Wahrnehmung. Einige Unternehmer konzentrieren sich in der SWOT-Analyse hauptsächlich auf ihre Stärken und blenden die Schwächen aus. Das führt zu Selbstüberschätzung, Machbarkeitswahn und falschen Entscheidungen.

Andere wiederum sind blockiert beim Anblick der eigenen Schwächen und trauen sich Veränderungen nicht zu. Das sind jene Unternehmer, die immer wieder überrascht sind, wenn andere ihre Ideen realisieren und damit erfolgreich werden.

Und dann ist da noch die Gruppe der Visionäre. Sie leben konstant in der Zukunft und ergreifen jede sich bietende Gelegenheit. Damit produzieren sie eine große Hektik. Sie pendeln dauernd zwischen vielen Projekten und realisieren letztlich kein einziges, weil sie sich ablenken lassen. Ihnen fehlt die Konzentration auf das Wesentliche.

Und dann bleibt noch die Gruppe der ewigen Analytiker. Sie verlieren so viel Zeit mit Detailanalysen, dass die Möglichkeiten in der Zwischenzeit bereits wieder verschwinden oder von anderen genutzt wurden. Diese Menschen wissen am Schluss genau, warum etwas nicht funktioniert.

Einverstanden, diese vereinfachte Darstellung von unterschiedlichen Menschentypen ist eine Karikatur, eine Überzeichnung. Diese Menschentypen sind in der Praxis selten in Reinform vorhanden. Aber sie helfen uns, eigene Tendenzen zu erkennen, darüber zu schmunzeln und das Notwendige zu tun.

Ich empfehle jedem Unternehmer, an dieser Stelle in den Spiegel zu schauen und über sich selbst nachzudenken. Das Erstellen eines Persönlichkeitsprofils kann dazu sehr hilfreich sein.

Das Geschäftsmodell – der kompakte Businessplan

Beim professionellen Auf- und Ausbau eines Unternehmens führt kein Weg an einem Businessplan vorbei. Eine Bank fordert bei einem Kreditgesuch natürlich einen sehr ausführlichen Plan, der mit Zahlen belegt ist. Für den Start von Klein- und Mittelbetrieben hat sich als Einstieg eine Kurzvariante sehr bewährt. Wir sprechen dann von einem *Geschäftsmodell*. In diesem Modell beschäftigen wir uns mit den zehn wichtigsten Themen:

1. Leitbild/Vision/Auftrag
Was wollen wir?
In welchen geografischen Märkten wollen wir tätig sein?
Welche Nachfragesegmente wollen wir bedienen?
Welche Produkte oder Dienstleistungen wollen wir anbieten?

2. Name
Wie soll unsere Firma heißen? Ein guter Firmenname muss lange haltbar sein und Assoziationen zu den Produkten oder Dienstleistungen herstellen. Er sollte einzigartig, merkfähig, prägnant und (gegebenenfalls international) schutzfähig sein.

3. Entwicklung/Wachstum
Wie soll sich unsere Firma entwickeln?
Wie viele Mitarbeiter werden wir beim Firmenstart, in 5 und 10 Jahren beschäftigen?
Wie werden sich Umsatz und Gewinn entwickeln?

4. Kundennutzen
Was ist der größte Nutzen unserer Produkte oder Dienstleistungen für unsere Kunden?

5. Strategische Erfolgsposition/Alleinstellungsmerkmal
Warum kaufen die Kunden bei uns?

6. Marktsituation
Wie wird sich die Marktsituation in meiner Branche entwickeln?
Wie war die Entwicklung in der jüngsten Vergangenheit bis heute?

7. Gründe für das bisherige Geschäftsergebnis
Warum und womit waren wir bisher erfolgreich/nicht erfolgreich?

8. Beschreibung der Mitbewerber/Konkurrenten
Wer sind unsere Mitbewerber?
Wo sind sie stark? Wo sind sie schwach?
Wo und warum sind wir besser?

9. Menschliche Faktoren
Welche menschlichen Faktoren sind für den Erfolg in unserer Branche besonders wichtig?
Welche Faktoren sind bei uns vorhanden? Welche fehlen?

10. Monitoring und Berichte
Welche Fakten und Indikatoren sind für unsere Firma besonders wichtig?
Wie messen wir sie?
Wie, wann und wem berichten wir darüber?

Das Geschäft in Fahrt bringen

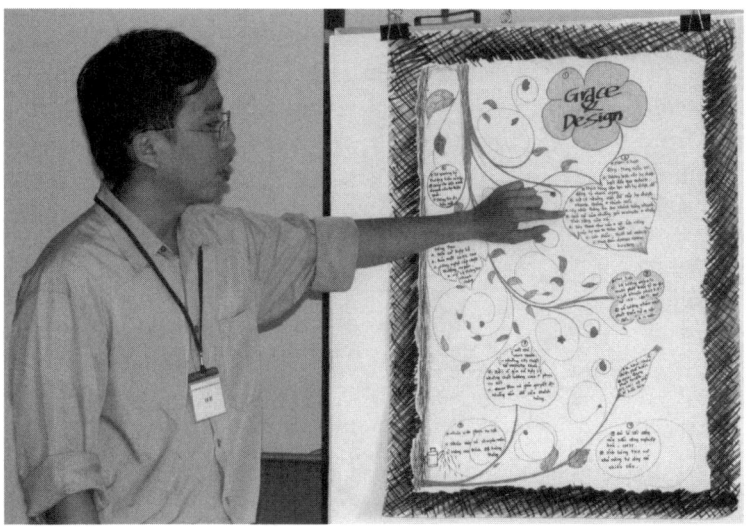

Abbildung 5: Geschäftsmodell grafisch dargestellt

Mit diesem Geschäftsmodell sollte unser Auftrag verständlich umschrieben sein. In meinen Seminaren fordere ich die Teilnehmer an dieser Stelle auf, dieses Geschäftsmodell als Bild auf einem großen Blatt darzustellen. Diese gestalterische Arbeit unterstützt das Einprägen und Kommunizieren seiner wichtigsten Elemente. Dieses Geschäftsmodell enthält keinen genauen Mehrjahresplan. Es ist einfach die Beschreibung einer Geschäftsidee. Es ist wie ein eingerollter Teppich: Er ist zwar als Teppich erkennbar, die Details sind aber noch verborgen. Erst mit dem schrittweisen Ausrollen werden Details – und damit auch neue Ideen und Möglichkeiten – sichtbar. Genau so entwickeln sich viele erfolgreiche Unternehmen.

Das habe ich beim Segeln gelernt. Mein Bergsteigerfreund hat mir nämlich auch noch das Segeln beigebracht. Wenn man eine Regatta gewinnen will, muss man sich gut vorbereiten. Man studiert die Windverhältnisse und überprüft den Zustand des Bootes. Beim Start ist es nicht so wichtig, in welche Richtung man steuert. Es ist viel wichtiger, dass das Boot schnell an Fahrt gewinnt. Bei einem fahrenden Boot kann die Richtung sehr leicht geändert werden. Steht es aber still, ist das Manövrieren unmöglich.

Das Geschäft muss in Fahrt kommen. Während der Fahrt macht man Fehler und korrigiert den Kurs.

Genau so ist es bei der Umsetzung des Geschäftsmodells. Das Geschäft muss in Fahrt kommen. Man startet natürlich nicht fahrlässig, sondern bereitet sich mit den zehn Fragen zum Geschäftsmodell vor. Aber dann geht es los. Während der Fahrt gewinnt man neue Erfahrungen, macht Fehler und erlangt hoffentlich Erkenntnisse daraus. Dann ist es eine Leichtigkeit, den Kurs zu korrigieren. Es ist jedoch schwierig, mit diesem Geschäftsmodell Bankangestellte zu überzeugen. Die wollen Pläne und Zahlen sehen. Sie brauchen etwas Handfestes, um ihre Kreditentscheidungen nach oben zu rechtfertigen. Die „Basel II"-Eigenkapitalvorschriften sind ein gutes Beispiel dafür. Sie regeln Mindestkapitalanforderungen, den bankaufsichtlichen Überwachungsprozess und die erweiterte Offenlegung. Private Investoren sehen das glücklicherweise oft anders. Sie investieren nicht in Businesspläne. Sie investieren in erster Linie in Menschen, die Geschäftsideen entwickeln und umsetzen. Deshalb legen sie ihren Finanzierungsentscheidungen auch andere Faktoren zugrunde. Zum Beispiel Kreativität, Umsetzungsvermögen und Schnelligkeit. Auf diese Unternehmerfähigkeiten gehe ich an verschiedenen Stellen noch detailliert ein. Diese Investoren wollen die Begeisterung, den Tatendrang und die Bodenhaftung bei Jungunternehmern spüren und sich damit anstecken lassen.

Fassen wir zusammen:
1. Ich nehme die unternehmerische Freiheit und die damit verbundene Verantwortung wahr und entscheide mich, etwas zu unternehmen.
2. Ich betrachte Probleme als Chancen und treibende Herausforderungen für wichtige Veränderungen und Neuerungen.
3. Ich erarbeite eine SWOT-Analyse.
4. Ich leite daraus Maßnahmen ab und erstelle ein logisches Geschäftsmodell.

Die Anwendung des 1. Gebots, „Ich bin der Herr, dein Gott. Du sollst keine anderen Götter haben neben mir", im Geschäftsleben:
1. Ich räume Gott in meiner professionellen Arbeitsweise einen maßgeblichen Platz ein.
2. Ich orientiere mich in meinen Entscheidungen an den Leitlinien Gottes.
3. Ich bin bereit, vor Gott und Menschen Rechenschaft über mein Tun abzulegen.

2. Kapitel

Marketing muss nicht viel kosten – aber viel bringen

Das Marketing ist voller Märchen. Etliche Werbeleute sind gute Märchenerzähler. Mit leeren Worten über ebenso leere Inhalte machen sie leere Versprechungen. Mit gefühlvollen Bildern, Übertreibungen und falschen Versprechungen versuchen sie, Käufer anzulocken und zu überzeugen. Marketing müsse unterhalten, behaupten sie. Oder Kunden würden nicht lesen, deshalb serviere man ihnen nur kurze Informationen. Oder Marketingaktivitäten müssten sich dauernd ändern, um einen frischen und dynamischen Eindruck zu machen. Leider haben sie mit diesen Sprüchen manchmal kurzfristig Erfolg. Sehr oft beschränkt sich der Erfolg aber auf ihr eigenes Honorarvolumen. Dem Kunden bleiben nichts als Kosten. So muss und darf es natürlich nicht sein. Es geht auch anders. Mit weniger Getöse, weniger Übertreibung und weniger Kosten. Dafür mit mehr Fantasie, mehr Ehrlichkeit, mehr Substanz und mehr Wirkung. Kleine und mittlere Firmen haben meistens ein sehr beschränktes Budget für Marketingaktivitäten. Die gute Nachricht: Auch mit einem kleinen Budget ist eine große Wirkung möglich!

Schauen wir zuerst, was das zweite biblische Gebot, „Du sollst den Namen des Herrn nicht missbrauchen", uns zu sagen hat.

Gott ist keine Versicherungspolice

Auch das zweite Gebot befasst sich mit unserer Beziehung zu Gott. Wir sollen den Namen des Herrn nicht missbrauchen. Im Namen Gottes wurde schon viel Unheil angerichtet. Geschäftsleute stehen in besonderer Weise in Gefahr, Gott als praktische Versicherung in Problemsituationen zu missbrauchen. Im Normalfall wird Gott nicht in die Entscheidungen einbezogen. Er wird im Geschäftsleben gar nicht wahrgenommen. Er wird im besten Fall am Sonntag in der Kirche besucht. Sobald ein Problem auftaucht, will man sich seiner bedienen oder macht ihm Vorwürfe wegen der Hindernisse, die sich uns in den Weg stellen. Das ist Missbrauch.

Werte leben

Dem Namen Gottes Ehre machen bedeutet, ihn so in den Alltag einzubeziehen, dass unsere Mitarbeiter und Kunden seinen Einfluss in unseren *Werten* und in unserem Tun spüren. Es geht hier um die Werte *Respekt, Bescheidenheit, Wahrheit, Ehrlichkeit, Treue* und *Liebe.* Unser Geschäftsmodell muss auf Werten basieren, die Gott uns vorgibt, und die wir deshalb vor ihm, vor unserem Gewissen, gegenüber seiner Schöpfung und gegenüber unseren Mitmenschen vertreten können. Das bringt allen Beteiligten den größten Mehrwert. Wenn wir das Geschäftsleben von diesen Werten trennen, dann wird es zum Fluch. Zwar ist es möglich, unter Missachtung dieser Werte große Gewinne zu erwirtschaften. Längerfristig produziert dieses Vorgehen menschliche Verlierer. Ich bin in meiner Beratungspraxis oftmals solchen Leuten begegnet. Manche waren sogar überzeugt, sie würden im Namen Gottes handeln. Und viele brüsteten sich damit, dass sie Kirchensteuern bezahlen und am Sonntag mit der Familie in die Kirche gehen. Das machen auch Mafiosi.

Meist spielt sich dabei ein ähnliches Muster ab. Die Kasse des Unternehmers ist prallvoll. Seine Sorge konzentriert sich auf die Fragen: Wie kann ich mein Vermögen weiter vermehren? Wie kann ich mein Vermögen vor dem Zerfall schützen? Diese Luxussorgen nisten sich im Kopf ein und vermehren sich. Ohne es zu merken – in einem schleichenden und deshalb nicht wahrgenommenen Prozess – verändert sich die Beziehung zu nahestehenden Menschen. Frühere Freunde werden zunehmend als Bedrohung empfunden. Man geht zu ihnen auf Distanz und isoliert sich in kleinen Schritten. Gleichzeitig schmilzt die Fähigkeit dahin, sich an den schönen Dingen des Lebens zu erfreuen. Ein feines Essen wird zur simplen Nahrung, ein Sinfoniekonzert zum Zeitdieb, eine Erholungsreise zur Flucht. Ist das der Wille Gottes für Geschäftsleute? Sicher nicht.

Unsere Ausstrahlung

Ich beobachte gerne Menschen, und ich beobachte vor allem, wie sich ihre *Ausstrahlung* im Laufe der Zeit ändert. Viele Menschen werden im Alter hart, allwissend und verbittert, andere jedoch weise, zufrieden und großmütig. Mir gefallen die Letzteren. Die Persönlichkeitsentwicklung ist weder genetisch gegeben noch zufällig. Sie ist stark beeinflussbar. Mir gefällt der Albert Schweitzer zugeschriebene Ausspruch: „Mit 20 hat jeder das Gesicht, das Gott ihm gegeben hat, mit 40 das Gesicht, das ihm das Leben gegeben hat, und mit 60 das Gesicht, das er verdient."

Die Persönlichkeitsentwicklung ist weder genetisch gegeben noch zufällig. Sie ist beeinflussbar.

Wie entwickeln wir uns zu weisen, zufriedenen und großmütigen Unternehmern? In dem wir echt sind oder werden. Indem wir uns befreien von selbst gemachten Abhängigkeiten. Indem wir Werte wie Respekt, Bescheidenheit, Wahrheit, Treue und Liebe privat und im Geschäft bewusst leben. Dann ist kein Platz für Arroganz, Lüge, Halbwahrheiten, Untreue und Hass. Dies alles sind Abhängigkeiten, schlimmer als Drogen und Alkohol.

Zwei Arten von Verkäufern

Verkäufer beobachte ich besonders gern und intensiv. Leider gibt es nicht viele wirklich gute Verkäufer, obwohl sich die meisten in dieser Kategorie wähnen. Wirklich gute Verkäufer mit überdurchschnittlichen Erfolgsraten haben eines gemeinsam: Sie mögen Menschen. Sie besitzen Einfühlungsvermögen, Selbstbewusstsein und Gelassenheit. Sie verkaufen nicht nur Produkte oder Dienstleistungen, sondern sie dienen ihren Kunden: Sie kennen ihr Angebot aus dem Effeff und stellen dem Kunden anschaulich dar, welchen besonderen Nutzen gerade er in seiner besonderen Situation, mit seinen spezifischen Bedürfnissen und Problemen aus ihren Produkten und Dienstleistungen zieht.

Durchschnittliche Verkäufer preisen Produkte an, reden über deren Vorteile und verschweigen die Nachteile. Und eben: Sie reden, statt zuzuhören. Wer Kunden liebt, hört ihnen zu. Man beginnt sie zu verstehen und geht auf sie ein. Es wäre eigentlich so einfach.

Das Marketingkonzept: einfach, aber umfassend

Das führt uns zum nächsten Werkzeug für Unternehmer, zum *Marketingkonzept*. Viele verstehen unter Marketing Prospekte oder das Anpreisen von Produkten. Andere sehen in einem Marketingkonzept eine wissenschaftliche Marktanalyse. Beides ist nicht ganz falsch. Aber Marketing ist mehr. Marketing ist ein Kerninstrument für den Unternehmenserfolg. Leider sind viele Marketingkonzepte viel zu kompliziert für eine Umsetzung, weshalb sie letztlich ungenutzt in Schubladen verstauben. Dabei haben sie viel Geld gekostet. So muss es nicht sein.

In meiner Beratungspraxis habe ich gelernt: Ein Marketingkonzept muss umfassend, aber einfach sein.

Leitbild

- Wahl der Teilmärkte
  - geografisch
  - Nachfrager
  - Produkte
- Wahl der Absatzmärkte
- Dominierende
  Marketing-Instrumente
- Grundstrategien
  - eliminieren
  - fördern
  - Neuerung

Situationsanalyse

- Struktur des Marktes
- Vorausschätzung der
  Marktentwicklung
- Potenzfaktoren
- Bisher erreichte Resultate
- Prämissen

Marketing

Marketing-Mix

- Angebot (Produkt, Dienstleistung)
  - Sortiment
  - Produktgestaltung
  - Marke
  - Verpackung
  - Nebenleistungen
  - Preis
  - Konditionen
- Kommunikation
  - Verkauf
  - Werbung
  - Verkaufsförderung
  - Public Relations
- Distribution/Logistik/Prozesse

Planung

- Marketing-Aktivitäten
- Budget

Abbildung 6: Marketing – was alles dazugehört

Marketing = Kundenorientierung

Übrigens: Was ist Marketing überhaupt? Das ist die beste Definition von Marketing, die mir je begegnet ist:

> *„Marketing ist das Ausrichten des gesamten Unternehmens auf den Markt."*

Wir nennen dies auch *Kundenorientierung*. Und damit beginnen schon die Missverständnisse und Mythen. Kundenorientierung heißt nicht, dass wir alles tun müssen, was der Kunde will oder verlangt. Dann würden wir zu Sklaven und echte Innovation wäre ausgeschlossen. Kundenorientierung bedeutet, den Kunden mögen, ihm zuhören, ihn verstehen, seine Probleme und Bedürfnisse erkennen und ihm gescheit zu antworten: mit unseren Produkten, Dienstleistungen und Beratungen, die dem Kunden wirklich etwas nützen.

Kundenorientierung setzt voraus,
a) dass wir die Kunst des Zuhörens und Analysierens beherrschen
b) dass wir die Methoden von echter Innovation beherrschen
c) dass wir den Nutzen unserer Lösungen wirkungsvoll kommunizieren können
d) dass wir den Produktions- und Logistikprozess beherrschen und
e) dass wir die Fähigkeit entwickeln (wollen), den Kunden zu einem wiederbestellenden und uns empfehlenden Mitarbeiter zu machen.

Die Kunst des Zuhörens und Analysierens

Meine Beratungsgespräche mit Kunden beginnen immer mit einem leeren Blatt Papier. Dies sendet ein wichtiges Signal: Ich verkaufe keine vorfabrizierten Produkte. Ich stelle Fragen und höre zu. Ich notiere, stelle Zusammenhänge her und stelle neue Fragen. So fühlt sich der Kunde ernst genommen. Und es ist echt. Ich nehme ihn wirklich ernst. Er merkt es und gewinnt Vertrauen.

Die Methoden echter Innovation

Echte Innovation löst sich von Bestehendem. Das zuvor beschriebene leere Blatt Papier füllt sich immer wieder mit neuen Gedanken. Oft sind es neue Perspektiven des bereits Bekannten. Vorhandene Informationen werden in einen neuen Zusammenhang gebracht. Oder es ist eine bewusste Entscheidung, etwas Gewohntes loszulassen, um sich freizumachen für Neues.

„Innovation" und „echte Innovation" werden in der Werbung oft missbraucht, um die Aufmerksamkeit auf sich zu lenken, um banale Anpassungen als ein Nonplusultra darzustellen. Genau das ist hier nicht gemeint. Es geht um Neuerungen, die an der Sache wirklich etwas ändern.

Nutzen kommunizieren

Niemand interessiert sich für Produkte oder Dienstleistungen. Was zählt, ist der daraus entstehende Nutzen. Ich berate Firmen in Vietnam, die Kassenschränke herstellen. Die sind schwer und teuer. Daran sind ihre Kunden nicht interessiert. Die interessieren sich aber für Sicherheit. Dafür sind sie bereit, viel Geld zu bezahlen. Gute Unternehmer befassen sich hauptsächlich mit dem Nutzen ihrer Produkte und Dienstleistungen und kommunizieren diesen auch.

Produktions- und Logistikprozess

In gesättigten Märken unterscheiden sich viele Endprodukte nur minimal. So wird es schwierig, den Kunden von unseren Produkten zu überzeugen. Kundenorientierte Organisation von Produktions- und Logistikprozessen können hier große Marktvorteile bringen. Ein weltweit aktiver Etikettenproduzent hat in einer Produktionshalle einen Balkon eingebaut. In dieser Halle werden Spezialetiketten für Medikamente hergestellt. Dabei spielt die Qualitätssicherung eine entscheidende Rolle. Der kleinste Fehler hätte große Konsequenzen. Fremdpersonen haben zu diesen Räumen keinen Zutritt. Kunden haben jedoch die Möglichkeit, vom Balkon aus die Produktion „ihrer" Etiketten zu verfolgen. Das gibt ihnen Sicherheit und schafft Vertrauen.

Kunden zu wiederbestellenden und uns empfehlenden Mitarbeitern machen

Gute Kunden sind die besten Mitarbeiter, falls sie uns weiterempfehlen. Das tun sie aber nur, wenn sie von unseren Leistungen begeistert sind. Es reicht nicht, wenn sie zufrieden sind. Sie müssen begeistert sein. Das ist eine große Herausforderung für uns und unsere Mitarbeitenden. „Was müssen wir tun, damit unsere Kunden begeistert sind?" Das ist die zentrale Frage, mit der wir uns täglich zu befassen haben.

Qualitätsmanagement

Doch Kundenorientierung ist nicht alles. Wenn wir alle Unternehmensbereiche auf den Markt ausrichten wollen, braucht es einen Blick über das ganze Unternehmen und darüber hinaus. Das Modell des europäischen Total-Qualitätsmanagements gliedert die Firma in Bereiche. Für jeden stellt sich die Frage der kontinuierlichen Verbesserung, damit wir die beste Wirkung auf dem Markt erzielen können. Der Erfolg des Marketings liegt in der Summe aller Teilerfolge. Das hört sich schwierig an, ist aber sehr einfach. Auch das habe ich beim Bergsteigen gelernt. Der Weg zum Gipfel besteht aus vielen Tausend kleinen Schritten. Wenn ich jeden einzelnen Schritt beherrsche, komme ich unweigerlich zum Ziel. Kleine Schritte sind einfach lern- und anwendbar. Überall im Unternehmen müssen wir uns fragen:

Was können oder müssen wir verbessern, um dem Kunden einen Nutzen zu bieten?

Der *Kontinuierliche Verbesserungsprozess* (KVP) beschreibt die Grundhaltung der stetigen Verbesserung (vgl. Kap. 4, S. 74).

Kommunikation

Ohne gute interne und externe Kommunikation nützen die besten Prozesse nichts. Gute Kommunikation muss wirken, muss zum Denken und Handeln anregen. Sie muss anstoßen und bewegen.

Dabei stellen sich sechs Schlüsselfragen:

1. Wen?
- Wer ist das Zielpublikum?
- Wer ist Entscheidungsträger?
- Wer ist Beeinflusser im Entscheidungsprozess?

2. Wo?
Welche Werbeträger setze ich ein? Prospekte? Inserate? Internet? Radio oder TV-Spots? Mailings? Newsmails? Anlässe? Messen? Plakate? Werbetafeln?

3. Wann?
Zeitpunkt, Erscheinungsplan?

4. Was?
Inhalt der Botschaft?

5. Wie?
Art und Stil der Botschaft?

6. Wie viel?
Budget, Anzahl der Erscheinungen?

Fassen wir zusammen:
1. Ich pflege in meinem Privat- und Geschäftsleben eine Kultur des Respekts.
2. Ich betrachte meine Kunden als wertvolle Menschen und bin bereit, ihnen zu dienen.
3. Ich erarbeite ein Marketingkonzept, das allen Beteiligten Nutzen bringt.
4. Ich analysiere meine ganze Firma regelmäßig und verbessere sie kontinuierlich.

Die Anwendung des 2. Gebots „Du sollst den Namen des Herrn nicht missbrauchen" im Geschäftsleben:
1. Ich mache dem Namen Gottes Ehre, indem ich ihn so in den Alltag einbeziehe, dass meine Mitarbeiter und Kunden seinen Einfluss spüren.
2. Ich sorge dafür, dass mein Marketing auf den Werten Respekt, Bescheidenheit, Wahrheit, Ehrlichkeit, Treue und Liebe basiert.
3. Mein Leben ist eindeutig. Es spricht für sich.

3. Kapitel

Zeit ist Geld – und noch viel mehr

Fast jeder Unternehmer klagt über Zeitmangel. Das gehört anscheinend zum guten Ton. Es scheint etwas über Wichtigkeit und Erfolg auszusagen. So füllen diese Unternehmer ihr Leben mit Sekunden, Minuten, Stunden, Tagen, Monaten und Jahren. Sie rechnen aus, was jede verlorene Stunde kostet. Zeit ist Geld!

Teilweise haben sie recht. Es gibt eine bestimmte **Wir können das Leben mit Zeit füllen oder die Zeit mit Leben.** Art von Zeit, die kann man kaufen und verkaufen. Damit sie einen hohen Handelswert bekommt, wird sie mit Gedanken und Leistungen gefüllt. Ein gutes Zeitmanagement hilft, die Resultate zu optimieren.

Ein schlechtes Zeitmanagement hingegen führt zu Hektik, Belastung, Ineffizienz und Verlusten. Aus diesem Grund befassen wir uns etwas später mit dem Thema „Zeitmanagement für Unternehmer".

Es gibt aber auch eine Art Zeit, die ist weder käuflich noch verkäuflich. Jeder von uns hat sie in einem begrenzten Maß zur Verfügung. Sie zieht an uns vorbei. Wir können dabei zusehen und staunen, wie sie ständig ihre Geschwindigkeit erhöht. Oder wir können sie ergreifen und mit Leben füllen. Hier liegt der Schlüssel: Wir können das Leben mit Zeit füllen oder die Zeit mit Leben. Aus diesem Grund befassen wir uns etwas später mit dem Thema „Lebensmanagement für Unternehmer".

Aber schön der Reihe nach. Was sagt uns dazu das dritte Gebot „Du sollst den Ruhetag heiligen"? Auch hier geht es um Zeit. Und um den Umgang mit der Zeit.

Der Ruhetag ist für den Menschen da

Der Umgang mit dem Ruhetag fordert Unternehmer besonders heraus. Eigentlich sieht jeder seine Bedeutung ein und gelobt regelmäßig, diesen Tag seinem Sinn gemäß zu feiern. Es soll Platz sein für die Familie, für den Gottesdienst und natürlich zum Ausruhen. Die Praxis sieht oft ganz anders aus. Es gibt so viele Gründe, Ausnahmen zu machen. Da ist die liegen gebliebene Arbeit, ein lukrativer Auftrag, eine neue Idee, ein ungelöstes Problem – und schon ist der Feiertag geopfert. Es ließen sich noch viel mehr Gründe anführen. Vielleicht eine Flucht vor unangenehmen Gesprächen in der Ehe? Oder eine Flucht vor der Leere?

Das sind zentrale Themen der Unternehmensberatung bei Unternehmern. Sie laufen Gefahr, dass sich ihre Beziehungen und ihre Lebensqualität verschlechtern: Beziehungen und Lebensqualität *erodieren* langsam, stetig und lange Zeit unbemerkt. Ehepartner entfremden sich. Kinder erleben und kennen ihre unternehmerisch tätigen Eltern kaum. Unternehmer verlieren – ohne es zu bemerken – den Bezug zu einfachen, aber lebenswichtigen Dingen: zur Realität. Am Schluss bleibt nur noch eines: das Geschäft. 12, 16, 18 Stunden am Tag, 7 Tage in der Woche. Kein Wunder, dass bald auch noch der Schlaf von Gedanken ans Geschäft unterbrochen wird.

Warum wird die Gefahr der Erosion nicht erkannt? Am Anfang macht die Arbeit Freude. Und überdurchschnittlich viel Arbeit ist notwendig, sonst sind der Aufbau einer neuen Firma oder die Karriere als herausragende Führungskraft nicht möglich. Mit der Zeit wird dieser Arbeitsrhythmus als normal wahrgenommen. Später kommen die ersten Ermüdungserscheinungen und dazu das schlechte Gewissen, weil man ahnt, dass etwas falsch läuft. Aus dieser Negativspirale zu entrinnen ist aber bereits sehr schwierig.

Die amerikanischen Wissenschaftler Herbert Freudenberger und Gail North definieren die Erschöpfungsphasen bis zum Burn-out in einer Art Zwölfstufenspirale (der Zwang sich zu beweisen, verstärkter Einsatz, Vernachlässigung eigener Bedürfnisse, Verdrängung von Konflikten und Bedürfnissen, Umdeutung von Werten, verstärkte Verleugnung von Problemen, Rückzug, deutliche Verhaltensänderung, Verlust des Gefühls für die eigene Persönlichkeit, innere Leere, Depression, völlige Burn-out-Erschöpfung).

Gott hat den siebten Tag, den Ruhetag, für den Menschen geschaffen. Und das mit gutem Grund. Dieser Feiertag gibt dem Leben einen besonderen Rhythmus. Dieser Rhythmus beruhigt und regt zugleich an. Er dient zum Entspannen und zum Tanken von neuer Energie. Aber Feiertag ist nicht gleich Feiertag. Viele Unternehmer haben den Feiertag aus ihrer Agenda gestrichen und reden sich ein, für sie gelte ein anderer Rhythmus. Bis heute ist mir noch kein Unternehmer begegnet, der den ursprünglichen Wochenrhythmus über längere Zeit ohne negative Folgen geändert hat.

Aber jede Regel kennt ihre Ausnahmen. Und diese sind besonders im Unternehmertum sehr wichtig. Menschen, die Neues schaffen und gestalten, erleben immer wieder Phasen, in denen sie einen eigenen – meist etwas extremen – Rhythmus leben müssen. Und das ist kein Problem, sofern diese Phase zeitlich begrenzt ist und durch eine entgegengesetzte Phase ergänzt wird. Ich verbringe gelegentlich meine Sonntage in Flughäfen oder Flugzeugen, wenn ich zu Seminareinsätzen in entfernte Länder unterwegs bin. Das ist verkraftbar.

Kommen wir vom Ausnahmefall zurück zum Normalfall und betrachten wir diesen Sonntag etwas genauer. Dieser siebte Tag hat 24 Stunden wie jeder andere. Aber diese Stunden sollen anders gefüllt werden. Sehr aktive Menschen füllen diesen Tag am liebsten mit noch mehr Betriebsamkeit. Sie haben dafür auch gute Gründe. Dies sei gesund oder sie seien nun mal Machertypen. In Wahrheit haben sie einfach verlernt zu bremsen. *Bremsen* und *ausruhen* kann anstrengender sein als das Laufenlassen. Bremsen braucht Energie: Ich muss mich auf etwas Neues, vielleicht Ungewohntes vorbereiten und einstellen. Bremsen braucht

Zeit: Es funktioniert nicht schlagartig. Es gibt einen Bremsweg. Eine sichere Bremsung ist nicht dasselbe wie ein abrupter Stopp. Dem Anhalten folgt die Ruhe. Ausruhen kann sehr gefährlich werden. Beim Ausruhen bin ich plötzlich mit mir selbst konfrontiert. Wenn die Maschinen ruhen, wenn das Geräusch von Hektik im Büroalltag verschwindet, entsteht ein Vakuum. Dieses Vakuum will gefüllt sein. Es füllt sich automatisch mit Gedanken, dummerweise genau mit den Gedanken, die ich doch so erfolgreich über lange Zeit verdrängt hatte. Das kann unangenehm sein. Vielleicht kommt zudem vom Ehepartner die Forderung nach einem längst fälligen Gespräch. Schon die Vorstellung davon belastet und ermüdet. Also doch lieber wieder beschleunigen und verdrängen. Das ist wesentlich einfacher.

Es muss nicht so sein; oder vielmehr: Es darf nicht so sein. Der Ruhetag ist für den Menschen da. Er soll ihn erfreuen und erbauen. Vielleicht lohnt es sich, wenn wir uns Gedanken darüber machen, wie wir diesen Tag vorbereiten und gestalten.

Folgende Leitsätze können dabei helfen:

1. Der Ruhetag ist ein Muss.
Gott hat den Ruhetag nicht als Möglichkeit eingesetzt, sondern als einen herausragenden Tag der Woche. Wir brauchen ihn zum Leben wie Nahrung und Sauerstoff.

2. Ich freue mich auf den Ruhetag.
Die Vorfreude auf ein bedeutendes Ereignis ist sehr wichtig. Sie bestimmt, in welcher Form wir uns auf das Ereignis vorbereiten.

3. Ich gestalte den Ruhetag so, dass er mir guttut.
Es gibt unzählige Möglichkeiten, diesen Tag zu gestalten. Manchmal besteht er zum großen Teil aus Ruhen. Manchmal ist er gefüllt mit Geschäftigkeit und Beziehungspflege. In jedem Fall soll er helfen zur Erbauung. Er soll uns Distanz geben zum Alltag. Er soll uns helfen, Gedanken aus einer anderen Perspektive zu sehen und neu zu ordnen. Er soll uns inspirieren. Er soll uns aber

auch Raum geben zum Hinterfragen, zu Standortbestimmungen, zu neuem Aufbruch.

4. Ich brauche den Ruhetag für eine besondere Begegnung mit Gott.

Begegnungen mit Gott gehören in jeden Tag, nicht nur in den Ruhetag. Im Alltag sind diese Begegnungen meist geprägt durch die aktuellen Ereignisse und Entscheidungen. Der Ruhetag bietet Gelegenheit, auch hier neue Inspiration aus einer anderen Perspektive zu erhalten. Die Idee zu diesem Buch ist in einer Sonntagspredigt entstanden.

Tankstelle Weisheit

Gute Unternehmer brauchen in ihrem Alltag ein gerüttelt Maß an *Weisheit und Gelassenheit.* Ich spreche nicht von Wissen. Das gehört natürlich auch dazu. Die Qualität von Entscheidungen ist nur zu einem kleinen Teil von der Menge des Wissens abhängig. Weisheit spielt eine viel größere Rolle. Wissen nützt nur begrenzt. Vielen Menschen wird es sogar zum Verhängnis: Sie plustern sich auf, werden eingebildet und unbelehrbar.

Weisheit heißt Wissen anwenden.

Unter Tausenden von Unternehmern, die ich in den letzten zwanzig Jahren begleiten durfte, waren bedauerlicherweise die hoch akademisch ausgebildeten weit untervertreten. Ihr Fach- und Methodenwissen hat nicht gereicht, um als Unternehmer erfolgreich zu sein. Viele standen sich selbst im Weg.

Weisheit heißt Wissen anwenden: Konzepte umsetzen, Visionen verwirklichen, Werte und Nutzen schaffen, innovativ sein, Einfluss geltend machen, Fehler und Dummheiten verhindern, für das Gute kämpfen und das Böse bekämpfen. Wirklich weise Unternehmer würden viele Auswüchse der modernen Wirtschaft nicht zulassen. Weisheit hat auch zu tun mit Verantwortung.

Vor etlichen Jahren äußerte ich in einer Verhandlung mit einer Behörde meine Überzeugung: „Wenn Menschen die Verantwortung gegenüber Gott nicht mehr wahrnehmen, ist es eine Frage der Zeit, bis sie auch die Verantwortung gegenüber Menschen ablegen." Ich wollte damit deutlich machen, warum die christliche Geschäftsethik in unseren Unternehmensentwicklungs-Programmen so wichtig ist. Ich bin dabei zuerst auf taube Ohren gestoßen. In einer Zeit der Emanzipation will man es nicht wahrhaben, dass Gott Anspruch erhebt auf Rechenschaft über unser Tun. Aber es ist halt doch so. Heute sprechen die Resultate unserer Projekte eine deutliche Sprache. Die Welt braucht nicht Bonus kassierende Manager. Sie braucht verantwortungsvolle Unternehmer. Das funktioniert nur mit einer ethischen Grundhaltung. An Schulen und Hochschulen wird dies Thema stückweise und theoretisch abgehandelt. Man spricht viel- oder nichtssagend von Corporate Governance. Die praktische Anwendung aber muss im Leben Schritt für Schritt eingeübt werden, und das verlangt kritisches Hinterfragen und Veränderungswillen.

Ohne Ruhetag schwindet die Geschäftsethik

Der Erosionsprozess – die schleichende Verschlechterung – nagt auch an der Geschäftsethik. Unternehmer starten ihr Geschäft meist mit hehren Absichten. Unredlichkeiten, Halbwahrheiten oder Korruption sind undenkbar und in ihrem Businessplan nicht vorgesehen, solange die Möglichkeiten dazu nicht vorhanden sind. Ist die Versuchung aber da, widerstehen viele nicht. Der ehemalige rumänische Staatspräsident Emil Constantinescu hat dies bei seinem Rücktritt in aller Klarheit in einer Rede an sein Volk ausgedrückt: „Ihr beklagt euch alle über die grassierende Korruption in unserem Land. Sobald euch selbst Gelegenheit geboten wird, aus der Korruption Profit zu ziehen, macht ihr alle mit!" Constantinescu spricht hier über die menschliche Natur, wie sie in uns allen vorhanden ist. Der Ausweg aus dieser Situation braucht mehr als gute Vorsätze und ethisches Denken. Es braucht eine Veränderung unseres Wesens. Das, und nichts weniger, ist die Absicht Gottes mit uns Menschen, wenn wir uns von ihm prägen lassen. Dieser Prozess basiert immer auf Freiwilligkeit: Der Mensch muss wollen. Dann schenkt Gott das Gelingen.

Der ethische Kompass

Beim Bergsteigen musste ich lernen, mit dem Kompass umzugehen. Die Nadel zeigt immer nach Norden. Das ist praktisch. So kann ich mich auch bei dichtem Nebel und in gefährlichem Gelände orientieren. Das ist überlebenswichtig. Als ethisch denkende und handelnde Unternehmer benötigen wir einen Kompass und wir müssen damit umgehen können. Wir müssen uns für ein Ziel und damit für eine Richtung entscheiden. Wir dürfen uns nicht ablenken lassen. Wir müssen unseren Standort regelmäßig mit unserem ethischen Kompass überprüfen.

Gott spricht zu uns in der Bibel oft in Gleichnissen. Man kann diese als schöne Geschichten betrachten. Oder man kann sie nutzen zur Reflexion unseres Verhaltens. In diesem Fall veranlassen sie uns oft, unsere Gesinnung und unser Verhalten zu ändern. Das ist die Arbeit mit dem Kompass.

Störfelder

Einen Kompass kann man auch stören. Man kann magnetische Felder aufbauen, die die Kompassnadel irritieren. Glücklicherweise bleibt ein Kompass ein Kompass. Ist das Störfeld verschwunden, zeigt er wieder treu nach Norden.

Auch hier braucht es Weisheit. Zeigt mein Kompass wirklich nach Norden oder liegt ein Störfeld in der Nähe? Das Erkennen von Störfeldern ist wichtig. Es braucht dazu Zeit zum Nachdenken. Diese Störfelder müssen Unternehmer besonders beachten:

Glänzendes Gold

Glänzendes Gold macht blind. Der Traum vom schnellen und einfachen Gewinn ist gefährlich. Gerne fallen Unternehmer auf ihn herein. Sehen sie große Zahlen, verlieren sie den Verstand, entscheiden unüberlegt und gierig. Geld wird schnell zu einem Gott oder Götzen gemacht. Das Shareholder-Value-Denken ist ein gutes Beispiel dafür. Für die Erhöhung des Aktienwertes werden Menschen und Werte auf dem Altar des Geldes geopfert. Das hat nichts zu tun mit sozialem Unternehmertum.

Für die Erhöhung des Aktienwertes werden Menschen und Werte auf dem Altar des Geldes geopfert.

Breite, verlockende Wege

Auf Konferenzen und Tagungen tummeln sich viele gute Redner. Mit schönen Worten preisen sie schnelle und mühelose Wege zu Reichtum an. Mit scheinbar perfekten Modellen rechnen sie vor, wie das große Geld mit Spekulation zu verdienen ist. Irgendwann verstummen und verschwinden sie – vielleicht mit Ihrem Geld. Der Weg zum Erfolg ist meistens schmal und oft steinig. Er zwingt uns, vorsichtig voranzuschreiten und Hindernisse zu überwinden.

Entmutigende Analysen

Unternehmer und unternehmerisch denkende Manager sind immer von Bedenkenträgern und Zauderern umgeben, die bei jeder neuen Idee zehn Gründe finden, warum sie riskant ist oder nicht funktionieren kann. Das ist mühsam und lähmend. Unternehmer müssen sich umgeben mit Leuten, die ihre Ideen kritisch und konstruktiv beurteilen. Auch das ist Weisheit.

Die Bibel lehrt uns viel über Weisheit. In den Sprüchen Salomos lernen wir, dass die Weisheit einen Anfang hat: in der Gottesfurcht, im Respekt vor Gott. Ist es verwunderlich, dass Weisheit so rar ist? Weisheit setzt voraus, dass wir bereit sind, Gott in unseren Alltag einzubeziehen, damit wir unser Tun vor ihm verantworten können. Genau das gehört auch zum Ruhetag. Wir können unseren geistlichen Tank auffüllen mit Kraft und Weisheit. Das ist kostenlos, braucht aber Initiative.

Tankstelle Lebensfreude

Gerne vergessen oder vernachlässigen Unternehmer noch einen anderen Tank, den emotionalen Tank oder den Tank der Lebensfreude. Was soll dereinst in ihrer Todesanzeige stehen? Wären Sie glücklich über den Spruch „Nur Arbeit war sein Leben"? Das Leben ist mehr als Arbeit und Geschäft. Auch mehr als Erfolg und Reichtum. Auch mehr als Gesundheit.

Manager von Altersheimen gehören seit zwei Jahrzehnten zu meinen Kunden. Deshalb komme ich oft in solche Häuser und stelle dabei Erstaunliches fest. Ich beobachte dort Menschen in ihrer letzten Lebensphase. Diese Menschen gründen keine neuen Firmen mehr. Sie steigen auch nicht mehr auf hohe Berge. Sie sitzen oder liegen da und haben viel Zeit. Und sie warten. Einige warten auf das Essen, andere auf den Besuch ihrer Kinder, wieder andere einfach auf den Tod. Einige beobachten die Blätter an den Bäumen im Park oder lauschen dem Plätschern des Wassers im Brunnen vor dem Eingang, andere sprechen mit dem Papagei in der Eingangshalle. Einige warten im Bett auf die nächste schmerzlindernde Spritze. Das Wichtigste für sie sind wahrscheinlich die warmen Hände und das freundliche Lächeln des Pflegepersonals. So ist das Leben im Alter. So wird wahrscheinlich unser Leben einmal sein.

Nun beobachte ich die Gesichter. Darin ist das Leben dieser Menschen gezeichnet. Erstaunlich viele wirken hart und verbit-

„Nur Arbeit war sein Leben"?

tert. Sie hadern mit dem Personal, mit den Umständen, mit ihrer Gesundheit, mit den ausbleibenden Besuchern, mit dem immer gleichen Essen, mit allem. So haben sie auch früher gelebt. Im Alter wird diese Härte und Verbitterung noch verstärkt. Auf diese Weise wird das Warten mühsam und unendlich.

Glücklicherweise gibt es auch die anderen. Auch wenn ihre Gesundheit sehr zu wünschen übrig lässt, benutzen sie jede Gelegenheit zu einem Lächeln. Mit diesem Lächeln bereichern sie ihre Mitbewohner, Besucher und das Personal. Sie leben im gleichen Heim, essen das Gleiche, empfinden die gleichen Schmerzen und sind dennoch glücklich. Ihr Warten ist ein anderes Warten.

Wir können nicht wesentlich beeinflussen, wie gesund wir im hohen Alter sein werden. Aber wir können sehr wohl beeinflussen, was wir dann ausstrahlen werden. In jüngeren Jahren können wir unser Denken, unser Verhalten und unsere Ausstrahlung beeinflussen. Dazu benötigen wir von Zeit zu Zeit einen Spiegel, um uns zu reflektieren, um Weisheit und Kraft zu gewinnen, um zu ändern, was zu ändern und veränderbar ist. Auch dazu können Ruhetage dienen.

Und manchmal braucht es ganz einfach Abwechslung: Sport, geselliges Zusammensein mit Verwandten und Freunden, Ausflüge, im Garten auf dem Liegestuhl faulenzen. Es lohnt sich, Ruhetage bewusst zu feiern.

Fassen wir zusammen:
1. Ich will mir der Gefahr der Erosion bewusst werden: Die Beziehungen zu meinen Mitmenschen schwinden und meine Geschäftsethik verflacht, wenn ich sie nicht pflege.
2. Ich erkenne die Bedeutung des regelmäßigen Ruhetags und gestalte diesen zu meinem Lebenskompass.
3. Ich kenne die möglichen Störfelder und eliminiere sie.
4. Ich benutze den Ruhetag als Tankstelle für Weisheit, Kraft und Lebensfreude.

Die Anwendung des dritten Gebots „Du sollst den Sonntag heiligen" im Geschäftsleben:

1. Ich plane und verwirkliche im Geschäfts- und Privatleben neben Phasen der Spannung regelmäßig Oasen der Entspannung.
2. Ich fülle die Oasen der Entspannung so, dass sich Körper, Seele und Geist erfrischen.
3. Ich gestalte am Ruhetag besondere Momente der Begegnung mit Gott.
4. Ich lasse mir den Ruhetag nicht durch vermeintlich Wichtigeres stehlen.

4. Kapitel

Veränderungen brauchen Kraft – und bringen Saft

Ist es einfacher, ein Unternehmen auf Erfahrung aufzubauen oder auf fehlender Erfahrung? Ich sage auf Erfahrung, sofern ich mir daraus die Fähigkeit zur dauernden Veränderung angeeignet habe. Ansonsten kann Erfahrung zu einem fast unüberwindbaren Hindernis werden. Viele Unternehmer kennen das. Es ist schwierig, bestimmte Mitarbeiter zu Veränderungen zu bewegen. Wenn uns dies gelingt, öffnen wir die Treibstoffsäule zum Firmenwachstum.

Was lernen wir dazu aus dem vierten Gebot „Du sollst deinen Vater und deine Mutter ehren"? Im vierten Gebot geht es nochmals um Respekt und um klare hierarchische Verhältnisse. Das gilt nicht nur für das Familienleben. Viele Reibungsverluste und Streitereien in Unternehmen haben ihren Ursprung in mangelndem gegenseitigem Respekt und in unklaren Strukturen und Arbeitsabläufen. Das Einhalten des vierten Gebots verbindet Gott mit einer besonderen Verheißung: Es soll uns wohlergehen und wir sollen lange leben. Ist dies nicht genau das, was wir auch mit unserer Firma wollen? Erfolg und Bestand?

Grund für das Aus: Führungsfehler, schlechte Kommunikation und Mängel bei der Umsetzung des Businessplans.

Viele neu gegründete Firmen kommen nie in den Genuss von Erfolg und überleben die ersten drei Lebensjahre nicht. Schade. Das ist verbunden mit viel Leid und Enttäuschung. Meist wurden viel Energie und Herzblut in den Aufbau der Firma gesteckt. Das Aus zerstört Träume und Existenzen. Was lief falsch? Selten liegen die Gründe in schlechten Marktverhältnissen, häufiger aber im nicht marktgerechten Produkt oder in der nicht nachgefragten Dienstleistung. Noch häufiger sind Führungsfehler, schlechte Kommunikation und Mängel bei der Umsetzung des Businessplans die Ursache.

Die meisten Firmen und Organisationen durchlaufen einen Lebenszyklus mit fünf Phasen. Jede Phase hat ihre eigene Dynamik. Einerseits zeigt sich der Markt in verschiedenen Formen. Und anderseits sind unterschiedliche Führungseigenschaften des Unternehmers gefragt. In der Unternehmensberatung dient dieses Fünfphasenmodell als wichtiges Analyseinstrument. Es zeigt die kritischen Stellen auf und hilft bei der Suche nach Strategien.

Die 5 Lebensphasen eines Unternehmens

Aufbau	Wachstum	Differenzierung	Konsolidierung	Liquidation
Markt:				
Markt noch unstrukturiert	Großer Bedarf vorhanden	Grundbedarf abgedeckt	Marktnischen besetzt	Substitutionen dominieren
Rolle des Unternehmers:				
Pionier, der aus einer Idee eine wirtschaftliche Realität macht	Macher, der die große Nachfrage bedarfsgerecht befriedigt	Stratege, der attraktive Marktnischen erkundet und verteidigt	Verwalter, der die betrieblichen Abläufe optimiert	Sanierer, der Geldwerte freisetzt oder den Neubeginn ermöglicht

Abbildung 7: Die 5 Lebensphasen eines Unternehmens

Phase 1: Aufbauphase – unstrukturierter Markt

In dieser Phase sind *Pioniere* als Unternehmer gefragt. Sie machen aus einer Idee eine wirtschaftliche Realität. Sie brauchen kurze Entscheidungswege und sind risikofreudig. Von Hindernissen lassen sie sich nur schwer ablenken. Sie arbeiten ausgesprochen schnell, und sie bevorzugen praktische Versuche vor Theorie und Plänen. Pioniere kommunizieren ihre Entscheidungen direkt und mit Begeisterung. Sie erwarten von allen Beteiligten unverzügliches Handeln.

Pioniere führen wirkungsvoll. Ihre Art zu führen regt schnelles und pragmatisches Handeln an. Bei Problemen wird blitzschnell reagiert und korrigiert. Der Chef ist immer und überall präsent und alle Beteiligten kommunizieren direkt miteinander. Für Animositäten und unnötige Diskussionen fehlt die Zeit. Der Chef hat aber auch seine Schattenseiten. Pioniere sind oftmals charismatische Führungskräfte, die neben sich wenig Eigendynamik dulden. Sie wünschen – oder vielmehr: Sie verlangen –, dass ihre Ideen umgesetzt werden. Mitarbeiter mit eigenen Ideen verlassen das Unternehmen oder sie lassen ihre kreativen Fähigkeiten verkümmern.

Phase 2: Wachstumsphase – ungesättigter Markt

In der zweiten Phase sind die *Macher* gefragt. In der Zwischenzeit ist die Nachfrage nach den Produkten, aber auch die Mitarbeiterzahl gestiegen. Hier kommt der Führungsstil der Pioniere an seine Grenzen. Zuständigkeiten und Verantwortung müssen klar geregelt werden. Arbeitsprozesse müssen optimiert und organisiert werden, damit sie bei wiederholter Anwendung und mit unterschiedlichen Mitarbeitern zu den gleichen Resultaten führen. Mit dem Umsatz steigen auch die Kosten und damit die Risiken. Dies verlangt nach professionellen Instrumenten der Kalkulation und Kostenkontrolle. An den Entscheidungen sind nun mehrere Personen beteiligt. Diese benötigen dazu ein aussagekräftiges Management-Informationssystem. Der Führungsstil des Machers verlangt konzeptionelles Denkvermögen und die Fähigkeit, Mitarbeiter im selbstständigen Denken zu fördern. Mitarbeiter aller Stufen müssen willig und in der Lage sein, stufengerecht zu entscheiden und Verantwortung zu übernehmen. Gute Mitarbeiter wollen eine Langfristperspektive in der Firma erkennen können.

Phase 3: Differenzierungsphase – gesättigter Markt beim Grundbedarf

In dieser Phase sind kreative *Strategen* gefragt. Sie suchen nach attraktiven Marktnischen und arbeiten wirkungsvolle Verteidigungsstrategien aus. Hier spielt zum Beispiel der Schutz des geistigen Eigentums eine wichtige Rolle. Aber auch die Schnelligkeit des Innovationsprozesses kann große Wettbewerbsvorteile bringen. Der Führungsstil in dieser Phase ist geprägt durch differenziertes Denkvermögen und Kreativität. Die verfeinerten Strategien müssen Investoren, Mitarbeitern und Kunden gegenüber überzeugend kommuniziert werden. Klare Prioritäten sind für den Erfolg absolute Voraussetzung. Immer wieder sind Entscheidungen notwendig, was im Portfolio noch fehlt und worauf verzichtet werden kann, um die Kräfte auf das Wesentliche zu konzentrieren. Richtige Entscheide führen in dieser Phase zu Innovation und Expansion. Diese Phase kann mehrfach durchlaufen werden und verzögert damit die Phasen 4 und 5. Im besten Fall werden diese sogar hinfällig.

Phase 4: Konsolidierungsphase – auch die Marktnischen sind gesättigt

Wenn weiteres Wachstum nicht mehr absehbar ist, kommt der *Verwalter* zum Zug. Er melkt die vorhandenen Milchkühe noch, solange diese Milch produzieren. Mit anderen Worten, er optimiert Betriebsabläufe, um Kosten zu sparen und damit die Gewinnmargen so lange wie möglich zu halten. Je nach Produkt kann diese Phase sehr kurz sein. Sie kann sich aber auch über viele Jahre hinziehen. Der Führungsstil des Verwalters ist geprägt durch Beständigkeit und Konzentration auf die Details.

Phase 5: Liquidierungsphase – Unternehmen und Produkte wurden durch andere Marktteilnehmer ersetzt

Leider gehört zum Leben der meisten Organisationen und Firmen auch das Ende. Vielleicht haben sie schlicht ihren unternehmerischen Auftrag erfüllt. Vielleicht haben sie wichtige Entwicklungen verschlafen und den Anschluss verpasst. Vielleicht sind sie einer ungelösten Nachfolgeregelung zum Opfer gefallen. Nun sind die *Sanierer* gefragt. Diese sollen die vorhandenen Werte so gut wie möglich in liquide Mittel umsetzen, damit Schulden bezahlt und nach Möglichkeit neue Projekte in Angriff genommen werden können. Der Sanierer sollte nicht als Totengräber auftreten. Vielmehr soll er für alle an der Liquidation Beteiligten Nutzen generieren.

Die Phasenübergänge

Der *Übergang zwischen den einzelnen Phasen* ist stets kritisch und verlangt nach besonderer Aufmerksamkeit. Die Qualität der Übergangslösung bietet für die Firma eine besondere Chance – oder gefährdet sie. Deshalb folgen hier ein paar Tipps, um diese Übergänge erfolgreich zu meistern. Die meisten haben mit der Führungskultur zu tun. Laut Wörterbuch bedeutet Kultur eine verfeinerte Lebensweise. Es geht also darum, über den Führungsstil nachzudenken und diesen absichtlich zu beeinflussen und zu prägen. In den vergangenen Jahrzehnten wurden viele Führungsstile entwickelt und erprobt. Richtig bewährt hat sich nur einer: der situative Führungsstil. Dabei geht es darum, den Führungsstil der jeweiligen Situation anzupassen.

Den Führungsstil der jeweiligen Situation anpassen

Die Situation ist geprägt von unterschiedlichen Menschentypen, die geführt werden müssen und von unterschiedlichen Lebensphasen, in denen sich die Firma befindet.

Mit Humor geht's besser

In jedem Fall spielt ein Kulturelement eine entscheidende Rolle: der *Humor*. Humorvolle Menschen können in einem humorlosen Firmenklima nicht arbeiten. Sie sind blockiert und frustriert. Humorlose Menschen sind auch mit den besten Fähigkeiten und mit der größten Professionalität höchstens mittelmäßig erfolgreich. Jeder Arbeitsschritt kostet sie viel Energie. Schon kleine Fehler werden ihnen zum Verhängnis. Anderseits können sich humorvolle Menschen relativ viele Fehler erlauben. Sie werden ihnen verziehen. Und die Arbeit läuft für die Humorvollen mit Leichtigkeit und wenig Energieaufwand. Dummerweise ist Humorlosigkeit in einem Team ansteckend. Deshalb sollten wir achtsam sein. Ich höre in Seminaren oft die Aussage, Humor sei eine Frage des Typs. Einige hätten nun mal Humor und andere nicht. Das ist falsch. Natürlich rede ich beim Humor nicht davon, dauernd lustig sein zu müssen. Menschen, die den Tag füllen, indem sie Witze erzählen, kompensieren damit ein Defizit. Nein, der Humor, den ich meine, ist etwas sehr Ernstes. Und er ist lernbar. Ich liebe die Definition von Humor im deutschen Wörterbuch von Wahrig:

> *„Humor ist die Fähigkeit, auch die Schattenseiten des Lebens mit heiterer Gelassenheit und geistiger Überlegenheit zu betrachten."*

In dieser Definition steckt viel Weisheit und Denkarbeit. Erst mal ist Humor eine Fähigkeit. Fähigkeiten sind Talente. Die Bibel lehrt uns, Talente nicht im Boden zu vergraben, sondern mit ihnen zu arbeiten. Sie sollen entwickelt und vermehrt werden. Genau so ist es mit dem Humor. Es geht dabei um Denkhaltungen. Betrachte ich Menschen und Situationen, die mich umgeben – oder gar mich selbst – als feindlich? Dann wirkt für mich alles belastend.

Ich kann aber lernen, die Schattenseiten im Leben mit heiterer Gelassenheit zu betrachten. Gelassenheit ist ein Schlüssel zu hoher Lebensqualität. Gelassenheit bedeutet Freiheit.

Die meisten Menschen sind nicht wirklich frei. Sie machen sich Sorgen über Dinge, die sie nicht ändern können. Sie übernehmen Verantwortung für Sachen, für die sie nicht zuständig sind und die sie weder tragen können noch müssen. Sie plagen sich mit berechtigten oder unberechtigten Schuldgefüh-

Die Schattenseiten im Leben mit heiterer Gelassenheit betrachten

len. Sie sind davon abhängig, was andere über sie denken. Das sind selbst geschaffene Abhängigkeiten, ungesunde Bindungen. Davon loszukommen übersteigt oft die menschliche Kraft. Es ist das zentrale Element der Beziehung von Gott zum einzelnen Menschen, ihn von solchen Bindungen zu befreien. Menschen, die in enger Beziehung mit Gott leben, verfügen über eine große Gelassenheit. Sie machen sich nicht unnötig Sorgen. Aber sie sorgen sich um das, was ihnen zugeteilt ist und wofür sie die Kraft erhalten.

Lange dachte ich, humorvolle Menschen seien einfach zu einfältig, um die Welt zu verstehen, und würden deshalb lachen. Das ist grundfalsch. Humorvolle Menschen verfügen über eine geistige Überlegenheit. Dabei geht es nicht um Überheblichkeit. Es geht um Weisheit, um die Fähigkeit, Dinge in ihrem wirklichen Zusammenhang zu erkennen und einzuordnen. Es geht letztlich um nichts weniger als darum, Dinge aus der Perspektive Gottes zu sehen.

Verstehen Sie die Tiefgründigkeit von Humor? Verstehen Sie die befreiende Wirkung von Humor? Verstehen Sie die Ansteckungskraft von Humor? Unternehmerisches Handeln muss Freude machen.

Von der Nullphase in die Pionierphase

Vor der Gründung eines neuen Unternehmens ist erst einmal nichts, gar nichts. Dann entsteht in irgendeinem Kopf ein Gedanke. Der Auslöser für diesen Gedanken ist oft ein akutes Problem, manchmal eine spontane Idee oder ein Anstoß von anderen. Die meisten dieser Gedanken kommen und gehen. Die wenigsten schaffen es bis zur Umsetzung in ein Projekt oder eine neue Firma. Das ist schade. Viele davon hätten Potenzial für Erfolg gehabt. Echte Unternehmer haben einen Sinn entwickelt, derartige Gedanken als Chancen wahrzunehmen. Sie haben die Fähigkeit, solche Gedanken als unbearbeitete Diamanten zu betrachten und sich dabei ein vollendetes Schmuckstück vorzustellen. Sie sind risikobereit und investieren Geld, Zeit und Herzblut in ihr „neues Kind". So wächst eine Idee zu einem Projekt und dann zu einer Firma. Während dieser Zeit treten viele Ratgeber und Kritiker auf. Hier gilt es, gute Beiträge ernst zu nehmen, Ablenkungen und schlechte Ratschläge aber zu erkennen und vorbeiziehen zu lassen. Ein erfolgreicher Pionier verfügt meist über eine gute Menschenkenntnis, wenn es darum geht, seine Idee vorwärtszubringen. Er sammelt jene Menschen um sich, die ihn in irgendeiner Form unterstützen können. Zu viel Struktur und formelle Organisation sind in dieser Phase eher hinderlich. Administration und Statussymbole werden auf ein Minimum reduziert. Alle Kraft dient der erfolgreichen Realisierung der Idee. So entstehen Arbeitsplätze, wo früher Arbeitslosigkeit und Hoffnungslosigkeit war.

Von der Pionierphase in die Wachstumsphase

Wo viel Sonne ist, ist auch viel Schatten. So werden die größten Stärken eines Unternehmers unter anderen Umständen zu seinen größten Schwächen. Das ist das Schicksal von vielen Pionieren. Sie waren erfolgreich. Sie haben viel Erfahrung gesammelt.

Sie wissen, wie das Geschäft läuft. Aber sie merken nicht, dass ihre Methoden unter neuen Voraussetzungen immer schlechter funktionieren. Dann weisen sie die Schuld gerne den unverständigen Mitarbeitern oder den ungünstigen Marktverhältnissen zu. Eigentlich sind die Mitarbeiter nicht unverständig, sondern überfordert. Und die Marktverhältnisse sind nicht ungünstiger, sondern komplexer als früher. Diese neue Situation fordert einen neuen Führungsstil. Für den Pionier heißt es loslassen. Das ist schwierig. Ich kenne Pioniere, die ihre Unternehmen weit über die Pensionsgrenze hinaus fest im Griff behalten. Die nächste Generation spielt dabei eine reine Statistenrolle. Sie sind Ausführende des Pioniers und haben keine Gelegenheit, eigene Erfahrungen zu sammeln. Wenn sie dann – meist infolge plötzlicher Erkrankung des Pioniers – doch noch die Führung übernehmen sollten, sind sie hoffnungslos überfordert. Sie kennen ja nur den Führungsstil ihres Vorgängers.

Weise Pioniere verhalten sich anders. Es gibt sie, und sie sind ein Lichtblick und große Vorbilder. Sie kennen ihre Stärken und Schwächen. Sie denken längerfristig und aus einer übergeordneten Perspektive. Dabei entdecken sie die ergänzenden Fähigkeiten in anderen Personen. Sie sind bereit, ihnen entsprechende Verantwortungen zu überlassen, damit sie Schritt für Schritt eigene Erfahrungen sammeln können. Und sie sehen ein, dass die Firma zum Wachsen eine neue Organisationsstruktur und andere Führungswerkzeuge braucht. Es ist ihnen klar, dass sie diese Veränderungen durch andere verwirklichen lassen müssen. Und so wird der Übergang zur Wachstumsphase rechtzeitig eingeleitet und als Chance genutzt.

Auch für die neue Leitung ist es nicht einfach, gewachsene Strukturen und Betriebsabläufe zu verändern und neuen Gegebenheiten anzupassen. Zu sehr haben sich Mitarbeiter an das Bestehende gewöhnt. Warum scheitern so viele Veränderungsprozesse? Meistens liegt es an zwischenmenschlichen Problemen. Die meisten Menschen reagieren auf Veränderungen mit Angst und Verunsicherung. Als Führungskräfte, die für den Wandel

verantwortlich sind, müssen wir diese Tatsache ernst nehmen.
Nur wenige Mitarbeiter reagieren auf Veränderungen mit Begeisterung. Diese kleine Gruppe gilt es zu lokalisieren und bewusst
im Veränderungsprozess einzusetzen. Eine etwas
größere Gruppe beteiligt sich am Veränderungsprozess eher zurückhaltend und emotionslos. Diese
Gruppe muss aktiviert und fasziniert werden. Recht
häufig unterstützen Mitarbeiter eine Veränderung
nur, wenn ein entsprechender Druck spürbar ist.
Für diese Gruppe müssen wir einen positiven Druck
herstellen. Leider gibt es auch noch eine ganz andere Gruppe, die versucht, Veränderungen absichtlich
zu boykottieren. Hier hilft meist nur das Mittel der
Trennung. Das ist ein Teil der situativen Führung.

> Nur wenige
> Mitarbeiter
> reagieren auf
> Veränderungen
> mit Begeisterung.
> Diese kleine
> Gruppe gilt es
> bewusst im Ver-
> änderungsprozess
> einzusetzen.

Veränderungskompetenzen

Veränderungskompetenzen fallen nicht vom Himmel. Sie müssen
in vier Gebieten aufgebaut werden:

Allgemeine Voraussetzungen

Die Beteiligten müssen die *Notwendigkeit* der Veränderung erkennen. Das geschieht in den wenigsten Fällen automatisch. Vielen Menschen fehlt das Auge, um drohende Gefahr rechtzeitig
als solche zu erkennen. Sie wiegen sich in einer falschen Sicherheit. Viele Gefahren sind Erosionsprozesse, also schleichende
Verschlechterungen von Zuständen oder Verhaltensweisen. Die
Verschlechterung schleicht sich so langsam ein, dass die meisten
sie lange Zeit nicht wahrnehmen. In dieser Situation ist Dramaturgie als Führungsinstrument notwendig. Nicht Übertreibung
ist gefragt, aber ein Sicht- und Spürbarmachen der drohenden
Gefahr. Auch das habe ich beim Bergsteigen gelernt. Angst vor

Gefahren ist dort wie überall ein schlechter Ratgeber. Respekt jedoch drängt uns zu angepasstem Verhalten. Deshalb studieren wir Wetterberichte und befassen uns mit einem möglichen Gewitter oder Nebel. Beides kann lebensbedrohlich sein. Viele Bergsteiger sind dabei wegen schlechter Vorbereitung oder falschem Verhalten ums Leben gekommen. Vielleicht wurden sie von einem Blitzschlag getroffen oder sie sind in eine Gletscherspalte gestürzt. Sie sehen, jetzt habe ich gerade dramatisiert. Und warum? Um die Wirkung der Dramaturgie zu demonstrieren. So entsteht das Gefühl für Handlungsbedarf.

Dann braucht es aber auch eine Portion *Mut*, um ein berechenbares *Risiko* einzugehen. Die meisten Risiken – sofern wir sie im Auge haben – können wir durch richtige Maßnahmen in engen Grenzen halten. Deshalb gehört zu jedem Entscheidungsprozess auch eine Risikoanalyse. Brauchen wir für die Verminderung des Risikos neue Instrumente, neues Wissen und Können, mehr Kondition, zusätzliche finanzielle Mittel? Haben wir einen zweiten Plan für den Fall, dass der ursprüngliche sich als unmöglich erweist?

Natürlich darf auch die *Kreativität* nicht fehlen. Veränderung braucht Fantasie und Offenheit für Neues. Kleine Kinder entdecken die Welt durch ihr unbändiges Interesse für Neues. Werden sie älter und kommen in den Genuss unseres Ausbildungssystems, wird diese Entdeckungslust und Kreativität systematisch eingeschränkt. Sie werden trainiert, in Normen und Schemen zu denken und zu handeln. Sie lernen, was gut ist und was sich nicht gehört. Wer aus der Norm fällt, wird bestraft. Das prägt. Kreative Leute steigen aus diesem Zug aus. Ungefragt und zu dem ihnen beliebigen Zeitpunkt. Kreativität braucht zu ihrer Entfaltung ein entsprechendes Umfeld. Auch das ist Führungsaufgabe. Kann ich in meiner Firma ein Klima schaffen, das Kreativität zulässt? Sind in meinem Umfeld auch mal etwas ungewöhnliche, verrückte Ideen und Kritik erlaubt? Oder wird jede Abweichung von der Norm negativ wahrgenommen?

Sind in meinem Umfeld auch mal etwas ungewöhnliche, verrückte Ideen und Kritik erlaubt?

Management-Voraussetzungen

Veränderungen brauchen viel mehr Energie als Routinearbeit. Dies verlangt eine Bereitschaft zu überdurchschnittlicher Leistung. Veränderungen verlangen auch Managementmethoden, die systematisch und mit kleinen Reibungsverlusten zu schneller und großer Wirkung führen. Die Geschwindigkeit von Veränderungsprozessen hat sich gegenüber früher enorm erhöht. Diese hohe Geschwindigkeit verursacht bei vielen Menschen Angst. Ein für die Veränderung verantwortlicher Manager muss diese menschlichen Faktoren berücksichtigen. Es gehört zu den wichtigsten Elementen der Menschenführung, die Ängste von Mitarbeitern zu erkennen, zu verstehen und ernst zu nehmen. Auf das Phänomen Angst komme ich später in diesem Buch noch eingehend zu sprechen.

Ein Schlüsselinstrument im Umgang mit Menschen ist die *Kommunikation*. Noch nie hat die Menschheit über so gute und wirkungsvolle Kommunikationswerkzeuge verfügt wie unsere heutige Generation. Wir haben die Möglichkeit, innerhalb von Sekunden über den ganzen Erdball Informationen auszutauschen. Und wir haben die Möglichkeit, über das Internet Informationen zu allen möglichen Themen aus weltweiten Quellen abzurufen. Und dennoch hat die zwischenmenschliche Kommunikation vielleicht noch nie so schlecht funktioniert wie heute.

Umfragen in Firmen zur Zufriedenheit der Mitarbeiter zeigen immer wieder das gleiche Bild. Mitarbeiter beklagen sich immer über mangelnde Information. Und wie wird darauf reagiert? Das Management lanciert eine Firmenzeitschrift, füllt die Anschlagbretter mit aktuellen Betriebsdaten oder informiert das Personal mittels Chef-E-Mail regelmäßig über Wissenswertes und Belangloses aus dem Betriebsalltag. Und das Resultat bei der nächsten Zufriedenheitsumfrage: „Wir werden zu wenig informiert." Was läuft hier falsch?

Die Chefs verstehen die Mechanismen der Kommunikation zu wenig. Sie unterscheiden nicht zwischen Information und

Kommunikation. Und vor allem verstehen sie die Botschaften zwischen den Zeilen nicht. Sie hören nur, was gesagt wird und sind nicht in der Lage, das Nichtausgesprochene zu hören und zu verstehen. Wenn sich ein Mitarbeiter über mangelnde Information beklagt, hat dies mit Information meistens gar nichts zu tun. Er will ausdrücken: „Ich möchte wahrgenommen werden." Das ist das große Problem in wachsenden Firmen. Während der Pionierphase hatte man noch das Gefühl, wahrgenommen und gebraucht zu werden. Mit zunehmender Mitarbeiterzahl verschwindet dieses Gefühl und weicht dem Bewusstsein, eine anonyme Arbeitsressource und jederzeit austauschbar zu sein. Dieses Bewusstsein prägt die Unternehmenskultur in negativer Weise.

Gute Kommunikation sieht den Menschen. Und der will nicht, dass man zu ihm spricht, sondern dass man mit ihm redet. Gute Kommunikation ist immer Dialog. Das haben viele Manager nicht verstanden. Sie sind zwar geübt, ihr Publikum mit perfekten Präsentationen zu berieseln, aber nicht, mit Menschen in einen wirklichen Dialog zu treten. Wenn wir bei Mitarbeitern Ängste abbauen wollen, müssen wir mit ihnen reden. Direkt. Persönlich. Wir **Gute Kommunikation ist immer Dialog.** müssen ihre Gedanken und Vorbehalte kennenlernen und verstehen. Wir müssen darauf eingehen und diese ernst nehmen. So öffnen sich Türen. So werden Ängste reduziert. So entsteht die Bereitschaft zu Veränderungen. So wird Energie frei.

Ursachen für Widerstände erkennen

Die Ursache Nummer eins für Widerstände gegenüber Veränderungen haben wir schon kennengelernt. Es ist die *Angst*. Alle Menschen haben Ängste, auch wenn sie es auf Anhieb nicht zugeben.

In Persönlichkeitsstruktur-Analysen werden Menschen in vereinfachender Form in vier Gruppen eingeteilt. Natürlich hat jeder Mensch einen Anteil von jeder Gruppe in sich; und jeder Mensch hat seine individuelle „Mischung". Dennoch hilft das System, Menschen und ihre Gefühle und Reaktionen besser zu verstehen und besser darauf einzugehen. Diese vier Persönlichkeitstypen haben wir im ersten Kapitel bereits kennengelernt. An dieser Stelle befassen wir uns mit deren Ängsten.

1. Gewissenhafte Persönlichkeiten
Gewissenhafte Personen nehmen alles sehr ernst und möchten keine Fehler machen. Sie tendieren dazu, alles bis ins letzte Detail zu ergründen, um Risiken zu eliminieren. Sie haben Angst, bei Fehlern persönlich kritisiert zu werden.
Die Folge: Sie tendieren zu Entscheidungsschwäche.

2. Stetige Persönlichkeiten
Stetige Personen brauchen Geborgenheit in einer Gemeinschaft. Dem Frieden zuliebe geben sie nach und verzichten auf ihre Rechte. Sie haben Angst, die Harmonie zu verlieren.
Die Folge: Sie sperren sich gegenüber Veränderungen.

3. Initiative Persönlichkeiten
Initiative Personen brauchen Abwechslung und Inspiration. Sie bewegen andere Menschen und beginnen viele neue Projekte, die sie aber oft nicht zu Ende bringen, weil sie von neuen Ideen beflügelt werden. Sie haben Angst, die Freiheit zu verlieren.
Die Folge: Sie sind nicht fassbar und schwierig zu führen.

4. Dominante Persönlichkeiten
Dominante Personen sind pflichtbewusst und aufgabenorientiert. Zielerreichung ist für sie wichtiger als menschliche Gefühle. Sie haben Angst, die Kontrolle zu verlieren.
Die Folge: Sie wirken hart und unmenschlich.

Es gibt natürlich noch weitere Ursachen für Widerstände gegenüber Veränderungen. Menschen möchten Ziele, Hintergründe und Motive von Maßnahmen verstehen. Andernfalls fühlen sie sich unsicher und überfahren. Oft werden die Maßnahmen zwar verstanden, es fehlt jedoch der Glaube daran, dass sie richtig sind. Offensichtlich ist es dem Management nicht gelungen, die Veränderung überzeugend zu kommunizieren. Und vielleicht hat der Mitarbeiter recht. Viele geplante Veränderungen sind unnötig und falsch. Sie sind oberflächlich und packen ein Problem nicht an der Wurzel an. Viele Mitarbeiter haben ein gutes Sensorium für derartige Pseudolösungen entwickelt. Dann gibt es aber auch noch die Gruppe von Mitarbeitern, die eine Maß- nahme verstehen und auch an deren Umsetzung glauben. Dennoch tun sie es nicht, weil sie dabei keine persönlichen positiven Auswirkungen erkennen. Oder sie setzen die Maßnahme zwar um, stehen aber nicht dahinter.

Durch geschickte Kommunikation die Ursachen des Widerstandes erforschen und darauf eingehen

Widerstände überwinden

Widerstände gegenüber Veränderungen sind normal. Wenn Wi- derstände ausbleiben, handelt es sich wahrscheinlich gar nicht um eine echte Veränderung. Ein Widerstand ist eine verschlüs- selte Botschaft. Die Ursachen sind meistens emotionaler Natur. Darauf bin ich im vorhergehenden Abschnitt eingegangen. Wenn wir Widerstände nicht beachten und nicht ernst nehmen, führt dies immer zu Blockaden. Durch geschickte Kommunikation müssen wir die Ursachen des Widerstands erforschen und darauf eingehen. So werden die meisten Blockaden gelöst und Mitarbei- ter sind willig, sich mit ihrer ganzen Kraft für die Umsetzung von Veränderungen einzusetzen.

Von der Wachstumsphase in die Differenzierungsphase

Jede Wachstumsphase hat ein Ende. Und schon lauert die nächste Gefahr für das Unternehmen. Man ist noch erfolgsverwöhnt von der Wachstumsphase und versucht – ohne Not – zu schnell in zu vielen Bereichen zu diversifizieren: neue Produkte, neue Märkte, neue Marketingmethoden, möglichst alles zusammen. Man läuft dabei Gefahr, sich zu verzetteln. Das kostet viel Geld und blockiert personelle Ressourcen. Leider folgt oft die Enttäuschung. Der frühere Erfolg ließ sich nicht wiederholen und die finanziellen Reserven von früher schwinden. Diversifikation muss sehr behutsam angegangen werden. Wenn der Grundbedarf auf dem Markt gesättigt ist, liegt die Lösung oft in Nischenstrategien. Wir bleiben grundsätzlich im gleichen Markt und beim gleichen Produkt, jedoch spezialisieren wir uns in einer Nische.

Eine *Nischenstrategie* verlangt gute *Marktkenntnisse, Innovationskraft* und *Qualitätsmanagement*. Wir verschmälern und vertiefen das Sortiment.

Eine sinnvolle Innovation muss Nutzen bringen. Auch hier sind ethische Aspekte zu berücksichtigen. Unzählige Innovationen sind so unnötig wie unnütz. Sie verzehren lediglich wertvolle Ressourcen. Gescheite Innovationen sind ökologisch vertretbar, sozialverträglich und bringen überdies noch materiellen Gewinn. Wir können uns zwischen unterschiedlichen Innovationsarten entscheiden:

1. Schein-Innovation
Eine Schein-Innovation ist eine nutzlose Pseudo-Verbesserung. Davon sollten wir Abstand nehmen, wenn wir uns einen guten Namen in einer Marktnische machen wollen.

2. Imitation
Eine Imitation ist eine Nachahmung einer Lösung, die ein an-

deres Unternehmen bereits anbietet. Sie werden auch als „Me-
too-Lösungen" bezeichnet. Sofern das Wissen über diese Lösung
nicht unredlich, zum Beispiel durch Werkspionage, angeeignet
wird, ist diese Form der Innovation in bestimmten Situationen
akzeptierbar. Sie birgt aber die Gefahr in sich, dass wir träge werden und den Mitbewerbern hinterherrennen. Immerhin zwingt
sie uns zu einem offenen Auge für den Anbietermarkt.

3. Anpassungsinnovation

Bei der Anpassungsinnovation geht es um die Anpassung an
spezifische Kundenwünsche. Das ist die klassische Innovationsvariante in einer Nische. Sie setzt gute Kundenbeziehungen und
Branchenkenntnisse in der Nische voraus. Bei guter Arbeit machen wir uns zum strategischen Partner des Kunden. So entstehen Langfristbeziehungen.

4. Verbesserungsinnovation

Bei der Verbesserungsinnovation geht es um Verbesserungen der
Qualität und der Funktionen vorhandener Lösungen. Die Verbesserungsinnovation ist eine quantensprungartige Steigerung der
Anpassungsinnovation. Diese Innovationsvariante verlangt, dass
wir dem Kunden und dem Markt im Denken um Jahre voraus
sind. Wir unterstützen den Kunden mit ihm unbekannten Ideen
und bieten ihm nützliche Erkenntnisse aus anderen Bereichen.
Dies erfordert in unserem Unternehmen einen hohen Ausbil-
dungsstand, gründliche Branchenkenntnisse, echte Innovationskraft und Vernetzungsfähigkeiten. Mit dieser Variante machen
wir uns zum Partner unserer Kunden, der quasi zur Firma gehört.
Das ist interessant.

5. Basisinnovation

Bei der Basisinnovation geht es um neue Wirkprinzipien: völlig
neue Techniken und Anwendungen, neue Kombinationen bekannter und neuer Techniken, neue Verfahren. Das ist die höchste Stufe der Innovation. Hier sind die wirklichen Vorausdenker

an der Arbeit. Sie müssen in der Lage sein, das noch nicht Sichtbare zu erfinden. Dies erfordert hohe Professionalität und viel Ressourcen. Denken Sie daran, Edison hat seine Glühbirne erst beim 1500. Versuch zum Brennen gebracht. Aber es ist natürlich Faszination pur. Glücklich ist, wer das schafft.

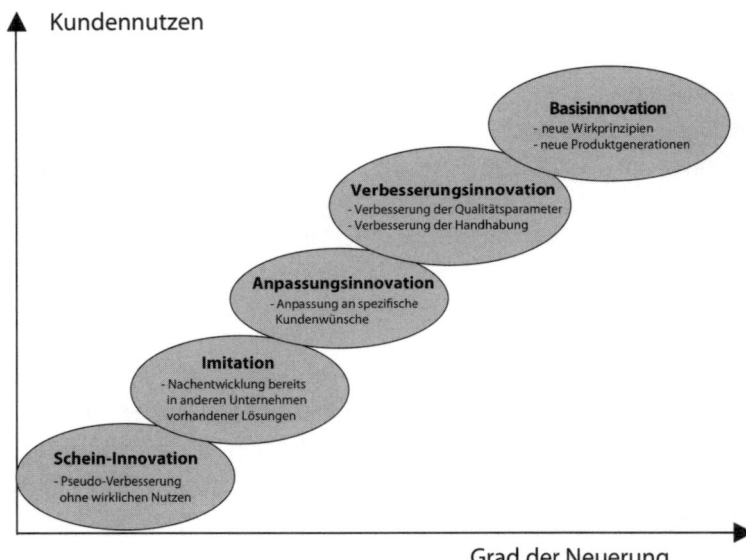

Abbildung 8: Kundennutzen und Neuerung

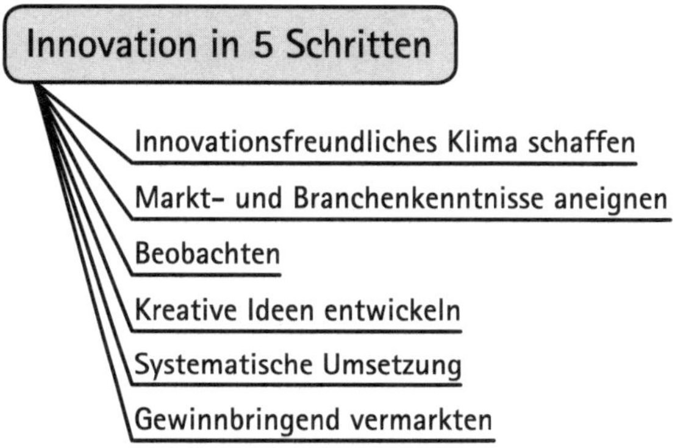

Innovation in 5 Schritten

Innovationsfreundliches Klima schaffen

Markt- und Branchenkenntnisse aneignen

Beobachten

Kreative Ideen entwickeln

Systematische Umsetzung

Gewinnbringend vermarkten

Abbildung 9: Innovation in 5 Schritten

Gute und konstante Qualität ehrt jeden, der daran arbeitet. Zuerst den Mitarbeiter, dann die Firma, dann den Kunden. Ein ganzes Land kann sich einen weltweiten Namen als Qualitätsnation aufbauen. Die schweizerischen Uhren- und Maschinenindustrien sind zwei Beispiele dafür. *Qualitätsmanagement* hat hauptsächlich mit Denk- und Werthaltungen zu tun. Vielen Menschen fehlt das Auge, um Qualität zu sehen, weshalb sie sie nicht richtig beurteilen können. In einer Nischenstrategie haben wir es fast immer mit Kunden zu tun, die ausgesprochen gut trainierte Augen für Qualität haben. Aus diesem Grund lohnt es sich, Qualität systematisch und kontinuierlich zu verbessern.

Beim Qualitätsmanagement geht es nicht nur um unsere Produkte und Dienstleistungen. Wir unterstellen alle Bereiche des Unternehmens einer regelmäßigen Qualitätskontrolle und suchen nach Verbesserungsmöglichkeiten. Die Europäische Qualitätsmanagement-Stiftung hat zu diesem Zweck ein Modell entwickelt, das es erlaubt, die Bereiche branchenübergreifend zu bewerten und zu vergleichen. Dies führt zu einem interessanten Qualitätswettbewerb.

Alle Bereiche des Unternehmens einer regelmäßigen Qualitätskontrolle unterstellen und nach Verbesserungsmöglichkeiten suchen

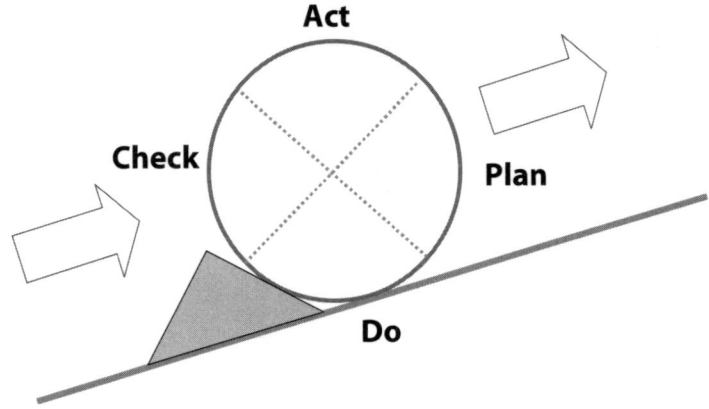

Abbildung 10: Der kontinuierliche Verbesserungsprozess

Der Kontinuierliche Verbesserungsprozess (KVP) ist vergleichbar mit dem japanischen Kaizen und beschreibt eine Grundhaltung der stetigen Verbesserung mit nachhaltiger Wirkung. Im Modell folgen sich im sogenannten Total-Quality-Rad wiederkehrend die vier Schritte Check, Act, Plan, Do. Die Pfeile versinnbildlichen die Vision, die anzeigt, wohin die Entwicklung gehen soll. Und es stellt sich die Frage, welche Ressourcen und Energien eingesetzt werden. Ein symbolischer Keil beschreibt Management-Methoden, die Rückschritte in der Entwicklung verhindern. In der Praxis geht das so:

1. Vision entwickeln und kommunizieren
Eine geplante Verbesserung muss einleuchten und Sinn stiften.

2. Energie bereitstellen und fordern
Erfordert Geld, Zeit, Veränderungswillen und Kraft.

3. Analyse – Auslegeordnung – Was wurde erreicht?
Wir müssen wissen, was wir tun und warum wir es tun.

4. Zwischenziel definieren – Was ist noch zu tun?
Es muss motivieren und erreichbar sein.

5. Umsetzungsplanung/Projektplan – Wie soll es geschehen?
Es muss klar sein, wer was bis wann zu tun hat.

6. Umsetzung – Was wird getan?
Jetzt geht es an die Arbeit.

7. Nachhaltigkeit sicherstellen
Der Erfolg wird kontrolliert. Das Gelernte wird dokumentiert und multiplizierbar gemacht.

Von der Differenzierungsphase in die Konsolidierungsphase

- Konzentration auf das Wesentliche
- Sich trennen können von Ballast
- Langzeit-Milchkühe pflegen
- Never give up

Sind einmal alle Marktnischen besetzt, beginnt auch hier der Verdrängungskampf. Der Innovationsdruck erhöht sich, die Innovation wird schwieriger und kostspieliger, die Gewinnmargen schwinden. Nun gilt es zu konsolidieren. Wir müssen schlanker werden und dennoch unser Portfolio sinnvoll und nachhaltig ergänzen. Worauf können und wollen wir verzichten? Worauf wollen wir unsere Kräfte künftig konzentrieren? Erfolgsverwöhnte Manager tun sich oft schwer damit, sich einzuschränken und lieb Gewordenes loszulassen. Aus diesem Grund müssen in dieser Phase oft Manager ausgetauscht oder externe Berater hinzugezogen werden. Gerade in diesem Phasenübergang sind Veränderungen besonders wichtig. Mit richtigen Entscheidungen und

Maßnahmen ist eine Lebensverlängerung oder sogar Vitalisierung des Unternehmens möglich.

Von der Konsolidierungsphase in die Liquidierungsphase

- Nüchternheit und Menschlichkeit
- Alles hat seine Zeit
- Ein guter Abschluss ist auch ein erstrebenswertes Ziel

Alles hat seine Zeit. Auch für Firmen und Organisationen gibt es einen Zeitpunkt, an dem ein Abschiednehmen angebracht ist. Ein guter und geordneter Abschluss eines Unternehmens kann sogar ein erstrebenswertes Ziel sein. Beim Projektmanagement gehört der Abschluss von Anfang an ganz natürlich zum Aufgabenkatalog. Auch Firmen können wie Projekte sein, die für eine begrenzte Zeit bestimmte Aufgaben zu erfüllen haben. Zu einem sauberen Abschluss gehören Nüchternheit und Menschlichkeit. Zur Nüchternheit gehört die bewusste Entscheidung, in die Liquidierungsphase einzutreten und die dazu nötigen Managementkapazitäten zur Verfügung zu stellen. Zur Menschlichkeit gehört die Art und Weise, diese Phase zu realisieren. Mitarbeiter haben vielleicht über viele Jahre zum Erfolg des Unternehmens beigetragen. Diese Leistungen sind zu berücksichtigen und in die Abschlussphase einzubeziehen. In dieser Phase brauchen die Mitarbeiter in besonderer Weise Mitgefühl. Sie wollen geschätzt und ernst genommen werden. Persönliche Kommunikation kann nicht durch Papier oder Elektronik ersetzt werden. Das hat wiederum mit Respekt zu tun. Unser Respekt muss sich nach oben und unten gleichermaßen richten.

Firmen können wie Projekte sein, die für eine begrenzte Zeit bestimmte Aufgaben zu erfüllen haben.

Die Praxis sieht leider sehr oft ganz anders aus. Liquidationsentscheide werden am runden Tisch gefällt und der Belegschaft mitgeteilt. Basta. Den Mitarbeitern bleibt dann nur noch, für einen einigermaßen erträglichen Sozialplan zu kämpfen. Das ist für einen Firmenabschluss unwürdig und zeugt von miserablem Management und Charakter.

Fassen wir zusammen:
1. Ich schaffe in meinem Unternehmen klare Strukturen, in denen ein Geist des gegenseitigen Respekts herrscht und lebe diese Werte vor.
2. Ich kenne die Chancen und Gefahren der verschiedenen Lebensphasen meiner Unternehmung.
3. Ich sehe die Notwendigkeit von ständigen Veränderungen und kann diese erfolgreich realisieren.
4. Ich kenne die Macht und Gefahr der Kommunikation und kann damit wirkungsvoll umgehen.

Die Anwendung des vierten Gebots, „Du sollst deinen Vater und deine Mutter ehren", im Geschäftsleben:
1. Ich behandle Mitarbeiter und Geschäftspartner mit Achtung und Respekt.
2. Ich sorge dafür, dass meine Mitarbeiter dasselbe tun.
3. Ich pflege eine klare und respektvolle Kommunikation in allen Situationen.

5. Kapitel

Kämpfen gehört zum Spiel – töten nicht

Was ist ein Fußballspiel ohne Kampfgeist? Eine Schlaftablette. Erst der Siegesdrang macht das Spiel spannend. Zu viele Mitarbeiter – und manchmal auch Unternehmer – möchten gerne siegen, weigern sich aber zu kämpfen. Es ist eine edle und aufwendige unternehmerische Aufgabe, einen dynamischen und siegeshungrigen Teamgeist aufzubauen. Wir kämpfen um Kunden, Marktanteile, Bekanntheitsgrad, Umsatz, Wachstum – und manchmal ums Überleben. Das geht nicht im Halbschlaf. Es gibt Menschen, die vor Langeweile sterben oder vorher das Unternehmen verlassen. Dieses Phänomen hat einen Namen: Bore-out. Die Symptome sind ähnlich wie beim Burn-out, das meist als eine Folge von Überforderung zutage tritt. Beim Bore-out steht die Unterforderung im Vordergrund. Konstante Unterforderung führt zu Frustration, Resignation und damit – sofern möglich – zur Kündigung.

Menschen möchten nicht überfordert, aber gefordert werden. Das verleiht ihnen Würde und ermöglicht persönliche Entwicklung. Ein Kampfgeist in der Firma darf etwas Spielerisches haben – wie beim Fußballspiel. Man muss siegen wollen, aber auch verlieren können. Manchen fehlt der Wille zum Siegen, weil das mit Anstrengung verbunden ist, und die Fähigkeit zum Verlieren, weil das kränkt. Als guter Unternehmer wirken Sie als motivierender Trainer und Coach, der sein Team regelmäßig fordert und fördert. Sie sollen um Kunden und Aufträge kämpfen. Sie sollen aber auch dazu befähigt werden. Und sie sollen Niederlagen verkraften und daraus lernen können.

Man kann den Kampf aber auch übertreiben. Beim Fußball

zeigt dann der Schiedsrichter die Gelben und Roten Karten. Im Geschäftsleben fehlt diese eingreifende Autorität oft.

Das fünfte Gebot „Du sollst nicht töten" zeigt die Spielregeln und die Grenzen des Spiels mit Autorität und Kraft. Im Geschäftsleben wird selten handgreiflich oder gar mit Messern gekämpft. Aber: Rufmord ist auch Mord. In der Wirtschaftswelt wird viel gemordet. Tagtäglich. Da werden Konkurrenten systematisch ausgeschaltet, Menschen öffentlich an den Pranger gestellt, überdrüssig gewordene Mitarbeiter in Depressionen gemobbt. Es ist schon klar: Unternehmerisch tätig sein heißt auch kämpfen. Man kann für etwas oder gegen etwas kämpfen. Unternehmer sollten für etwas Gutes und gegen etwas Schlechtes kämpfen. Viele kämpfen nur für sich und gegen die anderen. Diese Formel ist zu einfach und unethisch. Es gibt so etwas wie ein unternehmerisches Gewissen, sofern es vorhanden ist. Mit den zehn biblischen Geboten im Einklang stehende Unternehmen haben den unlauteren Kampf nicht nötig. Sie fühlen sich vom Segen Gottes getragen. Segen bedeutet: Ich wende mich dir zu. Ich bin für dich da. Wir harmonieren. Ich begleite dich mit guten Wünschen. Ich unterstütze dich. Wir sind gemeinsam unterwegs. Segen befreit und stärkt. Gott will Menschen segnen, sofern sie sich segnen lassen. Auch Menschen können segnen. Dort, wo Menschen andere Menschen segnen, entsteht etwas Konkretes: eine Kultur, in der sich alle wohlfühlen.

Jeden Tag kämpfen, aber dies mit Gelassenheit

Ich freue mich über jene Unternehmer, die jeden Tag kämpfen, aber dies mit Gelassenheit. Sie wissen, wofür sie kämpfen, und spüren die Führung und Unterstützung Gottes. Zu dieser Gelassenheit gehört das richtige Gefühl für die *Zeit*. Moderne Manager sind oft ungeduldig und entwickeln unnötige Hektik, ohne die gewünschten Resultate zu erreichen.

Auch das habe ich beim Bergsteigen gelernt: Es gibt für eine Bergtour gute und schlechte Zeiten. Es lohnt sich, in der sicheren Berghütte zu warten, bis die gute Zeit da ist. Ich musste es einmal fast mit meinem Leben bezahlen, als wir in einer Gruppe ungeduldig trotz großer Lawinengefahr loszogen und dann einige von uns tatsächlich von einer Lawine mitgerissen wurden. Auch viele Projekte werden zu hektisch und zur falschen Zeit angegangen. Äpfel muss man pflücken, wenn sie reif sind. Alles andere bringt nichts. Das bedeutet oft zu warten, weil wir den Reifeprozess nicht beeinflussen können. Auch hier braucht es Weisheit. Was kann ich wirklich beeinflussen und wo stehe ich machtlos daneben? Die Weisheit im Umgang mit der Zeit bringt uns in die Ruhe zum Beobachten, Denken und Kräfte sammeln.

Es gibt Dinge im Geschäftsleben, für die es nie eine Zeit gibt. Dazu gehört das schlechte Reden über die Mitbewerber. Mitbewerber sind jederzeit mit Respekt zu behandeln, andernfalls kommt das schlechte Reden früher oder später auf uns zurück. Man kann Feinde töten oder respektieren. Aus Tod kommt Tod. Aus Leben kommt Leben. Aus Respekt kommt Respekt.

Mobbing

In vielen Firmen werden heute Mitarbeiter gemobbt. Mobbing ist Mord auf Raten. Mobbing ist systematisches Schikanieren eines Mitarbeiters mit dem Ziel, diesen aus der Organisationseinheit zu eliminieren. Das ist Psychoterror mit fatalen Folgen. Leider gehört es zur Praxis, vorwiegend in größeren Betrieben, in denen es schwierig ist, überdrüssig gewordenen Mitarbeitern zu kündigen. Wissenschaftliche Studien haben 45 Handlungen ausgemacht, derer sich Mobbing-Täter bedienen. Diese lassen sich in fünf Hauptgruppen zusammenfassen:

1. Angriffe auf die Möglichkeit, sich mitzuteilen
2. Angriffe auf die sozialen Beziehungen
3. Angriffe auf das soziale Ansehen
4. Angriffe auf die Qualität der Berufs- und Lebenssituation
5. Angriffe auf die Gesundheit

Offenheit beugt Mobbing vor

Als verantwortungsvolle Unternehmer müssen wir uns die Frage stellen: Was können wir vorbeugend oder eingreifend tun? Auch hierzu liefert uns die Wissenschaft glücklicherweise wertvolle Informationen. Studien haben gezeigt, dass sich Mobbing in einem bestimmten Klima gar nicht entwickeln kann. Es ist das Klima der Offenheit. Mobbing kann nur im Dunkeln ablaufen. Mobbing besteht hauptsächlich aus verbalen Attacken und, noch schlimmer, aus Isolation und Ausgrenzung. Im Licht werden diese grausamen Machenschaften sichtbar und als solche erkannt.

> **Mobbing kann nur im Dunkeln ablaufen. Im Licht werden diese grausamen Machenschaften sichtbar und als solche erkannt.**

Wie schafft man ein Klima der Offenheit, der Transparenz? Transparenz wächst in einem guten Gesprächsklima. Wir sprechen dann von einer Gesprächs- oder Streitkultur. Es ist ein Umfeld, wo Hinterhältiges und Verstecktes keinen Platz haben. Jeder hat in diesem Klima den Mut und die Freiheit, seine Gedanken zu äußern, auch wenn sie kritisch sind. Und jeder ist bereit, die Gedanken des andern anzuhören und zu bedenken. Eine derartige Kultur wächst nicht von selbst.

Ursachen des Mobbings

Es ist Chefsache, für ein Klima zu sorgen, das eine Streitkultur erlaubt und fördert. Damit dies möglich ist, müssen wir uns mit den Ursachen für Mobbing befassen. Diese liegen meist in diesen Bereichen:

1. Lange anhaltender und zunehmender Stress
Für kurze Zeit erträgt der Mensch erstaunlich viel Stress. Erst wenn dieser über längere Zeit andauert, wird er zur Gefahr. Diese Dauer ist nicht bei jedem Menschen gleich. Als Unternehmer

müssen wir die Augen schärfen zum frühzeitigen Erkennen von Stresssymptomen und ein Gefühl entwickeln für das richtige Maß.

2. Unsicherheit

Veränderungen im Geschäftsleben sind notwendig. Sie produzieren aber Unsicherheit bei den Beteiligten, wenn sie nicht richtig geplant und umgesetzt werden. Veränderungen ohne Veränderungsmanagement sind gefährlich. Ein gutes Veränderungsmanagement muss auch die psychologischen Aspekte einbeziehen.

3. Keine Zeit für zwischenmenschliche Kontakte

Elektronische Arbeitssysteme, Home-Office und flexible Arbeitszeiten sind in einer individualistischen Gesellschaft äußerst begehrt. Sie haben aber auch ihre Schattenseiten. Zwischenmenschliche Kontakte werden systematisch minimiert. Es lohnt sich sehr, den Kontakt im Unternehmen bewusst zu fördern.

4. Zunehmender Egoismus

Zunehmender Wohlstand führt zu mehr Unabhängigkeit. Das ist sehr angenehm, hat aber auch Schattenseiten. Das Verantwortungsgefühl für andere schwindet. Menschen isolieren sich und befassen sich mehr und mehr mit sich selbst. Auch diese Negativspirale kann aufgehalten und umgedreht werden. Aber jemand muss es tun.

5. Abnehmende Belastbarkeit

Abnehmende Belastbarkeit geht meist einher mit Übermüdung. Es gilt, die Ursachen der Müdigkeit herauszufinden. Liegt es an der Arbeitsmenge oder eher an den Gedanken an die vielen nicht erledigten Aufgaben? Ein gutes Zeitmanagement kann hier eine große Hilfe sein. Oder liegt es an mangelnder Anerkennung? Ein gutes Wort kann gewaltige Energie freisetzen, wenn es im richtigen Moment ausgesprochen wird.

6. Überempfindlichkeit

Viele Menschen verwechseln Empfindsamkeit mit Empfindlichkeit. Empfindsamkeit ist eine wertvolle Tugend. Eigene Gefühle und Gefühle anderer wahrnehmen und darauf richtig reagieren zu können tut gut und ist für den Unternehmenserfolg wichtig. Empfindlichkeit andererseits führt schnell zu Selbstmitleid und Überempfindlichkeit. Das schadet allen. Deshalb müssen Empfindlichkeiten empfindsam angesprochen werden.

7. Verflachende Werte

Manche Menschen haben ein feines Gewissen. Sie reagieren sehr sensibel auf Abweichungen von ihren Werten. Andere scheinen gar kein Gewissen zu haben – und damit auch keine Werte. Somit gibt es auch keine Abweichungen. Und alles scheint in Ordnung zu sein. Ist es aber nicht. Menschen in einer Organisation brauchen Werte – gemeinsame Werte, auf die sie sich verständigen können. Wer sorgt für die richtigen Werte in der Organisation und dass sie eingehalten werden?

Fassen wir zusammen:
1. Ich pflege einen respektvollen Umgang mit Mitbewerbern und verlange dasselbe von meinen Mitarbeitern. Wir fügen niemandem Schaden zu.
2. Ich entwickle ein Gefühl im Umgang mit der Zeit, das mich zu Ruhe und Gelassenheit führt.
3. Ich weiß um die Gefahr des Mobbings und präge zur Vorbeugung eine transparente Gesprächskultur.
4. Ich verpflichte mich zum Kampf für das Gute und gegen das Böse.

**Die Anwendung des fünften Gebots, „Du sollst nicht töten",
im Geschäftsleben:**

1. Ich unterlasse alles, was einem andern Schaden zufügen
   könnte.
2. Ich verzichte auf maximalen Gewinn, wenn dadurch Menschen oder die Schöpfung geschädigt werden.
3. Ich investiere in das Leben und in Lebensgrundlagen.
4. Ich achte und respektiere die gesamte Schöpfung und gehe
   verantwortungsvoll damit um.
5. Ich verantworte meine Handlungen vor Gott, dem Schöpfer
   allen Lebens, mir selbst und meinen Mitmenschen.

6. Kapitel

Menschen führen ist eine wahre Kunst – und lernbar

Das Wichtigste in der Unternehmensführung ist der Umgang mit Menschen. Unsere Produkte und Dienstleistungen werden von Menschen hergestellt, verkauft und gekauft. Dabei handelt es sich nie um Gruppen, sondern immer um Individuen. Wir machen keine Anstellungsverträge mit einer Gruppe von Fachleuten. Es sind immer Verträge mit einzelnen Menschen. Wir verkaufen keine Produkte an Zielgruppen. Es sind immer individuell denkende und fühlende Menschen, die sich für den Kauf entscheiden. Es lohnt sich für den Unternehmer, sich mit der Funktionsweise von Menschen zu beschäftigen. Dies ist zwar wesentlich schwieriger als der Umgang mit Maschinen und Systemen. Der Mensch ist komplexer, unberechenbarer, weniger fassbar und nie ausgereift. Dafür ist er faszinierend und voll brachliegender Potenziale. Die Chancen eines guten Unternehmers liegen darin, diese Potenziale zu erkennen und auszuschöpfen.

Der Mensch ist komplexer, unberechenbarer, weniger fassbar als eine Maschine und nie ausgereift. Dafür ist er faszinierend und voll brachliegender Potenziale.

Zum Menschen gehören aber nicht nur die Sonnenseiten. Er hat auch Schattenseiten. Wenn wir diese in unseren Überlegungen nicht berücksichtigen, werden wir von Menschen immer wieder enttäuscht sein. Eine wirklich gute Führung befasst sich sowohl mit den Stärken wie auch mit den Schwächen des Menschen.

Wahrscheinlich ist es kein Zufall, dass das sechste Gebot, „Du sollst nicht ehebrechen", viele menschliche Schwächen zusammenfasst. Was hat denn das mit Unternehmensführung zu tun? Gar nichts, wenn unsere Firma lediglich aus Maschinen besteht.

Sehr viel dagegen, wenn sich in unserer Firma Menschen begegnen. Dieses Gebot spricht über ihre Stärken und Schwächen. Es spricht über Treue und Zügellosigkeit. Es spricht über langfristige Beziehungen und kurze Abenteuer mit bitterem Nachgeschmack. Treue bedeutet Verzicht auf andere Möglichkeiten. Häufige Geschäftsreisen bieten viele problematische Möglichkeiten. Es ist gefährlich, von solchen Möglichkeiten überrascht zu werden. Besser ist es, sich der Gefahren bewusst zu sein und sich entsprechend einzustellen.

Selbstbewusstsein ja, Überheblichkeit nein

Gelegenheit macht Diebe, sagt ein Sprichwort. Gelegenheit verführt auch zu Seitensprüngen aller Art. Zügellosigkeit hat Wurzeln. Diese sind anfangs sehr klein und unscheinbar. Sie wachsen heran in Form von selbstsüchtigen Wünschen. Werden diese Wünsche nicht rechtzeitig als Unkraut erkannt und entfernt, wuchern sie zu einem wilden Gestrüpp. Sie entwickeln sich eine Eigendynamik, die bald nicht mehr kontrolliert werden kann.

Warum sind Unternehmerpersönlichkeiten von zügellosen Entwicklungen besonders gefährdet? Unternehmer verfügen über viele Freiheiten. Freiheit ist ihr Element. Sie können tun, was sie wollen. Sie entscheiden selbst und tragen dafür selbst die Verantwortung oder sind mindestens der Meinung, sie trügen sie. Verantwortlich sein und Verantwortung übernehmen ist nicht das Gleiche. Wenn es darum geht, eigene Wünsche zu befriedigen, wird dies gerne mit der Last der Verantwortung gerechtfertigt. Wenn es ums Tragen von Verantwortung bei Fehlleistungen geht, herrscht großes Schweigen. Erfolgreiche Unternehmer sind in Gefahr, sich und ihre Kräfte zu überschätzen: Bescheidenheit wächst zu Selbstbewusstsein heran, das sich aufbläht zu Einbildung, Stolz und Überheblichkeit.

Treue Eheleute im Gespräch

Aus diesem Grund braucht jeder Unternehmer ein Instrument der *Reflexion* und der Korrektur. Die wirkungsvollste Stimme kommt meistens vom Ehepartner. Ich kenne das sehr gut von meiner Frau. Sehr oft sieht sie eine Sache viel nüchterner und pragmatischer als ich. Und meistens höre ich auf sie, auch wenn ich es ihr gegenüber natürlich nicht zugebe. Es braucht große Überwindung, sich freiwillig und bewusst einer Fremdbeurteilung zu unterziehen. Aber es lohnt sich und es ist nötig.

Es muss aber nicht immer der Ehepartner sein. Ich habe einige Firmeninhaber als Kunden. Sie wünschen von mir keine eigentliche Unternehmensberatung. Sie wollen mir ihre Gedanken mitteilen und erwarten meine ehrliche und offene Meinung dazu. Ich bin (auf Neudeutsch) ihr Coach. Dabei akzeptieren sie auch Kritik. Sie bezahlen mir dafür sogar ein Honorar. Vielleicht liegt gerade hier der Erfolg. Sie haben den Wert von konstruktiver Kritik erkannt. Und sie sind sich der Gefahr der Selbstüberschätzung oder Fehleinschätzung bewusst.

Je höher ein Manager auf der Erfolgsleiter steigt, desto dünner wird die Luft und umso einsamer wird er. Er wird um sich herum bald fast nur noch nette Menschen finden, die ihn in allem bestätigen und nicht wagen, ihm zu widersprechen. Anfänglich mag ihm dies schmeicheln, doch ohne es zu merken, verliert er in diesem Umfeld bald den Bezug zur Realität. Seine Gedanken beginnen wild zu wuchern, ohne zurechtgestutzt zu werden. Nun ist alles möglich. Kleine Gedanken sind zum undurchdringlichen Gestrüpp herangewachsen.

> Je höher ein Manager auf der Erfolgsleiter steigt, desto dünner wird die Luft und umso einsamer wird er.

Manche Ehe von Unternehmern ist diesem Gestrüpp zum Opfer gefallen. Dies ist besonders schlimm, weil beim Aufbau von vielen kleineren und mittleren Unternehmen beide Ehepartner eine zentrale Rolle spielen. Es lohnt sich also umso mehr, für die Ehe Sorge zu tragen. Treue ist dafür eine Voraussetzung.

Treue spielt aber auch eine wichtige Rolle im Geschäftsleben. Erstaufträge oder Einmalaufträge bringen selten einen großen Gewinn. Erst *sich wiederholende Aufträge* sind wirklich interessant. Das Gleiche gilt für *Lieferanten-* und *Mitarbeiterbeziehungen.* Ein häufiger Lieferantenwechsel aufgrund von kleinen Preisdifferenzen lohnt sich nicht. Und treue Mitarbeiter können den Wert einer Firma erheblich erhöhen. Allerdings gibt es auch hier ein paar Punkte zu beachten.

Eine gute Ehe ist eine Partnerschaft. Die Auswahl des richtigen Partners ist dabei wichtig. Noch wichtiger ist jedoch die Pflege der Beziehung. Auch darüber habe ich einiges gelernt beim Bergsteigen. Zu jener Zeit war ich nicht ehefähig. In meinem früheren Umfeld habe ich nicht gelernt, Beziehungsstörungen zu meistern. Ich war gewohnt, Konflikte zu verdrängen oder ihnen zu entfliehen. Und dann kamen diese Bergtouren mit meinem Freund. Oft wurden wir dabei von seiner bildhübschen Freundin und späteren Ehefrau begleitet. Es war wohltuend für mich, deren fröhliche und intensive Kommunikation am Rande zu verfolgen. Bis zu jenem verhängnisvollen Aufstieg zu einer Berghütte. Mitten auf dem Weg begannen die zwei miteinander zu streiten. Richtig laut und ärgerlich. Das hat die gute Atmosphäre auf einen Schlag zerstört. Das ganze Wochenende war im Eimer. Dachte ich. Aber es kam ganz anders. Nach dem halbstündigen Streit durfte ich sprachlos beobachten, wie sich die zwei umarmten, küssten und die Worte sprachen, die mir bis dahin so fremd waren: „Verzeihung Schatz, es tut mir leid." Und der ganze Ärger war dahin. Und fröhlich gingen wir den Weg weiter. So habe ich gelernt, Konflikte als lösbar zu betrachten. Jahre später wurde auch ich heiratsfähig. Und ich habe eine wunderbare Frau geheiratet. Und natürlich hatten – und haben wir noch heute nach dreißigjähriger Ehe – konfliktgeladene Situationen in unserer Ehe. Wir haben aber gelernt, sie zu meistern. Das ist mehr wert als alles Gold der Erde. Gemeinsam überwundene Konflikte bauen und festigen Treue.

Es ist also wichtig, mit wem wir uns umgeben und wie wir diese Beziehungen pflegen. Das gilt nicht nur für die Ehe. Herausragende Firmen pflegen ihre Beziehungen in alle Richtungen, weil sie diese als wichtig erachten. Dazu gehören Lieferanten genauso wie die Kunden, und die Beamten des Finanzamtes genauso wie die Aktionäre. Die Pflege von Beziehungen verlangt Einsatz von Energie und Zeit.

Unsere Mitarbeiter

Beginnen wir bei den *Mitarbeitern*. Nicht jeder langjährige Mitarbeiter ist ein guter Mitarbeiter. Viele sind nämlich verwöhnt und leben in der Illusion, in unkündbarer Stellung zu sein. Vielleicht haben sie sich über viele Jahre mit minimalen Leistungen durchgemogelt. Ihren Chefs ist es in dieser Zeit nicht gelungen, sie zu wertvollen Mitarbeitern zu formen oder sich von ihnen frühzeitig zu trennen. Und so hat sich ein Gewohnheitsrecht gebildet. Der Vorgesetzte hat seine Ansprüche an den Mitarbeiter Schritt für Schritt reduziert und der Mitarbeiter hat sich an die minimalen Erwartungen gewöhnt. Das ist bequem. Diesen Führungsfehler müssen Sie korrigieren, auch wenn es große Überwindung kostet. Ansonsten breitet sich dieser Geist des Minimalismus auf ihren ganzen Betrieb aus. Und das ist gefährlich. Für alle.

Eine einfache Führungsmatrix kann beim Umgang mit schwierigen Mitarbeitern eine große Hilfe sein. Mit dem gleichen Instrument können aber auch Perlen entdeckt und gefördert werden.

Fachkompetenz			
	3	4	9
	2	5	8
	1	6	7
	Einsatz/Firmeninteresse		

Abbildung 11: Fachkompetenz und Einsatz

Denken Sie nun an Ihre Mitarbeiter, und tragen Sie jeden mit seinem Namen in eines der neun Felder dieser Matrix ein. Diese Arbeit wird sie herausfordern. Aber sie hilft Ihnen, für Ihre Mitarbeiter strategisch wichtige Entscheide zu fällen, mit großen Konsequenzen für alle.

Feld 1: Geringe Kompetenz und geringer Einsatz
Das sind Minimalisten. Geben Sie diesen Mitarbeitern die Chance, sich auf dem Arbeitsmarkt neu zu orientieren und einen Beitrag für ihre persönliche Entwicklung zu leisten. Sie müssen lernen, dass ihre geringe Kompetenz mit ihrem geringen Einsatz zusammenhängt.

Feld 2: Mittlere Kompetenz und geringer Einsatz
Das sind auch Minimalisten. Im Sinne eines Ultimatums sollten diese Mitarbeiter eine weitere Chance im Unternehmen erhalten, um zu beweisen, dass sie willig sind, an sich zu arbeiten. Sonst bleibt nur die Trennung.

Feld 3: Hohe Kompetenz und geringer Einsatz
Das sind gefährliche Mitarbeiter. Dank ihrer hohen Fachkompetenz können sie sich alles erlauben, ohne negative Konsequenzen tragen zu müssen. Sie vermitteln den Eindruck, unentbehrlich zu sein. Das sind sie aber nicht. Erst wenn sie die Organisation verlassen, wird sichtbar, dass die Lücke gar nicht so groß ist wie angenommen. Zudem werden zu diesem Zeitpunkt plötzlich andere Mitarbeiter mit den gleichen Fähigkeiten sichtbar, die vorher schlicht nicht bemerkt wurden. Vor einer Trennung lohnt es sich jedoch, die hoch kompetenten Mitarbeiter zu mehr Einsatz und Firmeninteresse zu bewegen. Meist ist dies möglich. Dann wachsen daraus die echten Perlen in einem Unternehmen.

Feld 4: Schwankender Einsatz und hohe Kompetenz
Das sind die mit dem unausgeschöpften Potenzial. Aus irgendeinem Grund fehlt es ihnen zeitweise an Motivation und Einsatz-

wille. Wenn es gelingt, diese Knoten zu lösen, entwickeln sie sich zu äußerst wertvollen Mitarbeitern. Ein Management by Exceptions, also Führung durch Regelung der Ausnahmen, könnte hier der richtige Führungsstil sein. Sie benötigen gewisse Freiheit, um selbstverantwortlich handeln zu lernen, anderseits brauchen sie Unterstützung in Ausnahmefällen. Mit entsprechendem Training entwickeln sie sich automatisch zu wertvollen und selbstständigen Mitarbeitern.

Feld 5: Schwankender Einsatz und mittlere Kompetenz
Das sind die Formbaren. Sie haben bereits bewiesen, dass sie sowohl zu höherem Einsatz wie auch zu mehr Fachkompetenz fähig sind. Sie brauchen konsequente Führung im Sinn von klaren Vorgaben und Erwartungen. Auch sie können sich zu Perlen entwickeln.

Feld 6: Schwankender Einsatz und geringe Kompetenz
Das sind die Instabilen. Sie müssen lernen, dass zum Erwachsenwerden auch Stabilität und Zuverlässigkeit gehört. Beides ist lernbar. Wenn sie zu diesem Entwicklungsprozess Ja sagen, können sie sich ganz gut entwickeln. Bei einem Nein bleibt nur die Trennung, um den Druck auf sie auf dem Arbeitsmarkt spürbarer zu machen.

Feld 7: Geringe Kompetenz und hoher Einsatz
Das sind auf ihre Art auch Perlen. Sie sind zwar intellektuell oder manuell benachteiligt, verfügen aber über einen enormen Einsatz bei absolutem Firmeninteresse. Diese Grenzen müssen wir akzeptieren. Solche Menschen brauchen einen Arbeitsplatz, der sie nicht überfordert und ihnen eine Tagesstruktur ermöglicht. Für eine ethisch handelnde Firma ist es eine Ehrensache, eine begrenzte Anzahl dieser Mitarbeiter zu beschäftigen. Die übrigen Mitarbeiter werden dieses soziale Verhalten sehen und sich glücklich schätzen, in einer sozial handelnden Firma arbeiten zu dürfen.

Feld 8: Mittlere Kompetenz und hoher Einsatz
Auch das sind Perlen. Sie verstehen etwas von der Sache und
bringen sich voll ein. Diese Mitarbeiter sind am richtigen Ort
einzusetzen und punktuell in ihrer Fachkompetenz zu fördern.

Feld 9: Hohe Kompetenz und hoher Einsatz
Das sind tragende Säulen. An sie können wichtige Gesamtaufga-
ben delegiert werden. Sie sind in der Lage, Probleme selbstständig
und kompetent zu lösen. Wenn ich ihnen in meinem Unternehmen
keine Entwicklungsmöglichkeit bieten kann, muss ich sie freige-
ben und mich freuen, wenn sie anderweitig Karriere machen.

Sicher haben Sie bemerkt, dass unterschiedliche Mitarbeiter unterschiedliche Führungsstile benötigen, um sich zu entwickeln.
Sorgen Sie also dafür, dass Sie als Unternehmer und Ihre gesamte
Führungsgruppe diese Führungsfähigkeiten systematisch entwickeln. In einen konstruktiven Umgang mit Menschen können Sie
kaum zu viel investieren.

Viele Fehler werden schon gemacht bei der *Anstellung* von
neuen Mitarbeitern. Gerade Inhaber von neu gegründeten Firmen
verfügen meist über wenig oder keine Erfahrung in der Personalauswahl. So werden zuerst Freunde, Verwandte und Bekannte
angestellt, ohne ihre Eignung ernsthaft abgeklärt zu haben. Das
hat verheerende Folgen. Was tun, wenn sie die notwendige Leistung nicht bringen können oder wollen? Eine Trennung ist in
solchen Fällen schwierig, ohne Freundschaften und Beziehungen
zu gefährden.

Zu einer professionellen Personalauswahl gehören:

1. Ein Anforderungsprofil
Fachkompetenz, Sozialkompetenz, Methodenkompetenz

2. Ein Pflichtenheft oder eine Stellenbeschreibung
Hauptziel, Hauptaufgaben, Verantwortung, Kompetenzen, Unter-
stellung

3. Die Ausschreibung
Inserat, Internet, persönliche Ansprache

4. Das Auswahlverfahren
Bewerbungsunterlagen, Interview, Referenzen, Zeugnisse, Persönlichkeitsprofil

5. Der Arbeitsvertrag

6. Der Einführungsplan

Lieferanten

Investieren Sie aber auch Energie in den Aufbau von langfristigen *Lieferantenbeziehungen.* Gute Lieferantenbeziehungen können Ihr strategisches Erfolgspotenzial sein. Oft werden Lieferanten nur über den Preis ausgewählt. Der billigste bekommt den Auftrag. Das funktioniert nur in speziellen Branchen. In den meisten Fällen führt dieses Verhalten zu Qualitätseinbußen und ist längerfristig zum Nachteil der Kunden.

Ein *Lieferantenmanagement* umfasst drei Schritte:

1. Vorauswahl von möglichen Lieferanten
Welche Kriterien soll der Lieferant erfüllen?

2. Bewertung von Lieferanten
Wie weit erfüllt er meine Anforderungskriterien (zum Beispiel Preis, Qualität, Logistik, Liefertreue, Innovationsfähigkeit, Flexibilität, Kommunikation, Transparenz, Vernetzungswille und -fähigkeit)?

3. Kontrolle und Steuerung der Lieferantenbeziehung
Wie sorge ich dafür, dass aus der Beziehung eine langfristige Win-win-Situation resultiert?

Kunden

Besonders wichtig sind natürlich langfristige *Kundenbeziehungen*. Ich freue mich über jeden neuen Kunden. So erhalte ich Einblick in neue Branchen und Märkte und lerne dabei faszinierende Menschen kennen. Noch mehr freue ich mich, wenn ich mit Kunden arbeiten kann, die ich schon über Jahrzehnte betreue und die mich fortwährend weiterempfehlen. Wir sind verbunden durch viele gemeinsame Erlebnisse über diese Jahre. Wir haben gemeinsam Probleme gelöst, Ideen ausgebrütet, Konzepte entwickelt, Firmen aufgebaut und Brathühnchen gegessen. Diese gemeinsamen Erlebnisse festigen eine Partnerschaft und den Wunsch, weiterhin miteinander zusammenzuarbeiten.

Voraussetzung für eine langfristige Partnerschaft: Menschlichkeit und der respekt- und humorvolle Umgang miteinander.

Was ist die Voraussetzung für eine derartige Partnerschaft? Es ist nicht das übergroße Maß an Wissen und Können. Es sind auch nicht die perfekten Produkte oder Dienstleistungen. Es ist ganz einfach die Menschlichkeit. Der respekt- und humorvolle Umgang miteinander.

Die Kundenerwartungen übertreffen

Eine Übung über die *Kundenzufriedenheit* bringt meine Studenten und Seminarteilnehmer immer wieder ins Schwitzen. Wir befassen uns dabei mit den drei Ebenen der Kundenzufriedenheit. Auf der untersten Ebene werden die Kundenerwartungen nicht erfüllt. Dies führt zu frustrierten Kunden, die negativ über uns reden werden. Auf der zweiten Ebene werden die artikulierten Erwartungen des Kunden wunschgemäß befriedigt. Für die meisten Seminarteilnehmer ist damit die Aufgabe gelöst. Weit gefehlt. Erfüllte Kundenerwartungen führen zwar zu einem kurzfristig zufriedenen Kunden. Er ist aber nicht begeistert und wird uns kaum weiterempfehlen. Einen begeisterten Kunden, der uns aktiv weiterempfiehlt, bekommen wir erst, wenn wir seine Erwartungen übertreffen. Das braucht viel Fantasie und Energie. Hier beginnen echte Partnerschaft und Multiplikation. Ein empfehlender Kunde ist viel mehr wert als die besten und schönsten Inserate.

Nun kommen die entscheidenden drei Fragen:

1. Wie vermeiden wir unerfüllte Kunden-Erwartungen?
2. Was tun wir, um die Kunden-Erwartungen zu erfüllen?
3. Was tun wir, um Kunden-Erwartungen zu übertreffen?

Dazu kommt noch die alles entscheidende vierte Frage: Wie sorgen wir dafür, dass alle unsere Mitarbeiter entsprechend richtig handeln?

Auf meinen Asienreisen mache ich gerne einen Zwischenhalt in Bangkok. Dort erhole ich mich von den Strapazen des Reisens und bereite mich auf die nächste Etappe vor. Der Grund für die Wahl dieses Ortes ist das Hotel *Marriott*. Was geschah da? Eine nette Dame führte mich nach dem Einchecken in mein Zimmer und stellte mir eine Frage: „Sie werden ja morgen Bangkok wieder verlassen. Um welche Zeit ist Ihr Flug?" Nach dem sie von mir erfahren hatte, dass mein Weiterflug am nächsten Abend um 23 Uhr sein würde, bot sie mir ein Late Checkout an. „So können Sie Ihr Zimmer und den Hotel-Wellnessbereich den ganzen Tag nutzen bis morgen Abend um 20 Uhr. Danach können Sie entspannt zum Flughafen reisen." Diese Dame hat mehr getan als das Minimum. Sie hat meine Erwartungen nicht nur erfüllt, sondern übertroffen. Seither bin ich oft in diesem Hotel. Und ich stelle immer wieder fest: Nicht nur diese Dame, sondern alle Mitarbeiter dieses Hotels denken und handeln so. Das ist nicht Zufall. Das ist Kultur des Hauses. Diese Kultur wird vom Management geprägt und unermüdlich auf alle Mitarbeiter übertragen. Und der Kunde profitiert. Er fühlt sich so wohl, dass er das Hotel mit gutem Gewissen seinen Freunden weiterempfehlen kann.

Fassen wir zusammen:

1. Ich organisiere mir ein Instrument beziehungsweise eine Person der Reflexion, um der Gefahr der selbstsüchtigen Gedanken und der sexuellen und materiellen Zügellosigkeit zu widerstehen.

2. Ich wähle für alle Unternehmensbereiche Partner aus, die meine Unternehmensethik und -Kultur verstärken helfen.

3. Ich investiere in die Beziehungen dieser Partnerschaften, um diese kontinuierlich zu vertiefen und langfristig auszurichten.

4. Ich setze alles daran, Erwartungen von Kunden und Partnern nicht nur zu erfüllen, sondern zu übertreffen.

Die Anwendung des sechsten Gebots, „Du sollst nicht ehebrechen", im Geschäftsleben:

1. Ich bin meinem Ehepartner treu.

2. Meine Ehe ist für Dritte unantastbar.

3. Meine Partnerschaften basieren auf Achtung, Respekt und Treue.

7. Kapitel

Rechte muss man haben – und kennen

Bürokratie, Ineffizienz, Korruption und illegaler Wettbewerb. Ihnen begegne ich beim Aufbau neuer Firmen immer wieder, besonders in Entwicklungs- und Schwellenländern. Aber auch in hoch entwickelten Ländern sieht es teilweise nicht besser aus. Nur die Formen sind unterschiedlich. Die Motive dahinter sind die gleichen. Sie haben zu tun mit dem siebten Gebot „Du sollst nicht stehlen". Hier geht es um Eigentumsrechte. Und um die Verletzung dieser Rechte. Und um die Folgen bei der Verletzung. Für viele Unternehmer bedeuten diese Themen unüberwindbare Hindernisse.

Ein erfolgreicher rumänischer Unternehmer hat sich auf einem Kongress so geäußert: „Vor zehn Jahren glaubte ich, es wäre unmöglich, Geschäfte ehrlich und korruptionsfrei zu führen. Heute weiß ich: Es ist für mich unmöglich, Geschäfte unehrlich und mit korrupten Methoden zu führen." Bei diesem Unternehmer ist etwas geschehen. Er konnte nicht sein Umfeld ändern, aber sich selbst. Anstatt dauernd Schmiergelder zu zahlen, musste er sich mit dem Gesetz und dessen Möglichkeiten befassen. Das hat sich gelohnt. Heute weiß er mehr über bestimmte Gesetze als einige korrupte Finanzbeamte und kann ihnen wirkungsvoll widerstehen. In einigen bisher als äußerst korrupt bekannten Ländern versehen immer mehr Beamte in unteren und mittleren Funktionen ihren Dienst zunehmend redlich und professionell. Der Bürokratie, Ineffizienz, Korruption und dem illegalen Wettbewerb sind wir nicht machtlos ausgeliefert. Wir können etwas dagegen unternehmen. Das siebte Gebot ermahnt uns, diese Aufgaben mit klaren Vorstellungen und hoher Priorität anzugehen. Vielleicht müssen sich diese Vorstellungen in unseren Köpfen noch formen.

Ehrlichkeit

Es war in den Fünfzigerjahren. Ich war ein kleiner Junge. Und ich hatte einen Glückstag. Ich fand auf der Straße eine gefüllte Geldbörse. Und nun? Jedem Kind in unserem Dorf war klar, was jetzt geschehen musste. Und genau so geschah es. Ich brachte diese Geldbörse auf das Fundbüro. Dort wurde der Fund fein säuberlich untersucht und registriert. Ich musste auch meinen Namen und meine Adresse hinterlassen. Und ich wusste, wenn die Börse während eines Jahres nicht abgeholt wird, werde ich benachrichtigt und ich darf sie behalten. Wenn sich der Verlierer in der Zwischenzeit meldet, wird er für mich einen angemessenen Finderlohn hinterlassen. Und genau so war es. Ich bekam nach einiger Zeit einen Brief vom Fundbüro mit der Aufforderung, meinen Finderlohn abzuholen. Das tat ich dann auch mit Stolz und Befriedigung.

Das Prinzip wäre eigentlich auch heute noch gültig. Es gibt so etwas wie einen angemessenen Lohn bzw. Finderlohn. Es gibt auch unangemessene Löhne und Finderlöhne. Damals erzogen uns Eltern, Lehrer und Pfarrer zu Respekt vor fremdem Eigentum, zu Ehrlichkeit und zum Maßhalten. **Warum sind in der Zwischenzeit** so viele so maßlos geworden? Und warum gilt Respekt vor fremdem Eigentum nicht als Selbstverständlichkeit? Weil Gottes Gebote nicht mehr als Maßstab gelten. Weil Gott überhaupt mehr und mehr aus dem Alltagsleben verbannt wird. Das hat negative Folgen. Die Menschheit versucht, diese Fehlentwicklungen durch Ethik-Lehrstühle an Universitäten zu korrigieren. Die Resultate sind ernüchternd: weil Ethik nicht nur verstanden, sondern gelebt werden muss. Und dazu braucht es keine akademischen Rezepte, sondern ein paar simple Verhaltensregeln. Und die sind allesamt in den Zehn Geboten gegeben. Wissenschaftler abstrahieren und definieren. Praktiker entschlüsseln und setzen um. Beides ist nötig.

Werden wir ganz praktisch. Wir müssen uns davor hüten, andere zu bestehlen, und wir müssen uns davor schützen, von anderen nicht bestohlen zu werden. Als Unternehmer müssen wir sorgsam darüber wachen, wie wir selbst und unsere Mitarbeiter mit eigenem und fremdem Eigentum umgehen. Für viele sind Abweichungen etwas ganz Normales.

Diebstahlsfallen

Hier ein paar Diebstahlsfallen:

1. Diebstahl von Ideen
Der Urheber von Ideen verfügt über Urheberrechte. Teilweise treten diese Rechte in Kraft durch Eintrag in einem Urheberregister. Sie können aber auch durch allgemein gültiges Rechtsempfinden ihre Gültigkeit erlangen. Unbedachtes Kopieren ist in vielen Fällen Diebstahl. Kopieren ist zwar einfach, es schränkt aber die eigene Kreativität ein.

2. Diebstahl von Rechten
Jeder Arbeiter hat Anrecht auf angemessenen Lohn. Umgekehrt hat der Arbeitgeber Anrecht auf angemessene Leistung. Der Arbeitgeber sorgt dafür, dass der Lohn in vereinbartem Umfang und zur rechten Zeit bezahlt werden kann. Und der Arbeitnehmer sorgt dafür, dass er die vereinbarte Leistung in guter körperlicher Verfassung erbringen kann.

3. Diebstahl von Eigentum
Das Entwenden von Gegenständen ist im Geschäftsleben kaum ein Thema. Der Gebrauch von nicht lizenzierten Computerprogrammen vielleicht schon. Es ist auch Diebstahl, unbedachte

Geschäftspartner mit einseitigen Verträgen über den Tisch zu ziehen.

4. Diebstahl von Zeit

Zeit ist ein begrenztes Gut. Zeit soll man nicht stehlen, sondern schenken. Es gibt viele Wege, wie man im Geschäftsleben Zeit stehlen kann. Unnötiges Geschwätz, schlechtes Zuhören, liederliche Arbeit, mühsame Bestellvorgänge, mangelhafte Organisation, schlechte Ordnung sind nur ein paar Beispiele. Sie alle führen zu Ineffizienz und Verlust. Wenn wir diese Mängel beheben, beginnen wir Zeit zu schenken. Unseren Kunden, Mitarbeitern und uns selbst.

Es gibt auch noch den Diebstahl von Partnern, Wissen, Ressourcen, Lebensgrundlagen, Gemeinschaft, Würde und viel mehr. Entwickeln wir Fantasie und Energie, um in all diesen Bereichen nicht zu Dieben, sondern Schöpfern von neuen Werten zu werden.

Neues schaffen ist seliger denn stehlen

Kopieren und stehlen kann fast jeder. Neues schaffen ist schwieriger. Und genau das ist die Aufgabe von echten Unternehmern. Sie schaffen neue Ideen, neue Produkte, neue Netzwerke, neue Firmen, neue Märkte, neue Hoffnung. Ein glänzendes Beispiel dazu finden wir in der schweizerischen *Uhrenindustrie.* Während Jahrhunderten hat sich dieser Industriezweig einen weltweiten Namen geschaffen und die Schweiz zur Uhrennation Nummer eins gemacht. Dieser gute Ruf hat sich auch auf viele andere schweizerische Leistungen und Produkte übertragen. Dazu gehörten Bankdienstleistungen genauso wie die ganze Maschinenindustrie und der Tourismus. Überall waren die schweizerische Qualität, Zuverlässigkeit, Genauigkeit und Funktionalität hochgeschätzt. Bis zu jenem verhängnisvollen Tag, als die Quarzuhr erfunden wurde. Zwar wurde auch diese Erfindung in der

Schweiz gemacht. Die Verantwortlichen glaubten jedoch nicht an eine erfolgreiche Vermarktung jener Idee – insbesondere mit Produktion im Hochlohnland Schweiz. So wurde die Erfindung kurzerhand von japanischen Unternehmern in die Praxis umgesetzt und weltweit vermarktet. Mit enormem Erfolg. Das bekam die schweizerische Uhrenindustrie schmerzlich zu spüren. Sie musste Zehntausende Stellen streichen und etliche schweizerische Uhrenfirmen wurden geschlossen. Eine Entwicklung bei einem wichtigen Phasenübergang wurde falsch eingeschätzt und verschlafen. Diese Krise zog schnell auch die Neben- und Zulieferbetriebe in Mitleidenschaft.

Probleme lösen

Glücklicherweise – wie so oft in *Krisensituationen* – gab's da ein paar Unternehmer. Sie kamen nicht aus der Uhrenindustrie. Aber sie haben die Tragweite der Krise erfasst und die unternehmerische Verantwortung übernommen. Eine ganz ähnliche Situation finden wir in der Bibel im Buch *Nehemia*. Nehemia lebte im Exil in Susa im damaligen Persien und hatte sich dort zu einem hohen Regierungsbeamten hochgearbeitet. Eines Tages bekam er Besuch von seinen Brüdern und früheren Freunden aus Jerusalem, die nach langjährigem Exil in ihre Heimatstadt zurückgekehrt waren. Danach besuchten sie Nehemia, um ihm zu berichten, in welch erbärmlicher Situation sich Jerusalem befinde. Kein Stein auf dem anderen. Alles zerstört. Und wie war Nehemias Reaktion? Zunächst war er erschüttert, und ihm fehlten die Worte. Er setzte sich. Beim Nachdenken wurde er traurig. Er weinte tagelang und betete zu Gott. Und darauf bekam er von Gott den Auftrag, seinen sicheren Aufenthaltsort zu verlassen, nach Jerusalem zu reisen und dort die Stadt wieder aufzubauen. Und er tat es. Dabei stellten sich ihm viele Schwierigkeiten in den Weg. Gott hat ihm Probleme und Widerstände nicht erspart. Aber Nehemia bekam Weisheit, Kraft und Hilfe, alle Hindernisse zu überwinden. Bis zum Ziel.

Auch die erwähnten schweizerischen Unternehmer waren erschüttert vom Zustand der Uhrenindustrie. Sie haben erkannt, was die Schweiz gerade dabei war zu verlieren. Es war ein Gut, das über mehrere Generationen mühsam erworben worden war. Dieser Verlust musste mit allen Mitteln und in letzter Sekunde verhindert werden. Und so wurden sie unternehmerisch aktiv. Ob sie dabei wie Nehemia bei Gott Hilfe erfleht haben, weiß ich nicht. Ihre Taten waren auf jeden Fall mutig, kreativ und offensichtlich gesegnet. Sie lancierten ein Projekt für die erste schweizerische Quarzuhr, die den verlorenen Markt zurückholen sollte,

Die Energie der Krise umwandeln in Chancen und Problemlösungen

damit die Schweiz wieder ihren Platz Nummer eins in der weltweiten Uhrenbranche einnehmen konnte. Das Resultat war die *Swatch*, die Swiss Watch. Ihr Erfolg ist bis heute riesig. Bis heute sind davon fast 400 Millionen Exemplare verkauft worden.

In jedem Land auf der Welt gibt es heute Swatch-Verkaufsläden. Der Swatch-Effekt hat auch einen Sog auf die Nachfrage aller anderen schweizerischen Uhrenmarken ausgelöst, inklusive aller Luxusmarken. Die Energie der Krise wurde umgewandelt in Chancen und Problemlösungen.

Der Problemlösungsprozess

Probleme lösen und neue Realitäten schaffen gehört zum Alltag des Unternehmers. Deshalb muss er sich eine Arbeitsmethodik aneignen, die ihn schnell und wirkungsvoll dabei unterstützt. Folgendes Modell ist sehr einfach, eignet sich aber in den meisten Problemlösungsprozessen.

1. Beschreibung der Situation/des Problems

Wir fassen das Problem in Worte und spezifizieren es so gut wie möglich mit Informationen über dessen Ursachen und Auswirkungen.

2. Mögliche Ziele
Was muss erfüllt sein, damit wir das Problem als gelöst ansehen können?

3. Optionen entwickeln
Wir geben uns nicht mit einer Lösung zufrieden. In einem Kreativprozess werden viele Möglichkeiten in Erwägung gezogen, wobei mindestens eine verrückte Idee dabei sein sollte. In einem weiteren Schritt werden die Optionen geprüft und bewertet.

4. Risiken
Auch die möglichen Risiken im Zusammenhang mit den Lösungsvarianten werden analysiert.

5. Randbedingungen
Welche Randbedingungen müssen beachtet werden? Wir verlassen in dieser Phase den Kreis des eigentlichen Problems und denken auch an das nähere und weitere Umfeld wie Politik, Umwelt, Presse.

6. Umsetzung
Nach der Wahl der besten Variante planen wir die Umsetzung. In heiklen Situationen lohnt es sich, einen Ausweichplan bereitzuhalten für den Fall, dass der ursprüngliche Plan nicht funktionieren sollte.

Gelöste Probleme entfalten eine große Wirkung: Den an der Lösung Beteiligten verleihen sie Würde und Genugtuung, im krassen Gegensatz zum Kopieren und Stehlen.

Wer Probleme lösen kann, ist bestens ausgerüstet, um als sozial handelnder Unternehmer erfolgreich zu sein. Probleme zu lösen bedeutet neue Realitäten und Werte zu schaffen. Erfolgreiche Problemlösungen stehen auf zwei Säulen: Denkhaltung und Methodik. Beides kann und muss erlernt werden. Wenn ich Probleme

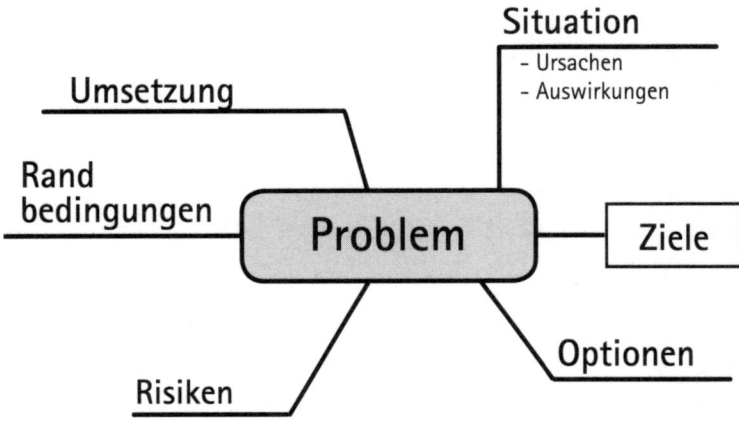

Abbildung 12: Problemlösungsfähigkeit

grundsätzlich als mühsam und unnötig erachte, werde ich ihnen so gut wie möglich ausweichen. Sie werden damit aber nicht gelöst. Sie holen mich irgendwann wieder ein, meistens im ungünstigsten Moment. Ich muss lernen, Probleme als Lernobjekte für meine unternehmerische Tätigkeit und damit als Chancen zu sehen. Menschen, die die Fähigkeit des Problemlösens besitzen, können fast nicht arbeitslos werden. Die Welt ist voll ungelöster Probleme. Meine *Problemlösungsfähigkeit* ist dann professionell, wenn ich die einzelnen Vorgehensschritte nicht mehr überlegen muss. Sie sind eingeübt und laufen einfach ab. Das oben beschriebene Modell kann bei mehrfacher Anwendung zu dieser Professionalität führen. Die Anpassung an konkrete Situationen ist dann einfach.

Der Lernprozess ist am einfachsten, wenn wir mit eigenen Problemen üben. Wir erleben dann den notwendigen Handlungsdruck genauso wie die Faszination der möglichen Lösung. Sozial denkende und handelnde Unternehmer stellen ihre Problemlösungsfähigkeit auch anderen zur Verfügung. Ihr Ziel dabei ist nicht, Geld zu verdienen, sondern zu teilen. Das ist das Gegenteil von stehlen. Im Teilen liegt viel Befriedigung und Segen. Es gibt viele Formen des Teilens.

In meiner Unternehmergruppe haben wir die Regel, dass alle Partner bis zu dreißig Prozent ihrer Zeit zu stark reduziertem Honorar für soziale Projekte einsetzen dürfen. In unserem Fall geht es insbesondere darum, Unternehmer in Entwicklungs- und Schwellenländern beim Auf- und Ausbau von eigenen Geschäften zu unterstützen. Dies führt zu echten Win-win-Situationen. Die Unternehmer werden befähigt, ihre Betriebe schnell und professionell zu entwickeln. Damit schaffen sie Arbeitsplätze und reduzieren die Armut in ihren Ländern. Unsere Trainer und Berater kehren nach jedem Einsatz todmüde, aber tief befriedigt – und voller neuer Ideen – in ihre Heimat zurück.

Bis zu dreißig Prozent der Arbeitszeit für soziale Projekte: nach jedem Einsatz todmüde, aber tief befriedigt und voller neuer Ideen

Natürlich haben nicht alle Unternehmen diese Möglichkeit des Teilens. Aber es gibt unendlich viele andere Möglichkeiten. Die einfachste – und dennoch sehr wirkungsvolle – Möglichkeit liegt im Spenden. Ich rede da nicht vom Almosengeben. Ich spreche von den Unternehmen, die einen beträchtlichen Anteil ihres Gewinns für soziale Zwecke zur Verfügung stellen. Almosengeber, die mit ein paar Brosamen ihr Gewissen beruhigen möchten, entwickeln sich gerne zu aufgeblasenen Wohltätern. Sozial handelnde Unternehmer, die bereit sind, echte Opfer für andere zu leisten, werden mit der Zeit eher bescheiden. Vielleicht spüren sie, dass das, was sie tun, eigentlich einer göttlichen Ordnung entspricht.

Fassen wir zusammen:

1. Ich dulde in meinem Unternehmen keinen Diebstahl und begehe selbst keinen.
2. Ich befasse mich mit Diebstahlsfallen und baue einen wirkungsvollen Schutz auf.
3. Ich verpflichte mich zur Schaffung von neuen Werten.
4. Ich entwickle mich und meine Mitarbeiter zu Problemlösern und kreativen und würdevollen Persönlichkeiten, die bereit sind, Opfer zu bringen.

Die Anwendung des siebten Gebots, „Du sollst nicht stehlen", im Geschäftsleben:

1. Ich respektiere Besitz- und Eigentumsrechte.
2. Ich dulde keine Rechtsverletzungen in meiner Firma.
3. Ich sorge dafür, dass Unrecht bereinigt und entschädigt wird.

8. Kapitel

Kommunikation ist schwierig – und öffnet Tür und Tor

Keine Generation vor uns hat über so gute technische Kommunikationsmittel verfügt wie wir. Und dennoch: Die zwischenmenschliche Kommunikation hat sich nicht verbessert. Im Gegenteil. Es ist so einfach geworden, oberflächlich zu kommunizieren und schwierigen Menschen und heißen Themen aus dem Weg zu gehen. Eine gute Kommunikation beruht auf Wahrheit. Manchmal ist die Wahrheit unerträglich. Die Flucht in Oberflächlichkeit und Halbwahrheiten ist einfacher und manchmal kurzfristig sogar erfolgreicher. Das achte Gebot ist in dieser Frage kompromisslos, wenn es sagt: „Du sollst nicht lügen." Hier wird der Grundstein gelegt für jede gute Kommunikation und damit für jede gute Beziehung. Jedes Abweichen davon hat negative Konsequenzen.

Vertrauen – Fundament der Kommunikation

Höchstens zehn Prozent meiner Aufträge basieren auf unterzeichneten Verträgen. Meistens genügt ein Ja am Telefon oder ein Handschlag für einen verbindlichen Vertrag. Das läuft in meiner Firma seit zwanzig Jahren so. Eine juristische Auseinandersetzung hat es noch nie gegeben. Warum? Meinen Geschäftsbeziehungen liegt ein grundsätzliches *Klima des Vertrauens* zugrunde. Das ist nicht selbstverständlich. Viele Unternehmer erleben eine entgegengesetzte Praxis.

An einer Vorlesungsreihe an der *Griffiths School of Management* in Oradea wurde ich mit der rumänischen Realität konfrontiert. Ich lernte dabei, dass Studenten ganz schön nerven können. Zum Beispiel Bogdan, ein rumänischer Wirtschaftsstudent. An einem Seminar über *Verhandlungstechnik* gab ich mir alle Mühe, den Sinn und Nutzen von Win-win-Situationen aufzuzeigen. In einer Verhandlung dürfe es keine Verlierer geben, sondern nur Gewinner. Vergeblich. Freundlich, aber bestimmt machte mich Bogdan darauf aufmerksam, dass dieses Verhaltensmuster in Rumänien nie funktionieren könne. Weder entspreche es der rumänischen Kultur noch der mathematischen Logik. Wir haben uns daraufhin über die Auswirkungen der rumänischen Misstrauenskultur unterhalten. Die wirtschaftliche Misere im Land hat unter anderem auch mit Neid und Misstrauen zu tun. Das hat gewirkt. Alle Studenten haben eingesehen, dass ein Wandel zu mehr Vertrauen höchst sinnvoll wäre. Aber wie soll das geschehen? Irgendjemand muss diesen Wandel ja einleiten. „Wer sonst, wenn nicht junge Wirtschaftsstudenten?", war meine Frage. Alle waren begeistert. Nur Bogdan nicht. So etwas brauche Generationen, meinte er. „Gut, dann seid ihr halt eine Mose-Generation", habe ich eingeworfen. „Ihr werdet zwar das Gelobte Land selber nicht erreichen, aber vorbereiten für die nächste Generation. Es wird die Aufgabe sein von Leuten wie Kaleb, den gewünschten Wandel vorzunehmen." Die biblische Geschichte von Mose und Kaleb war allen Studenten an der christlichen Universität bestens vertraut. Aus dieser Geschichte haben sie gelernt, dass zur richtigen Zeit und mit der Hilfe Gottes nichts unmöglich ist. Kaleb war ein Mann, der sich nicht auf die Hindernisse, sondern auf die Verheißungen Gottes konzentrierte. Für ihn war auch eine sehr schwierige Aufgabe lösbar. Jetzt war auch Bogdan einverstanden. Aber nicht seine Kollegin, die während der Diskussion zusehends unruhig wurde. Und nun hielt sie es nicht mehr aus und platzte heraus: „Nein, wir wollen keine Moses sein. Wir wollen Kalebs sein. Wir haben das neue Prinzip des Vertrauens erkannt und wollen es einüben. Jetzt." Studenten können ganz schön ermutigen. Die Werke Moses sind damit in keiner Weise gemindert. In ihrer Gesamtheit waren diese weit größer als jene Kalebs. Hier geht es nicht um die Wertung von Werken. Es geht ganz einfach darum, von der verheißungsorientierten Denkhaltung Kalebs angesteckt zu werden.

Vertrauen aufzubauen braucht Zeit und seriöse Arbeit. Vertrauen zerstören geschieht in einem Augenblick. Dazu reicht eine einzige Lüge. Und schon ist es geschehen. Viele Geschäftsleute gehen mit der Wahrheit etwas locker und kreativ um. Je nach Situation erlauben sie sich, Teile von Informationen zu unterdrücken oder die Realität mit etwas Fantasie zu ergänzen. Das Resultat würden sie nie als Lüge betrachten. Aber es ist Lüge. Gott warnt uns in den Zehn Geboten mit Recht vor dem Lügen. Lügen hat Konsequenzen. Einigen bringt es vielleicht kurzfristigen Erfolg. Es zerstört aber Beziehungen und führt längerfristig zu Verlusten für alle.

> Lügen: vielleicht kurzfristiger Erfolg, aber zerstörte Beziehungen und längerfristig Verluste für alle

Eine zentrale Aufgabe des Unternehmers liegt im Aufbau von Beziehungen und Partnerschaften. Er muss also in der Lage sein, Vertrauen aufzubauen und zu erhalten. Ein Instrument dazu ist die *Kommunikation.* Kommunikation wird auch die *Wissenschaft der Missverständnisse* genannt. Und so ist es. Die Wahrscheinlichkeit eines Missverständnisses ist bei der Kommunikation wesentlich höher als die Wahrscheinlichkeit, dass die gesendete Information genau so ankommt, wie sie gemeint ist. Missverständnisse tendieren dazu, als Halbwahrheiten oder Lügen interpretiert zu werden.

Die Kommunikationsqualität verbessern

Möchten Sie die Qualität Ihrer Kommunikation erhöhen? Dann werden Ihnen diese Regeln dabei helfen:

1. Mein Kommunikationsverhalten im Spiegel
Bei der Kommunikation kommt es auf die Wirkung an. Diese ist in gewissen Situationen sehr einfach zu messen. Hat der Kunde

gekauft? Dann habe ich ihn offensichtlich überzeugt. Es kann allerdings auch eine Täuschung sein. Das begegnet uns zum Beispiel häufig bei Autoverkäufern. Die meisten sind allerdings gar keine Verkäufer. Die eigentlichen Verkäufer sind die Autos selbst. Der Verkäufer spielt meist eine eher untergeordnete Rolle. Es ist das Produkt selbst, das sich verkauft. Zum Beispiel durch die Wirkung der Marke. Viele Autofahrer sind extrem markentreu. Oder es sind die Spezifikationen des Autos. Nur ausnahmsweise bietet der sogenannte Autoverkäufer dem Kunden einen Mehrwert während des Kaufprozesses. Der Verkäufer täuscht sich, wenn er selbstwirkende Argumente seinen verkäuferischen Fähigkeiten zuschreibt. Er sieht sich in einem gebrochenen, verzerrenden oder getönten Spiegel und gefällt sich dabei.

Habe ich jemanden, der meine Kommunikationsart ehrlich reflektiert?

Wir alle brauchen einen Spiegel, um nicht der Selbsttäuschung zu verfallen, und der muss unbestechlich sein. Er muss Schmeichelhaftes genauso zeigen wie Problematisches. Der Spiegel kann aus harten Fakten wie Umsatzzahlen oder einem persönlichen Feedback bestehen. Dies setzt Kritikfähigkeit voraus, die allerdings die wenigsten Menschen besitzen. Die meisten möchten bestätigt werden. Klar, manchmal brauchen wir Bestätigung und Erbauung. Manchmal sollten wir uns aber auch der Kritik stellen, denn die bringt uns letztlich wirklich weiter. Habe ich jemanden, der meine Kommunikationsart ehrlich reflektiert? Wenn nicht, warum nicht?

2. Mein Anspruch an Kommunikations-Qualität

Ich staune immer wieder über die Berufsgruppe der Informatiker. Ich mag sie und ich brauche sie. Schon oft haben sie mich aus einer Informatik-Frustration mit stillstehenden Computern gerettet. Sie sind täglich mit den modernsten Mitteln der Kommunikation beschäftigt. Kommunizieren können die meisten aber nicht. Sie reparieren zwar den Computer, sehen aber überhaupt keine Notwendigkeit, Gründe für die gefundenen Fehler zu erklären.

Sie haben auch größte Mühe, dem Kunden Fragen zu stellen und auf Fragen einzugehen. Wenn der Computer läuft, ist für sie alles in Ordnung. So setzen sie ihren Qualitätsstandard für die Kommunikation. Das genügt nicht. Kommunikation bedeutet Dialog. Sie hat die Aufgabe, Situationen zu klären und menschliche Beziehungen zu beeinflussen. Welche Wirkung möchte ich mit meiner Kommunikation erreichen? Und welche erreiche ich wirklich?

3. Die vier Kanäle und die vier Ohren der Kommunikation
Der Kommunikationsforscher Thomas Gordon hat vor Jahren schon die Wirkung der Kommunikation erforscht und dabei vier Kanäle identifiziert, über die wir wirken. Dabei hat der *Inhalt* unserer Botschaft lediglich einen Anteil von 7 Prozent. Die *Stimme* wirkt mit 23 Prozent schon beträchtlich stärker. Allerdings sind *Mimik* und *Gestik* mit je 35 Prozent die Spitzenreiter. Das bedeutet? Es ist möglich, mit guter Rhetorik eine unsinnige Botschaft wirkungsvoll zu kommunizieren. Das wäre aber unethisch und entspricht nicht meiner Sicht. Ich meine, wir sollten unsere Botschaften mit viel Substanz füllen, diese dann aber mit höchster Wirkung präsentieren. Das können die wenigsten einfach so. Aber es ist lernbar. Will ich das?

Der Psychologe Friedemann Schulz von Thun zeigt mit seinem 4-Ohren-Modell noch weitere Kommunikations-Dimensionen auf und unterstreicht damit die Schwierigkeit guter Kommunikation. Sein Modell hilft aber auch, dieses komplexe Thema besser zu verstehen und gibt Impulse, sich wirkungsvoller zu verhalten. Schulz von Thun zeigt darin auf, dass unsere Botschaften – ob wir sie senden oder empfangen – vier unterschiedliche Dimensionen enthalten:

a) eine Sachinformation (worüber ich informiere)
Hier geht es um Daten, Fakten und Sachverhalte. Ist die Botschaft wahr? Ist sie von Belang? Ist sie umfassend?

b) *einen Beziehungshinweis (was ich von dir halte und wie ich
    zu dir stehe)*
   Hier geht es um Hinweise, wie ich zum andern stehe und was
   ich von ihm halte. Wie fühle ich mich behandelt durch die Art,
   in der der andere mit mir spricht? Was hält der andere von mir?

c) *eine Selbstoffenbarung (was ich von mir zu erkennen gebe)*
   Hier geht es um Hinweise, was in mir vorgeht. Was sind meine
   Werte? Wie verstehe ich meine Rolle? Was will der andere
   damit ausdrücken?

d) *einen Appell (was ich bei dir erreichen möchte)*
   Hier geht es um Einfluss. Was will ich beim andern erreichen?
   Welche Wünsche, Appelle, Ratschläge, Handlungsanweisun-
   gen stehen im Raum? Was soll ich machen?

Nun ist klar, warum Kommunikation so schwierig ist. Und warum es so viele Missverständnisse gibt. Das ist normal. Meistens
steckt nicht schlechter Wille dahinter, wenn sich zwei einfach
nicht verstehen. Gewöhnen wir uns doch an, bei den anderen
in der Kommunikation grundsätzlich positive Motive zu suchen.
Und gewöhnen wir uns an, unsere gesendeten Botschaften unter
dem Aspekt von Schulz von Thun zu prüfen und wenn nötig zu
klären, damit Missverständnisse im Keim erstickt werden. Dies
verlangt Einfühlungsvermögen und klärendes Nachfragen. Wie
hast du mich verstanden? Habe ich dich richtig verstanden?

4. Filter und Fehlerquellen in der Kommunikation
Wenn Kommunikation auch die Lehre von den Missverständnissen
genannt wird, hat das seine Gründe. Sowohl beim Sender einer
Botschaft wie auch beim Empfänger können vielerlei Fehler auftreten, die zu Missverständnissen führen – wie wir gerade gesehen
haben. Ein weiterer Grund liegt häufig bei unterschiedlichen Filtern. Dies können unterschiedliche Erfahrung, Bildung, Erziehung
oder Wertmaßstäbe sein. Eine gute Kommunikation stellt zuerst

die gleiche Wellenlänge zwischen Sender und Empfänger her, bevor sie mit dem Übertragen beginnt. Das lohnt sich. Die Ursache vieler Konflikte liegt in Missverständnissen. Sind diese einmal aufgelöst, ist eine Lösung meistens möglich. Und wie findet man die richtige Wellenlänge heraus? Indem wir Fragen stellen, zuhören und uns für die Motive des anderen interessieren. Da gibt es diese Hunderttageregel. In den ersten Hundert Tagen in einem neuen Amt soll man schweigen, damit man zuhören kann. Diese Regel ist radikal, aber gar nicht so dumm. Und sie funktioniert. Sie zeigt grundlegende Motive, Interessen, Denkvorgänge und Wünsche auf. Darauf lässt sich aufbauen.

5. Der Persönlichkeit angepasste Kommunikation
Unterschiedliche Persönlichkeitstypen kommunizieren unterschiedlich, sei es als Sender oder Empfänger. Zu welchem der folgenden Kommunikationstypen gehören Sie?

a) Dominante Typen tendieren dazu, kurz, klar, bestimmt und einseitig zu kommunizieren. Sie sind meist schlechte Zuhörer. Sie wollen schnell zum Ziel kommen.
Tipps: Erkennen und akzeptieren Sie, dass Emotionen auch Fakten sind. Nehmen Sie Menschen und Gefühle ernster. Stellen Sie ehrliche Fragen.

b) Initiative Typen tendieren dazu, begeisternd, anregend, emotional und vielseitig zu kommunizieren. Auch sie sind oft schlechte Zuhörer. Am liebsten hören sie sich selbst.
Tipps: Nehmen Sie zur Kenntnis, dass andere auch Ideen und Erfahrungen haben. Erfragen Sie diese und gehen Sie darauf ein. Belegen Sie Ihre Aussagen mit Fakten.

c) Stetige Typen tendieren dazu, auf den andern einzugehen, Gespräche in die Länge zu ziehen und zu harmonisieren. Konfrontationen verdrängen sie. Lieber leiden als etwas verändern ist ihre Devise.

Tipps: Werden Sie sich bewusst, dass zu viel Harmonie gefährlich sein kann. Entwickeln Sie Mut zur Auseinandersetzung. Sagen Sie im richtigen Moment Nein.

d) Gewissenhafte Typen tendieren dazu, gut zuzuhören, sich auf die Details zu konzentrieren und zwischen den Zeilen zu lesen. Oft interpretieren sie Fakten und vor allem Gefühle falsch und schweigen.

Tipps: Stehen Sie auf, verlassen Sie Ihren Arbeitsplatz und gehen Sie zu den Leuten. Kommunizieren Sie persönlich und telefonisch. Benutzen Sie SMS und E-Mails nur in seltenen Fällen und als Ergänzung zum gesprochenen Wort.

6. Kommunikation und Information

Kommunikation und *Information* ist nicht dasselbe. Mit Information kann man Menschen füttern, mit Kommunikation überzeugen. Beides ist nötig. Wir leben in einer Zeit eines riesigen Informationsangebots. Alle paar Jahre verdoppelt sich die der Menschheit zur Verfügung stehende Menge an Informationen. Der Zugang dazu wird durch die modernen Medien einfach gemacht. Ein Großteil dieser Informationen ist aber unnötig, schädlich oder falsch. Als Verantwortungsträger in der Gesellschaft müssen Unternehmer über Methoden und Fähigkeiten verfügen, aus dem riesigen Angebot an Informationen die richtigen und wichtigen herauszufiltern. Die einfachste Methode liegt darin, sich auf wenige, aber gute Quellen zu konzentrieren. Ist die Quelle vertrauenswürdig? Was sind ihre Absichten? Ist sie tiefgründig? Sagt sie die Wahrheit?

Information: auf wenige, aber gute Quellen konzentrieren

Bei der Kommunikation geht es um den wirkungsvollen Transport der Information. Damit wollen wir überzeugen, etwas bewirken. In diesem Zusammenhang kann die Geschichte von den drei Sieben eine echte Hilfe sein.

Eines Tages kam ein Bekannter zum griechischen Philosophen Sokrates gelaufen. „Höre, Sokrates, ich muss dir berichten, wie dein Freund ..." „Halt ein", unterbrach ihn der Philosoph. „Hast du das, was du mir sagen willst, durch drei Siebe gesiebt?" „Drei Siebe? Welche?", fragte der andere verwundert. „Ja! Drei Siebe! Das erste ist das Sieb der Wahrheit. Hast du das, was du mir berichten willst, geprüft, ob es auch wahr ist?" „Nein, ich hörte es erzählen, und ..." „Nun, so hast du sicher mit dem zweiten Sieb, dem Sieb der Güte, geprüft. Ist das, was du mir erzählen willst – wenn es schon nicht wahr ist – wenigstens gut?" Der andere zögerte. „Nein, das ist es eigentlich nicht. Im Gegenteil ..." „Nun", unterbrach ihn Sokrates, „so wollen wir noch das dritte Sieb nehmen und uns fragen, ob es notwendig ist, mir das zu erzählen, was dich so zu erregen scheint." „Notwendig gerade nicht ..." „Also", lächelte der Weise, „wenn das, was du mir eben sagen wolltest, weder wahr noch gut noch notwendig ist, so lass es begraben sein und belaste weder dich noch mich damit."

7. Kommunikation in schwierigen Situationen

Unsere Tochter Andrea hat schon mit neun Jahren eine wichtige Lektion fürs Leben begriffen. Dass sie hin und wieder einen Streit mit ihrer zwei Jahre älteren Schwester austragen musste, war völlig normal. Nicht ganz selbstverständlich war ihr Suchen nach einer allgemeingültigen Methode zur Konfliktlösung. So entdeckte ich eines Tages einen Zettel, den sie selbst geschrieben und an die Wand geheftet hatte. Ich war überwältigt. Mit ihrer Erlaubnis darf ich den Text hier wiedergeben:

„Wie geht Frieden machen?

Zuerst mal muss man wollen. Dann darf man noch alles Böse, das man sagen will, sagen. Dann reicht man dem anderen die rechte Hand und sagt nichts Böses mehr. Dann ist man wieder lieb zueinander und tut, wie wenn nichts geschehen wäre."

Vergleichen wir diese Erkenntnis einer Neunjährigen mit denjenigen von berühmten Harvardprofessoren, dann stellen wir eine erstaunliche Ähnlichkeit fest. Andrea schreibt von vier Phasen:

1. Zuerst mal muss man wollen.
In schwierigen Situationen muss bei allen Beteiligten die Notwendigkeit eines Gesprächs erkannt sein. Manchmal müssen wir diesen Handlungsbedarf erst für alle spürbar machen, bevor ein Konflikt angegangen werden kann.

2. Dann muss die Sache auf den Tisch.
Alles. Ungeschminkt. Natürlich mit Anstand und Respekt, aber unmissverständlich. Jeder muss wissen, wie sich der andere fühlt. Nur so werden Interessen und Motive der einzelnen Beteiligten sichtbar. Und letztlich führen diese Erkenntnisse zu Lösungsansätzen.

3. Jetzt kommt die Phase des Suchens nach Lösungen. Hier geht der Blick in die Zukunft.

4. Dann schließt man den Konflikt ab und einigt sich auf neue Kriterien des Zusammenlebens.

Kommunikation ist schwierig und lernbar. Es braucht dazu die Einsicht der Notwendigkeit. Wie viele Aspekte der Persönlichkeitsentwicklung, so kann auch Kommunikation nicht einfach durch Anhäufen von Wissen erlernt werden. Es ist eine Folge von theoretischen und praktischen Schritten nötig, um zum Ziel zu kommen. Hier eine kurze Anleitung zu einer wirkungsvollen Übung in drei Schritten:

1. Ich erkenne die Kraft effektiver Kommunikation
   und mein Potenzial.
Ich betrachte gute und schlechte Kommunikationsbeispiele von mir selbst oder mir nahestehenden Personen. Ich versuche, die-

se – zum Beispiel anhand der oben beschriebenen Modelle – zu verstehen und zu interpretieren. Ich ziehe daraus Folgerungen.

2. Ich setze mich einem externen Feedback aus
und akzeptiere Kritik.
Viel wirkungsvoller und anspruchsvoller ist der zweite Schritt. Ich sammle in meinem Umfeld Rückmeldungen über mein Kommunikationsverhalten. Und ich reagiere darauf nicht mit Rechtfertigung, sondern nehme sie ernst und denke darüber nach.

3. Ich übe und werte aus.
Ich nehme jede Gelegenheit wahr zu kommunizieren. Dabei konzentriere ich mich nicht nur auf das Überbringen von Botschaften, sondern ich stelle Fragen, gute Fragen. Ich interessiere mich echt für die Ansichten und Anliegen der anderen. Ich lerne zu schweigen, bis meine Gedanken reif sind. Und ich frage mich: Hat das Gespräch gut getan? War es nötig? Was hat es bewirkt?

Fassen wir zusammen:
1. Ich verpflichte mich zur Wahrheit und zu einem Klima des Vertrauens.
2. Ich bin mir der Gefahr von Missverständnissen in der Kommunikation bewusst und unternehme alles, sie aufzulösen.
3. Ich reflektiere die Wirkung meiner Kommunikation in einem Spiegel.
4. Ich sorge dafür, dass meine Kommunikation und diejenige meiner Mitarbeiter sich kontinuierlich verbessern.

**Die Anwendung des achten Gebots, „Du sollst nicht lügen",
im Geschäftsleben:**

1. Ich sorge dafür, dass in meiner Firma Wahrheit und Transparenz selbstverständlich sind.

2. Ich kläre Missverständnisse auf.

3. Ich dulde keine Halbwahrheiten.

4. Ich stelle Abweichungen von der Wahrheit klar.

5. Ich verzichte auf Gewinn, wenn er auf Kosten der Wahrheit zustande kommt.

9. Kapitel

Partnerschaften sind riskant – und brauchen Pflege

Der Aufbau und die Pflege von strategischen Partnerschaften sind besonders bei gesättigten Märkten hervorragende Marketinginstrumente. Besonders Organisationen, die langsam und über viele Jahre gewachsen sind, zeigen große Mühe mit dem Gedanken von Partnerschaften. Sie sehen ihren Besitzstand bedroht und haben Schwellenängste. Sie haben keine Erfahrung im Umgang mit Partnerschaften und betrachten diese als Risiko. Und sie haben nicht ganz unrecht. Partnerschaften sind immer riskant. Partnerschaften bestehen immer aus Geben und Nehmen. Einseitige Partnerschaften sind zum Scheitern verurteilt.

Im neunten Gebot, „Du sollst nicht begehren deines Nächsten Frau", wird auch dieses Thema tiefgründig aufgenommen. Hier geht es um Partnerschaften und Grenzen. Besonders um das Respektieren von Grenzen.

Vom maßvollen zum schädlichen Begehren

Das *Begehren* ist ein wachsender Wunsch, eine starke Kraft, Neues zu erreichen oder zu besitzen. Diese Eigenschaft ist für Unternehmer unabdingbar, sonst sind sie wirkungslos oder reine Verwalter. Wirkliche Unternehmer sind stets ein wenig unruhig und unzufrieden. Sie streben nach Veränderungen und Verbesserungen. Und sie finden keine Ruhe, bis sie ihr Ziel erreicht haben. Gerade diese guten unternehmerischen Eigenschaften können ihnen zum Verhängnis werden.

Unternehmer stolpern gerne über ihre eigenen Stärken: Sie

neigen zur Selbstüberschätzung und verlieren ihre Selbstbeherr-
schung. Etliche verfallen gar dem Größenwahn. Dummerweise
reagiert ihr Umfeld auf diese schleichenden Veränderungen meist
mit Scheuklappen. Man will es nicht wahrhaben. Zu viel hat man
selbst von der Dynamik dieses Unternehmers profitiert. Durch
Stillschweigen bestärkt man ihn sogar in seinem Tun und macht
sich an den Folgen mitschuldig. Alles hat seine Zeit – Schweigen
hat seine Zeit und Reden hat seine Zeit. Unternehmer müssen ein
Klima schaffen, in dem konstruktive Kritik gedeihen darf und
kann. So werden negative Veränderungen oder gefährliche Tendenzen früh erkannt und es ist möglich, wirkungsvoll darauf zu
reagieren.

Auch das habe ich beim Bergsteigen gelernt: Nicht jeder
kommt auf dem Gipfel an. Und nicht jeder, der oben war, kommt
später wieder heil zu Hause an. Manche reißen ganze Seilschaf-
ten mit sich in den Tod. Selbstüberschätzung ist eine der größten
Gefahren im Gebirge. Man lässt sich von der Schönheit der Berge
verführen, vom Gedanken des Gipfelerlebnisses und vom Wunsch
nach gewonnener Ehre nach der Rückkehr. Gerne übersieht und
missachtet man in dieser Situation wichtige Sicherheitsregeln.
Die allermeisten Bergunfälle wären vermeidbar, würden die Regeln der Professionalität eingehalten. Die meisten Gefahren im
Gebirge sind bekannt und voraussehbar, vom Umschlagen des
Wetters über verdeckte Gletscherspalten bis zu Lawinen und
Steinschlag. Vor all diesen Gefahren kann man sich mit geeigne-
ter Ausrüstung, Vorbereitung, Sicherung und dem nötigen Training weitgehend schützen. Und trotzdem, sogar absolut professionelle Bergsteiger fallen der Versuchung zum Opfer, unnötige
Risiken einzugehen. Sie nehmen damit bewusst die möglichen
negativen Konsequenzen in Kauf.

Darum geht es im neunten Gebot. Es gibt unantastbare *Grundregeln*, die dürfen nie – unter keinen Umständen – gebrochen
werden. In Firmen werden diese Grundregeln jedem Lehrling
eingehämmert. Interessanterweise meinen ihre älteren Chefs auf

oberster Etage, dass diese Grundregeln für sie nicht mehr gelten würden. Die weltweite Bankenkrise der vergangenen Jahre bietet dazu ein trauriges Beispiel. Mit Regeln will man etwas Wichtiges schützen. Im neunten Gebot geht es um den Schutz der Ehe. Es geht um die eigene Ehe, aber auch um die Ehe der anderen. Die Ehe scheint in den Augen Gottes eine sehr große Bedeutung zu haben, sonst würde er sich nicht in zwei von Zehn Geboten damit befassen.

Es gibt unantastbare Grundregeln, die nie – unter keinen Umständen – gebrochen werden dürfen.

Partnerschaft Ehe

Bei der Ehe handelt es sich um eine *Partnerschaft* zwischen zwei Menschen. Diese Ehe wird nicht auf eine begrenzte Zeit, sondern auf Lebenszeit geschlossen. „Bis dass der Tod uns scheide" heißt es im Eheversprechen. Das ist sinnvoll. Aber schwierig. Ich habe großes Verständnis für die vielen, die es trotz großer Anstrengung nicht geschafft haben, und ich distanziere mich davon, ihnen Vorwürfe zu machen. Und dennoch – oder erst recht – ist es mir auch als Unternehmensberater ein Anliegen, gute Ehebeziehungen zu fördern und intakte Ehen nicht zu gefährden. Eine gute Ehe ist halt einfach etwas Besonderes, etwas Großes, etwas Unantastbares. Eine solche Ehe anzutasten hat Konsequenzen. Immer. Niemand hat das Recht, eine Ehe zu gefährden.

Grauzone der Usanzen

Unternehmer tendieren dazu, geschriebenes Recht für sich selbst etwas kreativ auszulegen. Tatsächlich gibt es in der Rechtsordnung nicht nur Schwarz und Weiß. Es gibt auch noch Grauzonen, sogenannte *Usanzen*. Usanzen sind ungeschriebene Gesetze oder nicht geahndete Gesetzesverstöße. Die Ehe gehört nicht dazu. Viele andere Regelungen im Geschäftsleben auch nicht. Usanzen bergen die Gefahr, eine individuelle Situationsethik zu schaffen, wo letztlich alles erlaubt ist, was mir dient. Dies führt zu einer Unkultur, wie sie heute leider weit verbreitet ist und sich weiter ausbreitet. Und warum tut sie das? Weil niemand Einhalt gebietet. Weil Gesetze nicht als heilig, sondern als Diskussionsgrundlagen gelten.

Geschäftspartnerschaften

Im Geschäftsleben gibt es unterschiedliche *Partnerschaften*. Einige sind von vornherein zeitlich limitiert, andere werden auf Widerruf geschlossen und wiederum andere sind langfristig angelegt, ähnlich einer Ehe. Alle Arten von Partnerschaften spielen im Verdrängungswettbewerb eine immer größere Rolle. Das Management von Partnerschaften ist zu einem wichtigen Marketinginstrument geworden.

In aufstrebenden Märkten können Marktvorteile hauptsächlich durch neue Produkte und Dienstleistungen gewonnen werden. Sind die Märkte gesättigt, spielt das Marketing eine immer wichtigere Rolle. Und im globalen Markt wird das Beziehungsmanagement zum tragenden Element für den Erfolg. Dabei geht es um die ganze Kette der Beziehungen vom Produzenten der Rohprodukte über Lieferanten und Hersteller und weiter über den Handel bis zum Konsumenten.

1. Projektpartnerschaft
Ein Projekt hat einen Anfang und ein im Voraus bestimmtes Ende. In diesem Sinn können auch Partnerschaften für die Realisierung konkreter Projekte eingegangen werden.

2. Strategische Partnerschaft
Strategische Partnerschaften basieren auf Visionen oder Ideen, die gemeinsam ins Leben gerufen beziehungsweise verwirklicht werden.

3. Verbindung
Bei der Verbindung handelt es sich um eine finanzielle, personelle und rechtliche Partnerschaft, die meist auf lange Sicht vereinbart wird.

Partnerschaften weiten den Wirkungskreis des Unternehmers aus, schränken andererseits aber seine Entscheidungskompetenzen ein. Um spätere Konflikte zu vermeiden, müssen die wichtigsten Punkte der Zusammenarbeit in einem schriftlichen *Vertrag* geregelt werden.
Dieses minimale Vertragsraster kann viel Ärger ersparen:

1) *Begründung des Vertrages (Warum soll der Vertrag abgeschlossen werden?)*
2) *Vertragspartner (Wer spielt welche Rolle im Vertrag?)*
3) *Ziel (Was soll erreicht werden?)*
4) *Inhalt (Was wird im Detail geregelt?)*
5) *Vertragsdauer (inkl. Ausstiegsklausel)*
6) *Gerichtsort (oder definierte Instanzen bei Unstimmigkeiten)*
7) *Unterschriften*

Risikomanagement

Heute verlangt das Gesetz von Vorständen, Aufsichtsräten und Verwaltungsräten großer Firmen, dass sie sich regelmäßig mit den *Risiken* des Unternehmens befassen und geeignet eingreifen. Dies ist auch für kleine Firmen und ohne gesetzlichen Auftrag empfehlenswert. Der Risikomanagement-Prozess hat fünf Schritte:

1) Zuständigkeit für das Risikomanagement festlegen
- Wer soll sich in welchem Zeitraum mit den unternehmerischen Risiken befassen?
- Wer berichtet wann, was an wen?

2) Risiken erkennen – Risiken definieren
- Welche Risiken könnten bezüglich Strategie, Markt, Produktion, Mitarbeiter, Beschaffung, Finanzen, Umwelt erwachsen? Wo liegen die für uns tragbaren Toleranzgrenzen?
- Welche gesetzlichen Vorgaben sind zu beachten?

3) Risiken beurteilen
- Mit welcher Wahrscheinlichkeit ist mit dem Eintreten eines Ereignisses zu rechnen?
- Wie wäre die Auswirkung des Ereignisses auf unser Unternehmen?
- Was bedeutet für uns ein kleines, mittleres oder großes Risiko?

4) Risiken bewältigen
- Welche vorbeugenden Maßnahmen müssen getroffen werden, um das Eintreten eines Ereignisses zu vermeiden?
- Welche Maßnahmen müssen beim Eintreten des Ereignisses getroffen werden, um den Schaden zu begrenzen?

5) Risiken überwachen
- Welche Informationen benötigen wir in welchen Intervallen, damit wir sich anbahnende Ereignisse frühzeitig erkennen können?
- Welches Monitoring und welche internen Überprüfungen sind notwendig?

Krisenmanagement

Treten wesentliche bedrohliche Ereignisse tatsächlich ein, stehen wir vor oder in einer Krise. Nun ist *Krisenmanagement* gefragt. Schon viele Unternehmer sind völlig unvorbereitet von Krisen überrascht worden. In diesem Moment ist es zu spät, ein professionelles Krisenmanagement aufzubauen. Das Haus steht in

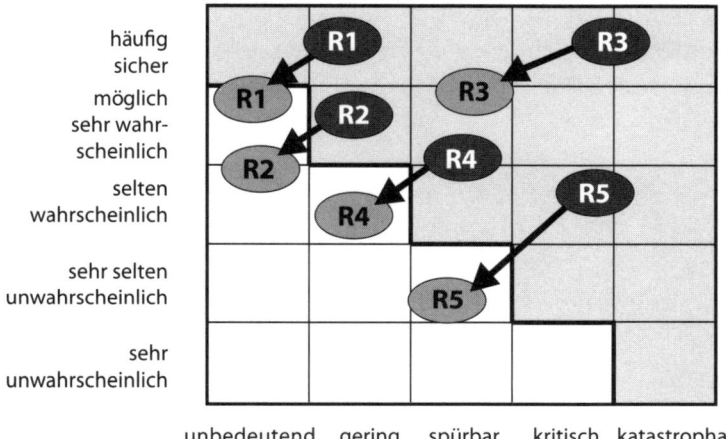

Abbildung 13: Risikolandschaft

Flammen. Die Presse steht mit offenem Mikrofon vor der Tür. Der Unternehmer ist gefragt.

Das einfache Modell des *Krisenmanagements* hat 5 Schritte:

1) *Informationen einholen, Problem erfassen*

2) *Sofortmaßnahmen einleiten*
- Interne Weisung erstellen betreffend Auskünften gegenüber Presse
- Hotline einrichten und/oder an Unternehmenssprecher/Pressesprecher verweisen

3) *Kommunikation*
- Aufzeigen, dass die Risiken seriös geprüft werden
- Getroffene Entscheidungen und Maßnahmen überzeugend erklären

4) *Maßnahmen auslösen*
   Handeln

5) Verifizieren
Zwischenergebnisse und Ergebnisse prüfen und darüber kommunizieren

Fassen wir zusammen:
1. Ich bin auf der Hut vor maßlosen Begehrlichkeiten und achte die Gesetze.
2. Ich schaffe und stärke tragfähige Partnerschaften.
3. Ich habe die wichtigsten Unternehmensrisiken im Auge.
4. Ich bin auf Krisen vorbereitet.

Die Anwendung des neunten Gebots, „Du sollst nicht begehren deines Nächsten Frau", im Geschäftsleben:
1. Ich wehre den Anfängen, respektiere Grenzen und lasse Begehrlichkeiten nicht aufkommen.
2. Ich entferne mich von Situationen, die Begehrlichkeiten keimen lassen.

10. Kapitel

Mit Zahlen spielt man Lotto – oder führt ein Unternehmen

Einige Unternehmer sind verliebt in ihre Zahlen und vergessen dabei den Markt. Das ist schlecht. Andere wiederum sehen nur die Marktpotenziale und dessen Befriedigung und vergessen dabei die Zahlen. Das ist auch schlecht. Ein guter Unternehmer tut beides. Er bewegt sich sehr häufig und nahe beim Marktgeschehen. Von Zeit zu Zeit zieht er sich zurück und denkt anhand von Kennzahlen über Potenziale und Resultate nach. Er zieht daraus Schlüsse und leitet Maßnahmen ein. Diese Zahlen haben durchaus auch eine ethische Dimension. Im zehnten Gebot, „Du sollst nicht begehren deines Nächsten Hab und Gut", lernen wir eine wichtige Lektion zum Thema Begehrlichkeiten.

Geld verdienen ja – Gier nein

Das scheint ein wichtiges Thema zu sein. Und es ist wichtig, besonders für Unternehmer. Geld verdienen gehört zum Unternehmertum. Das ist klar. Und gut. Die Gefahr liegt in der *Gier*. Und die folgt dem Erfolg auf Schritt und Tritt. Wer hat, will immer mehr. Und ist damit immer weniger zufrieden. Und in dieser Situation der Frustration entstehen die größten Fehlentscheidungen. Das Aufkommen des *Shareholder-Value-Denkens* hat uns dies eindrücklich vor Augen geführt. Da wurde das Geld, der Mammon, zum höchsten Gott erkoren und über das Unternehmen gestellt. Alle unternehmerischen Entscheidungen hatten sich der Vermehrung des Aktienwerts zu unterstellen. Sehr gut ausgebildete Manager kamen zum Schluss, eine große Anzahl von Mitarbeitern zu entlassen, um Kosten zu sparen und den Gewinn kurzfristig zu erhöhen. Dass sie damit die längerfristige Existenz des Unternehmens gefährdeten, nahmen sie in Kauf. Es betraf sie ja nicht mehr. In der Zwischenzeit sind sie nämlich bereits mit hohen Abgeltungssummen von der Bildfläche verschwunden. Dahinter steht nichts anderes als Gier, Gier nach mehr und noch mehr.

Nicolas Hayek, der schweizerische Uhrenindustrielle, bezeichnete das Shareholder-Value-Denken schon sehr früh als absurd und als Denken des letzten Jahrhunderts. Und er hat bewiesen, dass verantwortungsvolles und längerfristiges Denken auch heute noch zum Erfolg führen kann.

Vielleicht mag der Eindruck entstehen, Gier wäre nur ein Thema des Shareholder-Value-Denkens und damit der großen Konzerne. Weit gefehlt. Zwar zeigt sie sich in diesen Beispielen sehr eindrücklich. Aber Gier ist ein Thema aller Menschen, auch der Inhaber von kleinen und mittleren Firmen. **Der Keim der Gier liegt in jedem Menschen.** Jeder steht in der Gefahr, ihr zu verfallen. Aus diesem Grund spreche ich sie hier an. Sogar in unseren eigenen Entwicklungsprogrammen gibt es einzelne Beispiele von Unternehmern, die mit hohen ethischen Grundsätzen ihre Firma gegründet haben. Diesen sind sie anfänglich auch treu geblieben, bis zum Zeitpunkt, als sie das Gold glänzen sahen und die Möglichkeit nach mehr und mehr erkannten. Glücklich sind sie dabei nicht geworden.

Transparenz statt Lebenslügen

Zum verantwortungsvollen Handeln gehört *Transparenz*. Transparente Persönlichkeiten lieben das Licht, intransparente die Dunkelheit. Wir kennen die schmuddelige Atmosphäre in alten Mafia-Filmen. Dort wird das Versteckspiel offensichtlich, manchmal spielerisch romantisch. Im echten Geschäftsleben hat

Intransparenz andere Gesichter. Sie lebt von dauernder Vertuschung und Lüge. Die Täuschungen sind dabei meist sehr schwer als solche zu erkennen. Viele der sogenannten Geschäftsusanzen gehören dazu. Oft stehen sie ganz nahe neben der Wahrheit. Aber eben daneben. Ihre Auswirkungen sind fatal. Intransparenz führt früher oder später immer zu Vertrauensverlust. Verlorenes Vertrauen wieder aufzubauen, ist sehr schwer, in vielen Fällen sogar unmöglich.

Intransparenz führt im eigenen Haus zu falschen Informationen, Realitätsverlust und Fehlentscheidungen. Wer sich in den Dunstkreis der Intransparenz begibt, darf sich nicht wundern, dort von Gleichdenkenden umgeben zu sein und von ihnen übers Ohr gehauen zu werden.

Transparenz hat in erster Linie mit meiner persönlichen Haltung zu tun. Habe ich etwas zu verbergen? Will ich etwas verbergen? Warum? Liegen die Motive in Gier, schlechtem Gewissen oder in einem Komplex? Das ist alles sehr menschlich. Und dennoch schädlich. Die in diesem Buch beschriebenen Zehn Gebote bieten hier eine große Hilfe, wenn wir sie als Leitlinie für unser Leben bestimmen. Sie befreien uns von vielen *Abhängigkeiten* und *Lebenslügen*.

Lebenslügen

Lüge Nr. 1: „Erfolg und Besitz machen mich glücklich."
Erfolg und Besitz machen nur glücklich, wenn ich nicht davon abhängig bin. Wie fühle ich mich, wenn der Erfolg ausbleibt? Wenn mein Besitz dahinschmilzt? Einige meiner Kunden sind der Meinung, im Besitz großer Reichtümer zu sein. In Tat und Wahrheit ist es umgekehrt. Sie besitzen nicht ihre Reichtümer, sondern ihre Reichtümer haben von ihnen Besitz ergriffen! Sie bestimmen ihren Alltag und ihr Wohlbefinden. Dieser Alltag ist bestimmt durch die Frage: „Wie kann ich meinen Reichtum erhalten?" Dann beginnen sie jeden Tag mit der Lektüre der Börsenkurse.

Steigen diese, ist ihre Welt in Ordnung, sinken sie, ist der Tag von Sorge überschattet und verloren. Und dauernd beschäftigen sie sich mit Renovierungsarbeiten an ihren Liegenschaften. Mit Fassaden, Dächern und Backsteinen. Zur Erholung von diesen Strapazen fliegen sie für teures Geld in die Ferien in den Süden. Vom Meeresstrand aus erkundigen sie sich täglich per Handy über den Stand der Renovierungen und Börsenkurse ... (Ich meine natürlich nicht die Unternehmer, deren Geschäftszweig Immobilien oder Investitionen in andere Firmen sind, sondern jene, die sich vom Unternehmertum zwar noch nicht verabschiedet haben, aber sich mehr mit dem verdienten und angehäuften Geld beschäftigen als mit dem eigentlichen Geschäft.)

Wirklich glückliche Menschen sind unabhängig von Besitz und Reichtum glücklich.

Wirklich *glückliche Menschen* sind unabhängig von Besitz und Reichtum glücklich. Weil sie da sind. Weil sie zufrieden sind. Weil sie geliebt werden und lieben können.

Lüge Nr. 2: „Wenn ich Gutes tue, ist alles in Ordnung."
Unternehmer treten gerne als Wohltäter auf. Das ist an sich etwas Gutes. Wenn die Wohltätigkeit jedoch mehr vom Suchen nach öffentlicher Anerkennung denn durch Opferleistung geprägt ist, schwindet die beglückende Stimmung schnell. Gutes tun zeigt sich durch Teilen mit anderen, nicht durch Befriedigung der eigenen Wünsche und Sehnsüchte. Bei richtigen Motiven ist diese Befriedigung allerdings garantiert.

Lüge Nr. 3: „Ich entspreche den Erwartungen der anderen."
Den Erwartungen anderer entsprechen zu wollen kann auch eine Abhängigkeit sein. Als Unternehmer bin ich oft herausgefordert, Erwartungen anderer nicht zu erfüllen, weil diese falsch oder schädlich sind. Oder weil sie nicht meiner Aufgabe entsprechen. Oder weil es nicht der richtige Zeitpunkt ist. Der Unternehmer muss Ja sagen, wenn es Zeit ist dafür. Und Nein, wenn es dafür Zeit ist. Wir nennen dies Durchsetzungskraft.

Das sind drei Beispiele von Lebenslügen. Es gibt natürlich viel mehr davon. Wie können wir unterscheiden zwischen Wahrheit und Lüge, zwischen Fakten und Wunschdenken, zwischen Ist und Soll, zwischen nötig und wünschenswert, zwischen wichtig und dringend, zwischen mein und dein? Wir brauchen dafür Charakter, Informationen und Instrumente. Der Charakter wacht über die ethische Dimension von Entscheidungen. Die Informationen müssen beschafft und gefiltert werden. Instrumente brauchen wir, um aus der Fülle von Informationen brauchbare Entscheidungen zu treffen.

Zeit und Pläne

Kommen wir zum Thema *Zeit*. Für welchen Zeitraum wollen wir in unserem Unternehmen planen? Die Zeit der *Fünf- oder Zehnjahrespläne* ist – mindestens in westlichen Wirtschaftssystemen – endgültig vorbei. Der Lebensrhythmus hat sich in der Zeit der Globalisierung enorm erhöht. Jeder Plan wird durch viele unvorhersehbare Ereignisse beeinflusst. Umso mehr benötigen wir heute Orientierungshilfen in der Planung. Es sind nicht mehr die fixen Pläne des letzten Jahrhunderts. Wir brauchen heute einen *Fixstern* und ein flexibles System von Plänen. Der Fixstern bleibt immer unverändert. Die Pläne passen sich jedoch laufend den neuen Gegebenheiten an.

Auch das habe ich beim *Bergsteigen* gelernt: Hat man sich einmal für einen Berggipfel entschieden, wechselt man das Ziel in der Regel nicht mehr. Es gibt aber immer verschiedene Wege zum Gipfel. Je nach Wetter oder Fitness oder Lust wählt man einen anderen.

Steuerungsinstrumente: das Firmencockpit

Ein Unternehmer braucht gute *Instrumente zur Steuerung seiner Firma.* Wie ein Flugzeugpilot muss er die wichtigsten Einflussfaktoren für eine gute Reise dauernd vor Augen haben und im Notfall reagieren können. Es sind nicht sehr viele Faktoren, nur die wichtigsten. Beim Piloten eines Großraumflugzeugs sind es die gleichen wie bei einer einmotorigen Privatmaschine: Geschwindigkeit, Höhe, Fluglage, Position, Treibstoffstand. Diese und andere Informationen hat der Pilot im Cockpit während des ganzen Fluges vor sich.

So ein *Cockpit* braucht auch der Unternehmer. Viele Unternehmer erhalten von ihrem internen oder externen Buchhalter Monate nach Jahresabschluss eine Menge von Zahlen und Statistiken. Die wenigsten davon werden gelesen. Noch **Das Cockpit** weniger werden sie verstanden. Und sie kommen zu **muss man selbst** spät. Sie sind nur noch nützlich für das Finanzamt. **entwickeln.** Das ist zwar auch wichtig, aber nicht die primäre Aufgabe des Unternehmers.

Die hilfreichsten Cockpits entwickeln Unternehmer selbst. Der Unternehmer weiß am besten, welche Indikatoren für seinen Erfolg am einflussreichsten sind. Oft reichen bereits:

1) Umsatz
In Geldwährung oder in Mengen (mit Budgetvergleich, Umsatz pro Monat und kumuliert seit Jahresanfang)

2) Liquidität
Kontostand (Wie kann ich meine Verbindlichkeiten erfüllen? – kurzfristig, mittelfristig, langfristig)

3) Marge
Erlös abzüglich direkte Kosten (mit Budgetvergleich, Ertragslage)

Wir können diese Informationen als Status für einen bestimmten Stichtag (Ende Monat) und als Entwicklung darstellen. Je nach Betriebsgröße und Komplexität des Unternehmens lassen sich diese Indikatoren natürlich ausweiten in professionelle Systeme. Die von Robert S. Kaplan und David P. Norten entwickelte *Balanced Scorecard* (vgl. Kap. 12, S. 194 ff.) strukturiert das Unternehmen in fünf Bereiche:

1. *Vision und Strategie*
   Was wollen wir und wie wollen wir es erreichen?

2. *Kunden und Produkte*
   Wie wollen wir unseren Kunden gegenüber mit Produkten und Dienstleistungen erscheinen?

3. *Prozesse/Arbeitsabläufe*
   Welche Arbeitsabläufe (Prozesse) benötigen wir, um die Erwartungen von Kunden und Kapitalgebern zu erfüllen?

4. *Mitarbeiter/Know-how*
   Welche Teams und Fähigkeiten benötigen wir, um die Geschäftsstrategien umzusetzen?

5. *Finanzen*
   Wie wollen wir gegenüber unseren Kapitalgebern (Aktionäre, Banken, Investoren) erscheinen?

Für diese Bereiche können Ziele und Messgrößen definiert werden. In einem Cockpit werden sie dargestellt und überwacht. So dient die *Balanced Scorecard* als differenziertes Steuerungssystem.

Wozu brauchen wir ein Steuerungssystem? Brauchen wir es überhaupt? Eine Teilnehmerin an einem Zeitmanagement-Seminar brachte mich einst in arge Bedrängnis. Mit einem charmanten Lächeln auf den Lippen fragte sie mich: „Braucht der Mensch wirklich Ziele?" Diese Frage birgt Sprengstoff. Tatsächlich besteht die Gefahr, dass wir Pläne machen und Ziele formulieren. Wir wissen aber nicht, was morgen kommt. Eine wirtschaftliche Krise oder eine plötzliche Erkrankung können unsere Pläne im Nu zunichtemachen. Es gibt Ereignisse, die wir nicht planen und beeinflussen können. Wir dürfen sie nicht ignorieren. Einige werden mit großer Wahrscheinlichkeit eintreten. Und dennoch müssen wir planen und Ziele setzen. Die Pläne sollen aber flexibel sein in besonderen Situationen. Und das Steuerungssystem soll uns schnell gefährliche Veränderungen anzeigen. Mit einem Steuerungssystem setzen wir auch bewusste Grenzen zwischen einem gesunden Ehrgeiz und der tötenden Gier. Wir definieren und kontrollieren, was in unserem Unternehmen erwünscht und nicht erwünscht, erlaubt und nicht erlaubt sein soll.

> **Mit großer Wahrscheinlichkeit werden Ereignisse eintreten, die wir nicht planen und beeinflussen können.**

Dann ist da auch noch das *Cockpit für das private Leben* des Unternehmers. Oder gehören Sie zu den vielen Unternehmern, die gar kein Privatleben haben? Ist für Sie die Firma das Ein und Alles? Dann leben Sie am Leben vorbei. Oder Sie sind auf der Flucht. Wenn Sie am Leben vorbeileben, sollten Sie anhalten. Und wenn Sie auf der Flucht sind, sollten Sie innehalten.

Ich liebe die Geschichte jenes Mädchens, das sich zum Geburtstag ein Pferd wünschte. Der Wunsch wurde ihm erfüllt mit einem schönen Schaukelpferd aus echtem Holz. Glücklich war das Kind damit nicht, worauf der Vater fragte: „Woraus soll es denn bestehen, wenn nicht aus Holz?" „Aus Pferd", antwortete das Mädchen. Sie hat schon recht. Ein richtiges Pferd besteht aus Pferd. Genauso ist es mit dem richtigen Leben. Es besteht aus Leben. Nicht aus Geschäft. Nicht aus Zahlen. Nicht aus Märken. Nicht aus Produkten. Ganz einfach aus Leben.

Es gibt Leute, die füllen ihr Leben mit Jahren. Und andere, die füllen ihre Jahre mit Leben. Das ist ein Unterschied. Ein entscheidender. Menschen, die sich darüber keine Gedanken machen, haben sich schon für die erste Variante entschieden. Wenn wir

Jahre mit Leben füllen wollen, müssen wir uns ein paar Gedanken machen. Zum Beispiel: „Was ist Leben?", „Was soll denn dereinst auf meinem Grabstein stehen?", „Wer soll in meinem Leben eine Rolle spielen?", „Wo liegen meine Prioritäten?", „Wovor bin ich auf der Flucht?", „Wem muss ich etwas beweisen?", „Warum muss ich etwas verbergen?", „Was unternehme ich, um meinem Leben eine entscheidende Wende zu geben?".

Mit solchen Fragen entwickeln wir unser ganz persönliches Cockpit für unser Leben. Von nichts kommt nichts. Aus kleinen Gedanken wachsen große Veränderungen.

Auch das habe ich beim Bergsteigen gelernt: In bestimmten Situationen wird fast alles unwichtig. Das Ansehen. Der Wohlstand. Der Erfolg. Die Schönheit der Natur. Da zählt nur noch eines: das Leben.

Fassen wir zusammen:
1. Ich lasse nicht zu, dass Geld, Status oder Machtgier mein Leben und meinen Wert bestimmen.
2. Ich verpflichte mich zu Transparenz.
3. Ich pflege ein Unternehmens-Cockpit, das mir erlaubt, Kursabweichungen frühzeitig zu erkennen und darauf reagieren zu können.
4. Ich will mein Leben mit Leben füllen.

Die Anwendung des zehnten Gebots, „Du sollst nicht begehren deines Nächsten Hab und Gut", im Geschäftsleben:
1. Ich wache darüber, dass Genügsamkeit und Bescheidenheit hohe Werte in meinem Geschäftsleben darstellen.
2. Ich umgebe mich mit bescheidenen und ehrlichen Menschen, die mich in gefährlichen Situationen ermahnen und korrigieren.

11. Kapitel

10 Fallbeispiele

1. Zbären: neue Strategie wegen zu dünner Gewinnmarge

Branche: exklusiver Küchenbau
www.zbaeren.ch

Geschäftsmodell

Die Brüder Hans und Erich Zbären führten während zwanzig Jahren einen erfolgreichen Familienbetrieb. Mit zwölf Mitarbeitern stellten Sie in einem Schweizer Bergtal Küchen- und Inneneinrichtungen für den lokalen Markt her. Dann kam das Problem: Neu auf dem Markt auftretende Konkurrenten mit hochmoderner Serienproduktion drückten die Preise und zwangen die Zbärens zu einer grundsätzlichen Strategieänderung. Sie nahmen diese Probleme als Chancen wahr und verlagerten ihr Angebot innerhalb von wenigen Jahren in das absolute Luxussegment. Ihre Hauptkunden sind nun sehr wohlhabende Privatleute mit höchsten Ansprüchen an die Qualität der Produkte und der Geschäftspartner. Die Firma Zbären stattet die Villen, Luxus- und Ferienwohnungen ihrer Kunden überall auf der Welt mit Küchen aus. Wegen ihrer Größe, ihres Designs und ihrer luxuriösen Ausstattung können diese das Zwanzigfache einer durchschnittlichen Küche kosten. Zbären hat sich weltweit einen Namen **für Küchen im Luxussegment** gemacht.

Besondere Merkmale

Die Gebrüder Zbären sind gut ausgebildete Schreinermeister und Unternehmer, die ihre persönliche Beziehung zu Gott in ihrem ganzen Leben – auch im Geschäft – selbstverständlich und konkret einfließen lassen. Ihnen ist es ein Anliegen, in ihrer Arbeit die Führung und den Segen Gottes praktisch zu erleben und diesen Segen mit anderen zu teilen. Ihre Entscheidungen basieren auf Verstand, Respekt und dem Fragen nach dem Willen Gottes. Dank dieser Grundhaltung sind sie in der Lage, Probleme und Konflikte trotz extrem unterschiedlicher Persönlichkeitsstruktur konstruktiv zu lösen und für kreative Zwecke frei zu sein. Das Ergebnis sind außerordentlich innovative Lösungen, höchste Qualität und Harmonie.

Besondere Aktivitäten

Die angespannte Marktlage hat die Zbärens zu unkonventionellen und radikalen Maßnahmen gezwungen. Sie haben die Probleme als Herausforderungen betrachtet und systematisch nach Lösungen gesucht. Am Anfang hat eine professionelle Betriebsanalyse Klarheit über die Problematik der Situation gebracht. Sodann wurde diese Situation im Gebet vor Gott getragen. So haben es die Zbärens aus der Bibel gelernt und seit ihrer Kindheit in etlichen Problemsituationen geübt. Sollte Gott nicht auch hier helfen können? Die Zbärens waren sich ihrer eigenen Grenzen wohl bewusst. Gott hat geholfen. Er hat den Zbärens gegeben, worum sie gebetet haben: Ideen, Mut und offene Türen. Die Idee, in der nahe gelegenen Urlaubsregion Gstaad Küchen für sehr wohlhabende Feriengäste zu entwickeln, war eines; diese teuren Produkte an den Mann zu bringen, war nochmals etwas anderes. Und beides hat funktioniert. Erich Zbären setzt seine Kreativität, seine Ausstrahlung, sein Gespür für Design und seine Kommunikationsfähigkeit dazu ein, Kunden zu finden, zu begeistern und zum Kauf zu bewegen. Sein Bruder Hans Zbären setzt seine Fachkenntnisse und sein Organisationstalent ein, um die komplexen Ideen in perfekte Produkte umzusetzen und diese mit seinem Team in vornehmen Häusern in London, New York und auf den Bahamas zu montieren. Das sehr beschränkte Werbebudget hätte es den Zbärens nicht erlaubt, eine weltweite Werbekampagne für Luxusgüter zu lancieren. Ihr unbegrenzter Ideenreichtum hat ihnen aber die Türen zu den wohlhabenden internationalen Kunden geöffnet – während deren Ferien in Zbärens Nachbardorf.

Erkenntnisse/Lessons learned

1. *Probleme können Grundsteine für Quantensprünge in der Unternehmensentwicklung sein, sofern sie als Chancen betrachtet werden.*
2. *Professionelle Analysen sind notwendig, um den Handlungsbedarf zu erkennen und den nötigen Handlungsdruck aufzubauen.*
3. *Gott in kleine und große Entscheidungen einzubeziehen schützt vor Überforderung und setzt ungeahnte Potenziale frei.*
4. *Etwas Mut lohnt sich immer. Verlieren kann man nur das, was man hat. Gewinnen kann man unbegrenzt.*

2. Autoworld: vom Hinterhof zum Top-Standort

Branche: Autohandel und Service
www.autoworld.ro

Geschäftsmodell

Die Firma Autoworld hat ihren Sitz in Cluj, mitten im rumänischen Siebenbürgen. Hier hat Ioan Mezei nach der politischen Wende im Jahr 1990 eine winzige Autoreparaturwerkstätte zum führenden Audi- und VW-Geschäft entwickelt. Fast zweihundert Mitarbeiter verkaufen und unterhalten Autos. Mit zwei modernen Show-Räumen, getrennt für Audi und VW, präsentiert sich Autoworld an zwei strategisch bedeutenden Standorten der Stadt Cluj.

Besondere Merkmale

1. Vom einfachen Automechaniker zum Automanager
Ioan Mezei wurde nicht als Manager geboren. Mit viel Fleiß und Faszination für die Autotechnik lag er in seinem Hinterhof jahrelang unter den Autos aller Marken, oder er beugte sich über die Motoren, um sie zu reparieren. In einem Seminar der Organisation ROMCOM, die sich nach der politischen Wende in Rumänien für Kleinunternehmer einsetzte, erkannte er seine Potenziale und in ihm wuchs der Wunsch nach einem Quantensprung in seiner Firma. Und der kam postwendend. Ein Freund im gleichen Seminar vermittelte ihm den Kontakt zu VW, die ihm eine Vertretung anboten. So kam das Rad in Schwung. Mezeis Werkstatt wurde nach modernstem Standard ausgerüstet, und neben der Reparatur und dem Service kam nun der Verkauf von Neuwagen ins Programm. Und so begann eine lange dauernde Erfolgsgeschichte.

2. Das Risiko der Großinvestitionen
Ioan Mezei musste lernen, viel Fremdkapital in den Bau von modernen Gebäuden mit Service-Anlagen und Schauräumen und in den Ankauf von Neuwagen zu investieren. Das war anfangs für Mezei ungewohnt und beängstigend. Schnell musste er lernen, mit großen Geldbeträgen umzugehen und Risiken einzuschätzen.

3. Mit Marktschwankungen leben
Den Jahre dauernden Umsatzwachstums folgten auch Zeiten des Rückgangs. Nur dank den früher gebildeten Reserven war das Überleben möglich. Die bis auf 173 wachsende Mitarbeiterzahl war sein Kapital, bildete aber auch einen großen Fixkostenblock. Ein klares Finanzmanagement war erforderlich.

4. Eine frühe Nachfolgeregelung
Die Nachfolgeregelung war für Ioan Mezei früh ein Thema. Er sorgte dafür, dass seine Söhne eine gute technische oder kaufmännische Ausbildung erhielten, und setzte sie früh an verantwortungsvolle Stellen im Betrieb. Später übertrug er ihnen sogar die Hauptleitung der Firma und diente ihnen (und dient immer noch) im Hintergrund mit seinem großen Erfahrungsschatz.

Besondere Aktivitäten

1. Seriöse Leistungen bei Service-Arbeiten schaffen Vertrauen
  bei Kunden
Ioan Mezei hat klein angefangen, aber seriös. Seine Kunden waren mit seinen mechanischen Arbeiten mehr als zufrieden. Das schaffte viel Vertrauen und spätere Kunden.

2. Die Wahl der richtigen Marken
Die Wahl von VW und später zusätzlich AUDI waren für Me-

zei Glücksfälle. Diese deutschen Marken waren bei den rumänischen Konsumenten höchst beliebt. Deutsche Qualität und weltbekannte Marken vermittelten dem Kunden Sicherheit und Status.

3. Visuelle Präsenz und Größe
VW und AUDI machten in den Händlerverträgen viele Vorgaben. Dazu gehörte der Bau von zwei unabhängigen Werkstätten und Schauräumen an strategisch wichtigen Orten der Stadt. Dies hat Mezei viel gekostet. Er hat dabei aber eine optimale visuelle Präsenz gewonnen und damit viele neue Kunden.

4. Risiken
Mit zunehmendem Wachstum der Firma wuchsen auch die notwendigen Investitionen. Das ging nicht ohne Fremdkapital. Der Erfolg war nie im Voraus garantiert. Das war unternehmerisches Risiko.

5. Einbezug der Familie
Autoworld war und ist ein Familienunternehmen. Seit den Anfängen kümmerte sich seine Frau Elisabeta um die Finanzen. Die Söhne und Adoptivsöhne erlernten automechanische beziehungsweise betriebswirtschaftliche Berufe und waren so gerüstet für eine praktische Mitarbeit im Betrieb.

Erkenntnisse/Lessons learned

1. Seriöse Arbeit zahlt sich aus.
Geldverdienen darf nicht das oberste Ziel der Firma sein. Viel wichtiger sind zufriedene und wiederkehrende Kunden. Dies erfordert seriöse Arbeit und eine herausragende persönliche Kundenbeziehung.

2. Vision und Risiko gehören dazu.
Es lohnt sich, einen vorhandenen Status infrage zu stellen und neue Potenziale zu entdecken. Schritte ins Neue und Unbekannte zu machen bedeutet immer Risiko. Was spricht dagegen?

3. Die Person im Rücken ist entscheidend.
Zum herausragenden Erfolg braucht es die Pflege der Details, was häufig im Hintergrund erledigt wird.

4. Was der erfolgreiche Geschäftsmann sagt, wird gehört.
Als unbekannter Automechaniker hatte Mezeis Wort in der Öffentlichkeit kein großes Gewicht. Als erfolgreicher Unternehmer wird er wahr- und ernst genommen.

3. Arnos: aus Arbeitslosigkeit zum Unternehmer

Branche: Teigwarenfabrikation
www.arnos.ro

Geschäftsmodell

Die Firma Arnos wurde 1992 als Familienbetrieb gegründet und ist zum viertgrößten Produzenten von Teigwaren in Rumänien gewachsen. Mit gut hundert Mitarbeitenden stellt sie Frischeierteigwaren und Suppeneinlagen her und vertreibt diese in Siebenbürgen über lokale Händler und Warenhäuser. Um den Quantensprung unter die drei größten rumänischen Produzenten zu schaffen, wurde Arnos an einen Investor verkauft.

Besondere Merkmale

Die Arnos-Firmengeschichte begann 1992. Die wirtschaftliche Situation nach der politischen Wende war sehr schwierig. Die Kaufkraft der Rumänen war schwach. Viele Stellen in staatlichen Betrieben wurden gestrichen. So standen auch die Brüder Arpad (Elektroingenieur) und John (Taxifahrer) Gere vor einer unsicheren Zukunft. Sie beschlossen, die finanzielle Not ihrer Familien durch den Start einer privaten Firma zu beheben. Zu dieser Zeit gehörte Suppe zu den Hauptnahrungsmitteln in Siebenbürgen. Und daraus entstand die Geschäftsidee: Suppeneinlagen aus Teigwaren.

Genau zu dieser Zeit startete die schweizerische Christliche Ostmission das Programm ROMCOM zur Förderung von kleinen und mittleren Firmen in Rumänien mit Krediten, Schulungen und Beratungen. Die Brüder Gere haben davon profitiert und ihr Geschäftsmodell professionell entwickelt. Mit einer ersten Investition konnten sie in einer kleinen Hütte im Hinterhof täglich bis zu 150 kg Teigwaren produzieren. Damit konnten sie genügend Einnahmen generieren, um die Familien zu ernähren und für weitere Investitionen zu sparen. In den Seminaren lernten sie in der Zwischenzeit die Methoden des professionellen Marketings kennen. Schrittweise wurden Produktion und Marktbearbeitung ausgebaut bis zum ISO-zertifizierten Betrieb nach westeuropäischen Standards mit einer Produktionskapazität von 500 Tonnen pro Monat.

Besondere Aktivitäten

Arnos hat beim Firmenstart absolutes Neuland betreten: Es waren weder Kenntnisse der Teigwarenproduktion noch der Betriebswirtschaft vorhanden. Vorhanden war nur eine große Not mit Arbeitslosigkeit, niedriger Kaufkraft und unsicherer Zukunft. Daraus entstand die Vision, Neuland zu betreten, etwas Ungewohntes zu wagen. Und das waren die konkreten Schritte:

1. Erkennen des Bedarfs nach Suppeneinlagen aus Teigwaren
Die Idee ist so einfach. Aber jemand musste sie erkennen und aufnehmen.

2. Aneignen des notwendigen Wissens für die Herstellung von Teigwaren
Internet war zu jener Zeit noch kein Thema. So mussten sich die Gere-Brüder aus Büchern und mit Nachfragen bei ausländischen Produzenten das nötige Wissen holen.

3. Aneignen des betriebswirtschaftlichen Grundlagenwissens für die Gründung und Führung einer Firma
Dieses wurde den Gere-Brüdern durch das ROMCOM-Programm der Christlichen Ostmission im Sinne einer Entwicklungshilfe zur Verfügung gestellt.

4. Finanzierung der Produktionsmaschinen und des Verbrauchs- materials
Zu jener Zeit war es in Rumänien für kleine Firmen nicht mög- lich, von Banken einen Kredit zu erhalten. Deshalb ist hier die Christliche Ostmission durch ROMCOM mit einem Kreditpro- gramm eingesprungen.

5. Einbezug und Ausbildung aller Familienmitglieder und exter- ner Mitarbeiter für die Produktion
Um Gehaltskosten zu sparen, mussten alle Familienmitglieder in der Produktion mitarbeiten. Diese gemeinsame Arbeit brachte nicht nur finanzielle Frucht, sondern formte auch den speziel- len Geist eines Familienunternehmens. Die Qualität der Produkte musste von Anfang an überzeugen und sich von den Mitbewer- bern unterscheiden.

6. Aufbau eines Vertriebsnetzes
Das war Aufgabe der Firmenchefs. Durch persönliche Kontakte zu Händlern konnten diese von den Arnos-Teigwaren überzeugt

werden. Zufriedene Endkunden haben sich danach direkt bei Arnos für Nachlieferungen gemeldet.

7. Umgang mit schnellem Firmenwachstum
Die schnell wachsende Nachfrage nach Arnos-Produkten verlangte mehrfachen Ausbau der Produktionsflächen und -anlagen. Die wachsende Zahl der Mitarbeiter verlangte nach professionellen Führungsinstrumenten. Der reifende Markt verlangte nach modernerer Präsentation der Produkte. Die Zunahme der finanziellen Risiken verlangte nach einem professionellen Finanzmanagement.

Erkenntnisse/Lessons learned

1. *Eine Krise birgt große Chancen in sich, wenn diese erkannt und genutzt werden.*
2. *Zum Erkennen von Marktchancen braucht es offene Augen und Ohren.*
3. *Probleme nicht aussitzen, sondern nach Überlegung sofort angehen.*
4. *Aufbau eines Familienbetriebes verlangt auch Aufbau und Pflege der persönlichen Beziehungen in der Familie.*
5. *Ein schnelles Firmenwachstum verlangt von allen Beteiligten viel Anpassungsfähigkeit.*
6. *Wenn die Zeit reif ist, muss man auch loslassen können.*

4. ROMCOM: Steigbügelhalter für andere

Branche: KMU-Förderung durch Kredite, Schulung und Beratung
www.romcom.ro

Geschäftsmodell

Die Organisation ROMCOM im rumänischen Oradea ist entstanden aus dem Projekt der Christlichen Ostmission zur Förderung von kleinen und mittleren Firmen in Rumänien. Aus diesem Dreisäulenprogramm mit einer Kredit-, einer Bildungs- und einer Beratungslinie ist nach zwanzig Jahren eine professionelle Unternehmensgruppe entstanden:

- Die Stiftung ROMCOM ist die Mutterorganisation und verwaltet die profit- und non-profitorientierten Tochterorganisationen.
- Die ROMCOM MFI AG ist eine staatlich anerkannte Mikrofinanzierungsorganisation, die den Unternehmern Kredite zur Verfügung stellt.
- Die ROMCOM Invest GmbH ist eine Beratungsfirma, die den Kunden hilft, Geschäftspläne zu erstellen und Zugang zu Krediten von internationalen Kreditprogrammen zu erhalten.
- Die ROMCOM Training GmbH bietet Seminare zur Unternehmensführung an.
- Die Stiftung COMUNIA ist der soziale Arm von ROMCOM für die Armutsbekämpfung in Rumänien und im Ausland.

Besondere Merkmale

1. ROMCOM ist entstanden aus der Armutssituation nach der politischen Wende Rumäniens.
Georges Dubi, der damalige Projektleiter der Christlichen Ost-

mission, hat die Not in Rumänien nach der politischen Wende erkannt und als Chance den Aufbau von kleinen und mittleren Firmen gesehen. Er knüpfte sodann Kontakte zu Partnern mit den notwendigen Kompetenzen und startete das ROMCOM-Programm.

2. ROMCOM wurde mit humanitären Zielen gegründet.
Am Anfang des ROMCOM-Programms stand der Hilfsgedanke, mit viel Geduld und Verständnis bei Rückzahlungsproblemen der Kunden. Als ROMCOM erkannte, dass ihre Partner auf dem Markt gegenüber Konkurrenten professionell auftreten müssen, förderte sie die Partner entsprechend. Die Firmeninhaber mussten lernen, sich auf dem Markt so zu verhalten, dass sie ihre finanziellen Verpflichtungen vollumfänglich nachkommen konnten.

3. ROMCOM ist zu einer professionellen Gruppe gewachsen.
Nicht nur den ROMCOM-Kunden wurde gewinnorientiertes Arbeiten beigebracht, auch ROMCOM selbst musste lernen, sich so zu verhalten, ohne dabei ihren sozialen Auftrag zu verlieren. So konnte ROMCOM unabhängig von westlichen Spendern werden.

4. Das ROMCOM-Modell wird auf verschiedene Länder ausgeweitet.
Nach gleichem Muster wurden in der Zwischenzeit ähnliche Programme in Kirgistan, Moldawien, Albanien und Vietnam gestartet.

Besondere Aktivitäten

1. Auswahl von fähigen und willigen lokalen Partnern
Die Wahl der richtigen Partner ist entscheidend. Zum Erfolg braucht es Investitionen an Zeit und Geld. Unfähige Partner machen alles zunichte, fähige jedoch multiplizieren Konzept und Erfolg.

2. Ausbildung in betriebswirtschaftlichen Grundlagen
Das Motto lautet: „So wenig Theorie wie möglich, so viel Theorie wie nötig." Das Wichtigste aus der Betriebswirtschaft muss aber erkannt und in die Praxis umgesetzt werden.

3. Begleitung bei der Umsetzung der Businesspläne in die Praxis
Bei Bedarf unterstützen professionelle Berater die Unternehmer.

4. Lehrstuhl an der Emanuel Universität
Am „Mario Bruehlmann chair for economical development and poverty eradication" können Management-Studenten von den ROMCOM-Erfahrungen profitieren. Sie erhalten Vorlesungen von erfahrenen KMU-Experten und arbeiten mit ROMCOM-Fallbeispielen. Zudem offeriert ROMCOM jährlich einigen Studenten aus ärmlichen Verhältnissen Stipendien, damit ihnen ein Studium überhaupt möglich ist.

5. Soziales Engagement
Über die Stiftung COMUNIA können die ROMCOM-Betriebe teilweise steuerbefreit soziale Projekte im In- und Ausland unterstützen. Und sie tun es auch. Einige Unternehmer stellen sogar ihre Zeit und ihre Erfahrung zur Verfügung, um Berufskollegen in anderen Ländern beim Firmenstart zu helfen.

Erkenntnisse/Lessons learned

1. Jemand muss die Not sehen und irgendwie anfangen.
Am Anfang braucht es nicht zu viele Konzepte, aber sehr viel Mitgefühl und Engagement.

2. Erfahrungen werden ausgewertet und Programme entsprechend weiterentwickelt.
Gute Resultate führten schnell zu weiteren Finanzquellen, so

auch zu der schweizerischen Regierung. Diese ihrerseits verlangte professionelles Projektmanagement mit klaren Zielen und
Zielkontrollen.

*3. Der Schritt von humanitärer Hilfe zur Hilfe zur Selbsthilfe
verlangt professionelle Arbeit.*

4. Gut funktionierende Firmen werden zu Multiplikatoren.
Sie schaffen Arbeitsplätze. Sie geben Hoffnung und Perspektiven. Sie motivieren zur Nachahmung.

5. Adaconi: Handeln im Blut und Ethik im Herzen

Branche: Schreibwaren-Handel
www.adaconi.ro

Geschäftsmodell

Adaconi ist eine rumänische Schreibwaren-Handelsfirma mit 50
Mitarbeitern. Adaconi liefert hauptsächlich über ein landesweites Händlernetz an Geschäftskunden. Das Sortiment ist breit und
deckt alle Bedürfnisse nach Schreibwarenartikeln im Geschäft und
in Privathaushalten ab. Adaconi hat sehr früh den Bedarf an Com-
puterzubehör erkannt und bietet auf diesem Gebiet das umfas-
sendste Angebot in Rumänien. Die Artikel werden auf dem nationalen und weltweiten Markt eingekauft. Eine Haupteinkaufsquelle
ist die jährliche Schreibwarenmesse Paperworld in Frankfurt.

Besondere Merkmale

Der Gründer von Adaconi ist der Maschinenbauingenieur Mircea Neiconi. Das Handeln hatte er schon immer im Blut. So eröffnete er zusammen mit einem Freund sofort nach dem Universitätsabschluss ein Universal-Handelsgeschäft: Von Kaffee über Schuhe und Fernsehapparate bis zu Kaugummi boten sie alles an, was sie auf dem Markt einkaufen konnten. Mit Erfolg. Dieser wurde aber gestoppt, als die steigenden Zinsen und die hohe Inflation den gesamten Gewinn wegfraßen.

Mircea Neiconi hat daraus gelernt. Eine umfassende Marktabklärung hat ihm gezeigt, in welchen Branchen Geld zu verdienen ist. So hat er sich auf Schreibwarenartikel konzentriert. Der Grundstein für Adaconi war gelegt. Als Startkapital brachte er ein Auto in die Firma und sein Freund übernahm die Miete für die Geschäftsräume.

Besondere Aktivitäten

1. Kundenkontakte
An der Frankfurter Schreibwarenfachmesse Paperworld knüpfte Mircea Neiconi wichtige Kontakte und konnte bekannte Marken in sein Sortiment aufnehmen. Dank guter Verkaufsresultate bekam er später für bestimmte Marken sogar die Exklusivrechte für Rumänien.

2. Vertreternetz
Adaconi baute in Rumänien ein landesweites Vertreternetz auf und konnte so den Umsatz Jahr für Jahr stark erhöhen.

3. Rückzug auf strategisch wichtige Funktionen
Mircea Neiconi hat früh erkannt, dass er sich auf strategisch wichtige Funktionen zurückziehen musste. Um dies zu ermöglichen, musste er seine schnell wachsende Firma klar organisieren.

Alle Arbeitsabläufe wurden effizient gestaltet und beschrieben. Dies war eine große Hilfe bei der Personalrekrutierung, -auswahl und -einführung. Es erlaubte ihm zu delegieren und gab ihm Zeit für die Gesamtübersicht.

4. Führen mit dem Herzen

Mircea Neiconi führt seine Firma nicht nur mit dem Kopf. Seine obersten Geschäftsprinzipien führen zum Herzen: Integrität, Exzellenz und Respekt vor Menschen sind für ihn keine Werbefloskeln. Er lebt sie vor und verlangt auch von seinen Mitarbeitern, dass sie sich daran halten. Er hat schon große Geschäftsmöglichkeiten verloren, weil er nicht bereit war, korrupten Anfragen zu entsprechen. Im Nachhinein ist er aber sehr glücklich. Er hat erkannt, dass sein konsequentes Handeln zu einer klaren Kundenauswahl führt. Gerade diese Ehrlichkeit wurde für viele Adaconi-Kunden zum entscheidenden Kaufkriterium.

5. Markenorientierung

Adaconi arbeitet mit international bekannten Marken. Dies hilft beim schnellen Wachstum der Firma. Für die längerfristige Festigung von Adaconi wird zudem die eigene Marke „DACO" aufgebaut.

6. Aufstiegsmöglichkeiten für Mitarbeiter

Adaconi bietet seinen Mitarbeitern Möglichkeiten, mit der Firma zu wachsen. Einfache Mitarbeiter können sich in der gleichen Firma zu Führungskräften entwickeln.

Erkenntnisse/Lessons learned

1. Der erste Einstieg ins Geschäft darf auch mal spontan und ohne allzu viel Konzeptarbeit sein.

Hier geht es nicht ums große Geldverdienen, aber darum, wertvolle Erfahrungen im Geschäftsleben zu sammeln.

2. Wenn's ernst wird, lohnen sich gute Marktabklärungen und konkrete Ziele.

Auch ein einfacher Businessplan gehört dazu. Es kostet nicht viel, Pläne zu ändern. Es kann aber sehr viel kosten, falsche Entscheidungen später zu korrigieren.

3. Neben ökonomischen Zielen lohnt es sich, die für die Firma und deren Mitarbeiter wichtigsten Werte zu formulieren. Und danach zu leben.

4. Einprägsame Marken spielen im Marketing eine wichtige Rolle.

Der Aufbau einer eigenen Marke kostet viel Geld und braucht Zeit. Das heißt: Früh damit anfangen.

5. Eine schnell wachsende Firma braucht flexible Strukturen und Arbeitsabläufe, die mit der Firma wachsen.

Entscheidungswege müssen kurz und klar sein. Wichtige Informationen müssen in einem Unternehmens-Cockpit aufgezeigt werden.

6. Es lohnt sich, die Mitarbeiter und ihre persönliche Entwicklung in der Firma zu beobachten und zu unterstützen.

Fachlich und charakterlich wachsende Mitarbeiter mit großer Firmentreue sind unverzichtbar.

6. Brothers Mobil: ein Familienunternehmen, wie es im Buche steht

Branche: Möbelschreinerei

Geschäftsmodell

Samuel Elekes ist ein Familienmensch. Mit der Firma Brothers Mobil hat er in der rumänischen Stadt Zalau nach der politischen Wende aus dem Nichts ein blühendes Familienunternehmen aufgebaut. Heute trägt sein gleichnamiger Sohn die Managementverantwortung. Mit den rund vierzig Mitarbeitern stellt er Holzmöbel für den inländischen Markt und für den Export her.

Besondere Merkmale

Auf den ersten Blick trägt der Vater Samuel Elekes wenig Anzeichen eines erfolgreichen Unternehmers. Er investiert viel Energie in seine Familie mit vier Kindern und zwei Adoptivkindern. Und er strebt nach Harmonie. Er will niemanden verletzen und pflegt all seine Beziehungen intensiv und langfristig. Er denkt sozial und hat ein großes Herz für Menschen. In seinem Beruf als Schreiner arbeitet er ausgesprochen genau und zuverlässig. Geld verdienen ist für ihn nicht das Ziel, aber eine Notwendigkeit zur Schaffung einer besseren Zukunft. Eine bessere Zukunft – vor allem für seine Kinder – war denn auch entscheidend für den Start seiner eigenen Firma. Zuvor war er angestellt in einem Staatsbetrieb und stellte Möbel für die schwedische Firma Ikea her.

Die eigene Firma startete er mit drei Geschäftspartnern, die sich finanziell beteiligten. Dies ermöglichte den Kauf der notwendigen Maschinen und Gebäude. Die Firma kam schnell in Schwung. Nach wenigen Jahren wurde diese Partnerschaft aber zu einem Hindernis. Es war schwierig, gemeinsam innovative Wachstumsstrategien zu entwickeln. Zu verschieden waren die Interessen und Persönlichkeiten. So wurde diese Partnerschaft friedlich und im besten Einvernehmen aufgelöst. Umso mehr war nun die Familie gefragt, im Betrieb mitzuarbeiten. Der Grundstein für ein echtes Familienunternehmen war gelegt. Heute funktioniert der Betrieb bereits in zweiter Generation. Der Vater Samuel ist im Hintergrund und hilft, wo er gebraucht wird.

Besondere Aktivitäten

1. Eigenverantwortung wahrnehmen, statt auf Veränderungen zu warten

Nach der politischen Wende Rumäniens im Jahr 1990 stand das Land vor dem Nichts. Viele unrentable Staatsbetriebe mussten ihre Tore schließen. Die Arbeitslosenrate war hoch und die Kaufkraft der rumänischen Bevölkerung äußerst gering. Das waren schlechte Voraussetzungen für den Start einer neuen Firma. Das Risiko war hoch. Warten und nichts tun wäre aber gefährlicher gewesen. Das hat Samuel Elekes erkannt und nach Möglichkeiten gesucht. Er hat sie im Export gefunden. Westliche Firmen wie Ikea und Conforama waren interessiert, vom niedrigen rumänischen Lohnniveau und dem traditionsreichen rumänischen Fachwissen in der Holzverarbeitung zu profitieren.

2. Firmenstart mit Partnern

Das Geld für den Start einer kleinen Schreinerei beschaffte sich Elekes aus seinen Ersparnissen und von drei Freunden. Aufgrund seines hohen Ansehens im persönlichen Umfeld und in der Öffentlichkeit genoss er das nötige Vertrauen. Selbst die Trennung dieser Partnerschaft nach einigen Jahren verlief schmerzlos. Warum? Allen wurde klar, dass die Entscheidungsprozesse zu kompliziert waren und ein Wachstum der Firma verhindert hätten. Nun war die Zeit gekommen, Erweiterungsinvestitionen mit

Fremdkapital von ROMCOM und Banken zu finanzieren. Entsprechend mussten die finanziellen Führungsinstrumente professionalisiert werden.

3. Wandlung zum Familienbetrieb
Ein Familienbetrieb entsteht nicht durch einen Managemententscheid. Für diese Entscheidung braucht es die ganze Familie. So geschah es bei Brothers Mobil. In einer Familienkonferenz mussten und durften alle mitdiskutieren, ob und in welcher Form sie einen Beitrag zum gemeinsamen Unternehmen leisten können und wollen. Danach wurden Aufgaben zugeteilt und Verantwortung übernommen. Tag für Tag wuchsen die Familienmitglieder in ihre unternehmerischen Rollen. Der Sohn Samuel bildete sich zudem zum Holzfachingenieur aus und wurde später zum Leiter der Firma. Und der Vater Samuel Elekes musste und durfte sich Schritt für Schritt zum Berater und Unterstützer entwickeln. Er musste lernen, Aufgaben, Kompetenzen und Verantwortung loszulassen und zu delegieren. Es funktioniert.

4. Qualität und Sortiment als Marketinginstrumente
Die wichtigsten Marketinginstrumente in der Firma Brothers Mobil waren von Anfang an die Qualität und das richtige Sortiment. Nur mit einer hohen und konstanten Qualität der Produkte und Arbeitsabläufe konnten westliche Kunden für eine langfristige Zusammenarbeit gewonnen werden. Hohe und konstante Qualität kommt nicht von allein. Das haben die Elekes schnell gemerkt. So mussten sie viel Zeit und Energie in die systematische Ausbildung ihrer Mitarbeiter investieren. Dabei war das Wichtigste das Prägen der Mentalität. Alle Mitarbeiter mussten zunächst einmal Qualität und Qualitätsabweichungen erkennen können. Und dann mussten sie willig und fähig werden, konstante Qualität zu produzieren. Das war ein langer, mühsamer Weg. Er hat sich gelohnt. Für Elekes und jeden einzelnen Mitarbeiter.

5. *Vorsichtige und mutige Finanzierung des Fortschritts*

Jeder Wachstumsschritt einer Firma braucht Kapital. Meistens steigt der Kapitalbedarf in jeder Phase. So war es auch bei Brothers Mobil. Als Pionier ist der Vater Elekes ziemlich risikofreudig. Der Sohn Elekes hingegen hat als Ingenieur gelernt, alle möglichen Gefahren zu berücksichtigen und bei Entscheiden sehr vorsichtig vorzugehen. Dies birgt die Gefahr, nötige Entscheidungen zu lange hinauszuzögern. Die gemeinsamen Gespräche zwischen Vater und Sohn helfen hier, ein gutes Gleichgewicht zu finden. Der Sohn arbeitet mit professionellen Entscheidungsmethoden, der Vater mit Bauchgefühl und Erfahrung. So entstehen gute Entscheidungen innerhalb eines angemessenen Zeitrahmens.

6. *Verantwortungsvolles Handeln auch in Krisen*

Bei Brothers Mobil ging's nicht immer nur aufwärts. Besonders die großen Devisenkursschwankungen und die Wirtschaftskrise haben das Unternehmen schwer getroffen. Auch die Firma Brothers Mobil kam nicht darum herum, Mitarbeiter zu entlassen. Allerdings hat die Firma ihnen – ohne Druck von Gewerkschaften oder Gesetzen – Sozialpläne angeboten oder geholfen, andernorts eine Stelle zu finden. Die persönlichen Beziehungen blieben auch nach einer Trennung intakt.

Und Elekes hat in der Krise neue Unternehmensstrategien entwickelt. Der Kursanstieg des rumänischen Lei hat die Exporte verteuert. Der Export brach zeitweise dramatisch ein. Schnell verlagerte Elekes seine Produktion auf preisgünstige Produkte mit ansprechender Qualität für den rumänischen Markt. Jetzt steht die Firma auf gesunden Beinen und kann Krisen besser widerstehen.

7. *Den Nachfolger aufbauen und unterstützen*

Der Vater Elekes hat seine Firma nie nur als Geschäft betrachtet. Brothers Mobil ist für ihn einerseits die Existenzsicherung seiner Familie und andererseits eine soziale Einheit, in der sich die einzelnen Familienmitglieder und Mitarbeiter entfalten und entwickeln können. Elekes sieht nicht nur die Produkte, die Arbeit und das Geld. Er sieht auch die Freude am Handwerk und an den gestalterischen Möglichkeiten und die daraus entstehende Zufriedenheit. Er lässt seine Familienmitglieder und Mitarbeiter mit der Arbeit wachsen. Für ihn selbst bedeutet dies, in den Hintergrund zu treten, von einer ruhigen Perspektive aus zu beobachten und gegebenenfalls unterstützend einzugreifen. Auch das macht Freude.

Erkenntnisse/Lessons learned

1. Auch unspektakuläre Menschen können erfolgreiche Unternehmer werden.
Zum Unternehmersein braucht es nicht viel Lärm, auch wenn das viele moderne Manager meinen. Was es wirklich braucht, ist Substanz: Eigeninitiative, schöpferische Fantasie, Durchhaltewillen und Verantwortungsbewusstsein.

2. Zum Sieg braucht es nicht immer Kampf.
Kampf kostet viel Kraft. Meistens ist es reine Verschwendung. Am Schluss verlieren alle Beteiligten. Zum unternehmerischen Sieg braucht es Fleiß. Bei der Analyse der Situation, bei der Entwicklung von Strategien und bei deren Umsetzung. Immer wieder Fleiß.

3. Strategien wachsen mit dem Unternehmen.
Bei der Geburt eines neuen Unternehmens braucht es eine praktisch umsetzbare Grundstrategie. Die weiteren Strategien entwickeln sich meist – wenn wir die Zeichen richtig deuten – in und aus Krisensituationen. So werden Krisen tatsächlich zu Chancen.

4. Arbeit darf Freude machen.
Arbeit macht nicht automatisch allen Freude. Es ist auch eine Frage der Einstellung, der Organisation und der Bewertung.

Nimm es als Qual, und es ist eine Qual. Nimm es als Freude, und es ist Freude. Organisiere die Arbeit so, dass sie Freude macht. Und betrachte das Resultat, zum Beispiel einen fertigen Stuhl bei Brothers Mobil. Freue dich daran.

7. Carol Tech: sozialer Unternehmergeist im Dorf

Branche: Metallbau
www.caroltech.ro

Geschäftsmodell

Aus dem Nichts hat der gelernte Metallbauschlosser Karol Szöcs in einem entlegenen rumänischen Dorf eine Metallverarbeitungsfirma mit 15 Mitarbeitern aufgebaut. Sie stellen Metallwerkzeuge für die Lachsfischerei in der Nordsee und Metallmöbel für den Export nach Westeuropa her. Szöcs produziert und montiert die Produkte in mittelgroßen Serien im Auftrag und anhand von Konstruktionszeichnungen seiner Kunden.

Besondere Merkmale

Karol Szöcs hat seine Selbstständigkeit nicht geplant. Der Familienvater von fünf Kindern hat seine sichere Arbeitsstelle aufgegeben, weil er auf der Durchreise im kleinen Dorf Ghindari die Armut der Bewohner und die Notwendigkeit zur Schaffung von

Arbeitsplätzen gesehen hat. Wichtige Entscheidungen trifft Karol Szöcs immer aus dem Herzen. Er ist Gott dankbar für alles, was dieser ihm geschenkt hat und er will andere an diesem Segen teilhaben lassen. Deshalb hat er offene Augen für andere und offene Ohren für das Reden Gottes und eine offene Geldbörse für soziale Projekte.

Als Praktiker empfindet er administrative Arbeiten eher als mühsam. Seine Stärken sind die hohe Fachkompetenz als Handwerker und der natürliche Umgang mit Menschen. Seine herzliche Kontaktfreudigkeit und Sprachgewandtheit in Rumänisch, Ungarisch, Deutsch und Englisch öffnen ihm immer wieder neue Türen zu Geschäftspartnern und Kunden. Im Dorf hat er schnell gelernt, dass es nichts bringt, dort auf Kunden zu warten. Er musste die Kontakte pflegen und viel reisen.

Besondere Aktivitäten

1. Die Suche nach dem richtigen Geschäftsfeld
Lachsfischerei ist im Bärenland Rumänien kein Thema. Im Gespräch mit Freunden von den Färöerinseln hat er nicht nur Lachs gegessen. Er hat sich auch für die Fangmethoden interessiert und dabei entdeckt, dass es dazu eine große Menge komplizierte mechanische Werkzeuge braucht. Jetzt brauchte er seine Freunde und künftigen Geschäftspartner nur noch zu überzeugen, dass er diese in der gewünschten Qualität zu einem äußerst attraktiven Preis in Rumänien produzieren könnte.

2. Der Aufbau von effizienten Produktionsanlagen
Die Einzelfertigung eines Prototyps war für Karol Szöcs kein Problem. Die Serienfertigung in einer konstanten Qualität verlangte jedoch nach einer funktionellen Produktionshalle, einem modernen Maschinenpark und einer jederzeit funktionierenden Logistik. Konzeptionell hat Karol Szöcs von Anfang an großzügig gedacht, um den späteren Ausbau zu ermöglichen. In der

praktischen Umsetzung hat er schrittweise und vorsichtig investiert, um mit möglichst wenig Kapital einen großen Nutzen zu erzielen. So ist seine Firma mit den Aufträgen stetig gewachsen.

3. Die Entwicklung eines zuverlässigen Teams

Als Karol Szöcs im Dorf Ghindari ankam, hatte er eine hohe Arbeitslosigkeit angetroffen. Die wenigsten Stellenanwärter verfügten jedoch über eine Ausbildung in der Metallverarbeitung und schon gar nicht über Berufserfahrung. Also musste der Unternehmer die Ausbildung selber in die Hand nehmen. Dabei spielte die Auswahl der richtigen Mitarbeiter eine wichtige Rolle. Es mussten Leute sein mit einem ausgesprochenen Lernwillen, einem guten Charakter und der Bereitschaft, nach der Ausbildung für längere Zeit dem Unternehmen zu dienen. Dafür musste er gute Arbeitsbedingungen anbieten, wie im Winter geheizte Fabrikationsräume, funktionierende Werkzeuge und Maschinen, ansprechende Pauseneinrichtungen und eine regelmäßige und gute Entlohnung.

4. Die Vernetzung mit strategischen Partnern

Karol Szöcs stützt sich auf seine Stärken. Er ist sich aber auch seiner Schwächen bewusst. Aus diesem Grund umgibt er sich mit Leuten, die ihn in allen Unternehmensbereichen professionell und mit hoher Kompetenz beraten und unterstützen. Er ist bereit, ihre Kritiken und Ratschläge zu hören, zu prüfen und entsprechend zu handeln.

Erkenntnisse/Lessons learned

1. Man kann auch mit dem Herzen richtig entscheiden.

Der Gewinn soll nicht das primäre Ziel der Arbeit sein, sondern eine logische Folge davon. Man kann Marktchancen auch mit dem Herzen entdecken.

2. Dem Ruf Gottes zu folgen bringt Segen.
Nach dem Willen Gottes zu fragen heißt auch, ihn gehorsam aus-
zuführen. Dies ist oft mit vielen Hindernissen verbunden. Zweifel
kommen auf. Aber Durchhalten lohnt sich. Am Schluss bleibt der
Segen – für sich und zum Weitergeben.

3. Jede große Reise beginnt mit einem kleinen Schritt.
Oft ist es gut, wenn wir nicht wissen, welche Schwierigkeiten
auf uns zukommen. Wir wären entmutigt und würden zu früh
aufgeben. Kleine Schritte sind machbar und überfordern nicht.
Viele kleine Schritte führen zum Ziel. Anscheinend Unmögliches
wird möglich.

4. Ein bisschen Konzept und viel praktische Arbeit
Die richtige Mischung bringt's. Zu viel Konzepte und Theorie tö-
ten die Willenskraft im Frühstadium. So sterben viele gute Ideen.
Konzeptlosigkeit führt zum Chaos und hat einen hohen Preis.
Mit Köpfchen, Herz und wenigen, guten Papieren spart man viel
Geld.

8. Optimedia: keine unzufriedenen Kunden erlaubt

Branche: Fabrikation von PVC-Fenstern
www.optimedia.com.ro

Geschäftsmodell

Marius Pantis, der Gründer und Inhaber von Optimedia GmbH in Oradea (Rumänien) hat sehr hohe Ziele und Ansprüche. Er will zum Beispiel nie einen unzufriedenen Kunden in der Stadt haben. Dieses Ziel ist verpflichtend und definiert sein Firmenmodell.

Optimedia produziert mit 200 Mitarbeitern mit modernsten Anlagen PVC-Fenster von höchster Qualität. Mit einer zentralen Produktionsstätte in Oradea und 35 Schauräumen in strategisch wichtigen Städten bedient er ganz Rumänien. Seine computergesteuerte Produktion und eine straffe Logistik erlauben die Installation der Fenster spätestens drei Tage nach Produktionsende an jedem Ort in Rumänien.

Besondere Merkmale

1. Erste Schritte ins Geschäftsleben mit kleinen Firmen
Kurz nach Abschluss seines Studiums heiratete Marius Pantis. Für eine gemeinsame Wohnung fehlte ihm das Geld. Um dieses Problem zu lösen, startete er seine erste kleine Firma mit der Produktion und der Reparatur von Elektronikteilen. Mit diesem Unternehmen gewann er wertvolle Erfahrungen in der Produktion, Kalkulation und Vermarktung von Produkten. Die Gewinnmargen blieben aber klein und das große Geld blieb aus. So startete er seine zweite Firma mit dem Handel von Koaxialkabeln aus China.

2. Die Bedeutung der Erscheinung und des Marketings

Bis zu diesem Zeitpunkt hatte er keine Ahnung von Marketing. Bei seinem ersten Messeauftritt in Bukarest erschien er in Arbeitskleidung – ohne Krawatte und Geschäftskarten. Und er musste feststellen, dass er so von potenziellen Kunden nicht beachtet wurde. Schnell kaufte er sich seinen ersten Anzug und verpasste seiner Firma einen professionellen Auftritt. Und siehe da: Es wirkte. Er wurde mit interessanten Langfristverträgen eingedeckt und konnte bald sieben Mitarbeiter beschäftigen.

3. Den Markt für hochpreisige PVC-Fenster voraussehen

Den eigentlichen Durchbruch erlebte Marius Pantis mit seiner nächsten Firma. Seine ständige Marktbeobachtung hat ihm neue und hochinteressante Marktmöglichkeiten aufgezeigt: die Produktion von PVC-Fenstern. Das war der Start von Optimedia. Mit wenig Geld, aber wertvollen Erfahrungen in Produktion, Kostenmanagement und Marketing eröffnete er sein neues Geschäft mit einer kleinen Fabrikationsanlage, verbunden mit einem Präsentationsraum. So konnte er seinen Kunden seine Produkte und deren Entstehung demonstrieren und gewann so ihr Vertrauen.

4. Keine unzufriedenen Kunden

Zu seinen ersten und wichtigsten Marketinggrundsätzen gehörte die Forderung an sich und seine Mitarbeitenden: „Wir wollen nie einen unzufriedenen Kunden in unserer Stadt." So etwas ist schnell gesagt. Die Umsetzung in die Praxis ist viel schwieriger. Genau das hat Pantis geschafft. Mit seinem Vorbild und kontinuierlicher Ausbildung seiner Mitarbeiter setzte er diesen Grundsatz in die Tat um. Das Resultat: Seine zufriedenen Kunden wurden zu seinen wirkungsvollsten Werbeträgern. Sie brachten immer neue Kunden in sein Geschäft. Das Firmenwachstum war programmiert.

5. Von Salomo gelernt: Bitte um Weisheit

Marius Pantis wurde schnell erfolgreich. Mit dem Erfolg hat sein Charakter nicht gelitten. Das ist nicht selbstverständlich. Viele Geschäftsleute neigen mit zunehmendem Erfolg zu Arroganz und vergessen dabei ihre früheren ethischen Grundsätze. Nicht so Marius Pantis. Er war stets tief mit dem Wort Gottes verbunden und lernte dabei früh, sich von Gott in allen Situationen die nötige Weisheit zu erbitten. Und offensichtlich hat er sie auch bekommen.

Besondere Aktivitäten

1. Marktpräsenz im ganzen Land
Marius Pantis hat sich früh für eine flächendeckende Marktpräsenz in Rumänien entschieden. In allen strategisch wichtigen Städten eröffnete er insgesamt zehn eigene Verkaufspunkte mit Ausstellungsräumen und vergab 25 Lizenzen an Franchising-Partner. So konnte er seine Marke „Optimedia" wirkungsvoll und mit begrenztem finanziellen Aufwand im ganzen Land platzieren.

2. Saubere Organisation der Prozesse dank ISO 9001
Genauso professionell wie das Marketing organisierte Marius Pantis auch die Produktion und Logistik. Er analysierte die Bedürfnisse der Kunden und organisierte seinen Betrieb so, dass diese bestmöglich befriedigt werden konnten. Einfacher Bestellungsablauf, schnelle Produktion, hohe Flexibilität, herausragende Qualität, termingerechte Logistik: Das waren einige der zu erreichenden Ziele. Mit der ISO-Zertifizierung stellte er sicher, dass die festgelegten Prozesse für alle Aufträge in unveränderter Qualität sichergestellt werden konnten.

3. Mitarbeiterschulung zu kundenorientiertem Handeln
In wenigen Jahren ist die Firma mit der Produktion und dem Händlernetz auf rund 300 Personen gewachsen. Für Pantis bedeutete dies dauernde Aus- und Weiterbildung für die gesamte Belegschaft. Die meisten Unternehmer in Rumänien vermeiden diese Bildungsinvestitionen, weil sie Angst haben, ihre Mitar-

beiter danach an die Konkurrenten zu verlieren. Nicht so Marius Pantis. Neben seriöser Weiterbildung bietet er seinen Mitarbeitenden ein ganzes Paket an Anreizen an, die sie zu langfristigen Partnern machen. Etliche dieser Anreize kosten kein oder nur wenig Geld, schaffen aber ein wertschätzendes Betriebsklima.

4. Aussagekräftiges Management-Informationssystem
Marius Pantis ist auch persönlich mit seinen Aufgaben vom Kleinunternehmer zum Chef eines mittelgroßen Unternehmens gewachsen. Beim Start der Firma kümmerte er sich um alle Details und war stets über alles im Bild. Später musste er Mitarbeitern Aufgaben, Verantwortung und Kompetenzen delegieren, damit er frei war für strategische Fragen und die Gesamtübersicht behalten konnte. Zu diesem Zweck baute er ein aussagekräftiges Management-Informationssystem auf, das ihm rechtzeitig alle wichtigen Informationen liefert, die er für unternehmerische Entscheidungen braucht.

5. Klare Betriebsstruktur mit Profit-Center
Jeder Wachstumsschritt der Firma verlangte auch eine Anpassung der Betriebsstrukturen. Heute bildet bei Optimedia jeder Produktbereich ein Profit-Center. Damit können Kosten und Gewinn klar analysiert und zugeordnet werden.

Erkenntnisse/Lessons learned

1. Eine klare Marketingstrategie ist einfach und griffig.
Die Marketingstrategie von Optimedia ist einfach und logisch. Sie basiert auf drei Säulen:
a) einer genauen Marktbeobachtung und -analyse durch den Firmeninhaber
b) einem systematischen Lernprozess aus Erfahrungen
c) einer Umsetzung der theoretischen Erkenntnisse in praktische und sich ergänzende Maßnahmen

2. Mentalitäten von Mitarbeitern entwickeln sich nicht automatisch.

Kundenorientiertes Verhalten verlangt ein entsprechendes Denken aller Mitarbeiter. Kundenbedürfnisse muss man entdecken und sehen. Kunden muss man verstehen und wertschätzen. Problemlösungen muss man erarbeiten und finden. Das alles bedeutet Aufwand und Mühe. Die meisten Mitarbeiter scheuen sich davor. Deshalb muss in ihnen zuerst das Verständnis für diese Verhaltensweisen geweckt und gefördert werden. Und dann müssen sie systematisch geschult werden. In der täglichen Arbeit müssen Abweichungen als solche erkannt und korrigiert werden. Dieser Prozess darf kein Krampf sein. Er muss lustvoll und mit Humor gelebt werden. Wenn Mitarbeiterförderung Spaß macht, wirkt sie.

3. Der Segen und die Freude des Teilens

Über eine Sache spricht Marius Pantis wenig: über das Teilen. Aber er praktiziert es. Unternehmer zu sein bedeutet für ihn auch, soziale Verantwortung wahrzunehmen. Pantis hat nicht nur ein waches Auge für Marktchancen, sondern auch für die Nöte der Mitmenschen auf allen Stufen. Das zeigt sich in der Personalpolitik, wenn er Menschen in schwierigen Lebenslagen eine zweite oder dritte Chance gibt. Oder ganz im Verborgenen, wenn er einen Teil seines Gewinns für karitative Zwecke zur Verfügung stellt.

9. GEWA: ein sozialwirtschaftliches Unternehmen (Social Business)

Branche: berufliche Integration
www.gewa.ch

Geschäftsmodell

Die GEWA will Menschen mit psychisch bedingten Leistungseinschränkungen zu einer beruflichen Wiedereingliederung verhelfen oder ihnen sinnvolle Langzeitarbeitsstellen anbieten. Der Weg zur beruflichen Wiedereingliederung läuft über professionelle Abklärungen der Möglichkeiten und systematischen Eingliederungsmaßnahmen. Mit den Langzeitarbeitsstellen werden die Mitarbeitenden nicht einfach beschäftigt, sondern mit ihrer Arbeit verkaufbare Produkte hergestellt bzw. Dienstleistungen erbracht, die ihnen entsprechen und ihrer Arbeit Sinn geben.

Besondere Merkmale

1. Augen für die Bedürfnisse von Menschen mit Einschränkungen
Der GEWA-Gründer Martin Ryser war früher Werkstattleiter in einer psychiatrischen Klinik. Er verbrachte täglich viel Zeit mit den Patienten. Dabei entdeckte er nicht nur deren Grenzen, sondern auch deren Potenziale. Zu dieser Zeit gab es kaum Angebote, diese Potenziale gezielt zu fördern. Und die Patienten konnten ihre Bedürfnisse nicht ausdrücken. Martin Ryser konnte es. Und tat es. Mit viel Fantasie und Schaffenskraft. Er musste viele Hürden und Hindernisse überwinden und öffnete schließlich die Türen, die bis heute vielen psychisch eingeschränkten Menschen neue Perspektiven und höhere Lebensqualität bieten.

2. Innovation pur

In diesem Geschäftsfeld gab es kaum funktionierende Vorbilder. So war Innovation gefragt. Und sie ist es heute noch. Auch der heutige GEWA-Geschäftsführer Samuel Schmid ist dauernd mit den Fragen konfrontiert: Welche Arbeiten eignen sich für unsere Mitarbeiter? Wie finden wir Kunden für diese Leistungen? Wie lassen sich Therapieziele mit unternehmerischen Zielen vereinbaren? Diese Überlegungen haben zum heutigen Dienstleistungsangebot geführt:

- Gastronomie (Restaurant und Catering)
- Logistik (Lagerung, Verwaltung und Spedition von Waren)
- Pharma (Abpacken und Umpacken von Medikamenten und Kosmetika)
- Büroservice (archivieren, buchhalten, fakturieren, telefonieren und organisieren)
- Verpackungsservice
- Gartenbau (Planung, Bau und Pflege von Gärten und Parkanlagen)
- technische Montage (konstruieren, konfektionieren und montieren)
- Liegenschaftsservice (unterhalten, reinigen und räumen von Gebäuden und Wohnungen)
- Internet-Shops
- Fachgeschäfte (Handel)

3. Beziehungsmarketing

Das Marketing in sozialwirtschaftlichen Unternehmen kennt eigene Regeln. Es kämpft gegen vorgefasste Meinungen über Menschen mit Einschränkungen. Kann man von solchen Menschen Termintreue und Qualität erwarten? Als weitaus wirkungsvollstes Marketinginstrument hat sich das Beziehungsmarketing erwiesen. Potenzielle Kunden und Behördenvertreter werden in die GEWA eingeladen. Hier können sie mit eigenen Augen sehen, was möglich ist. Schon das topmoderne Gebäude führt zum ersten Staunen. Darauf folgt die Präsentation der modernsten

Maschinen und Führungsinstrumente. Und schließlich der Tatbeweis durch die von Menschen mit Einschränkungen geleisteten Arbeiten. So werden Schranken abgebaut, Meinungen geändert und Aufträge generiert.

4. Die gemeinsame Aufgabe von Betreuer und Patient
Die GEWA-Betreuungspersonen erledigen nicht einfach einen Job. Sie teilen das Leben mit den Menschen, die einen schwierigen Zugang zum Arbeitsmarkt haben. Gemeinsam wollen sie einerseits Entwicklungsfortschritte der Patienten erreichen und anderseits Bedürfnisse der Kunden befriedigen.

Besondere Aktivitäten

1. Aufbau und Abschluss der Pionierphase
Ohne das pionierhafte Verhalten des GEWA-Gründers Martin Ryser gäbe es diese Organisation heute nicht. Und ohne Anpassung des Führungsstils und der Führungsinstrumente beim Übergang von der Pionier- zur Wachstums- und Differenzierungsphase mit Samuel Schmid wäre die GEWA heute existenziell gefährdet. Zwei Unternehmer mit sehr unterschiedlichen Führungsstilen – aber den gleichen Zielen – haben diesen auch für sie schwierigen Übergang geschafft, weil jeder genau die Fähigkeiten mitbrachte, die in einer bestimmten Lebensphase des Unternehmens notwendig waren: Martin Ryser, der Pionier, hat das Unternehmen aufgebaut; Samuel Schmid, der systematische Stratege, hat es ausgebaut.

2. Der Werteprozess
Die GEWA gründet ihre Arbeit gemäß den Statuten auf christlichen Werten. Was sind christliche Werte und wie leben wir sie praktisch? Diese Fragen müssen immer wieder neu beantwortet werden. Dies geschah zum Beispiel auf einem Workshop mit 40 Mitarbeitenden. Dabei wurden neun Grundwerte herausgeschält,

die während mehrerer Jahre unterschiedlich in der ganzen Firma thematisiert werden. Das Ziel: eine persönliche Identifikation aller Mitarbeitenden mit diesen Werten und die praktische Anwendung im Alltag.

3. Ein umfassendes Angebot

In der GEWA werden Patienten nicht einfach beschäftigt. Sie sollen sich ihren Möglichkeiten entsprechend entwickeln können. Dies verlangt ein breites Spektrum von unterschiedlichen Angeboten. Innerhalb dieses Angebots können die Mitarbeiter bei Bedarf wechseln und so ihre Wiedereinstiegschancen in den Arbeitsmarkt erhöhen. Und bei Überforderung übernehmen sie in der gleichen Organisation eine für sie passende Aufgabe.

4. Systematisches Wachstum

Das professionelle Angebot von GEWA funktioniert nur mit einer gewissen Betriebsgröße. Der Einsatz der eingeschränkten Mitarbeitenden verlangt hohe Flexibilität, da diese zeitweise unterschiedlich einsatzfähig sind. Der GEWA-Kunde darf davon möglichst wenig spüren und er erwartet eine termingerechte und qualitativ einwandfreie Dienstleistung. Diese Flexibilität ist nur möglich, wenn in jedem Dienstleistungsbereich genügend entsprechend qualifizierte Mitarbeitende zur Verfügung stehen.

Erkenntnisse/Lessons learned

1. Es braucht Pioniere.

Echte Pioniere sind rar. Wir brauchen sie. Wir nehmen auch ihre ungewöhnlichen Eigenarten in Kauf. Sie sehen Notwendigkeiten und Möglichkeiten und bringen Projekte in Schwung. Sie mobilisieren Menschen und Finanzen. Sie kennen keine Grenzen und schaffen ihre eigenen Gesetze. Deshalb brauchen sie beides: Freiraum und Grenzen. Sie brauchen über und um sich Gremien, die genau diese Aufgaben erfüllen.

2. Übergänge im Lebenszyklus von Unternehmen sind kritisch.
Probleme bei Übergängen von Lebenszyklen in einem Unternehmen dürfen nie überraschen. Sie sind einfach normal. Sie müssen erkannt und gut geführt werden. Eine neue Lebensphase basiert zwar auf der früheren, sie ist aber neu, anders. Es gelten neue Regeln.

3. Es gibt günstige und ungünstige Betriebsgrößen.
Für die meisten Geschäftsmodelle gibt es mehr oder weniger günstige Betriebsgrößen. Das sollte man nicht dem Zufall überlassen. Klare Indikatoren wie Flexibilität oder Kostenstruktur unterstützen uns in der bewussten Wahl der optimalen Betriebsgröße.

4. Unterschiedliche Führungsstile können zum gleichen Ziel
   führen.
Der Führungsstil eines Pioniers unterscheidet sich naturgemäß von dem eines Strategen. Beide haben ihre Vor- und Nachteile. Das Wichtigste: Man darf sie nicht mischen. Der Pionier muss loslassen und sich an der neuen – anderen – Situation freuen können.

5. Sozialwirtschaftliches Handeln braucht Professionalität und
   manchmal Härte.
Sozialwirtschaftliche Unternehmen haben oft das Image von Weichlingen. Sie seien nicht belastbar und würden nur in geschütztem Rahmen funktionieren. So muss und darf es nicht sein. Sozialwirtschaftliches Handeln braucht Professionalität. Dazu gehören in speziellen Situationen auch harte Maßnahmen. Harte Maßnahmen müssen aber verstanden und akzeptiert werden, damit sie ihre gewünschte Wirkung entfalten können.

10. Baumann Schreinerei: Qualitätsprodukte mit sozial schwächeren Mitarbeitern herstellen

Branche: Herstellung von Küchen, Türen, Betten und Böden
www.tuerundraum.ch

Geschäftsmodell

Roland Baumann, der Gründer der Schreinerei Baumann, hätte eigentlich nicht Schreinermeister, sondern Sozialarbeiter werden sollen. Er hat nämlich ein großes Herz für die sozial Benachteiligten. Doch hätte er wahrscheinlich nirgends so wertvolle soziale Arbeit leisten können wie gerade in seiner Funktion als Schreinermeister. So entstand sein Geschäftsmodell: Mit einer kleinen Gruppe von sozial schwächeren jungen Männern – hauptsächlich ehemals Drogenabhängige – wollte er professionelle Schreinerarbeiten auf dem Markt anbieten. Die Mitarbeiter sollten nicht nur – wie sonst in sozialen Institutionen damals üblich – mit Basteln beschäftigt werden. Sie sollten sich selbst finanziell versorgen und mit ihrer Arbeit ein neues Selbstwertgefühl aufbauen können. Und der Kunde sollte von ihren Beschränkungen nichts merken, sondern einwandfreie Produkte erhalten. Eine ziemlich anspruchsvolle Aufgabe!

Besondere Merkmale

1. Eine Idee mit Folgen
Die leitende Idee für diese Firma war ganz praktisch: Das berufliche Können sollte als therapeutisches Instrument für sozial schwächere Menschen – ehemals Drogenabhängige – eingesetzt werden. Das Positive vorweg: Es funktioniert. In der über zwan-

zigjährigen Firmengeschichte schafften rund die Hälfte der sozial schwächeren Mitarbeiter den Wiedereinstieg in die Gesellschaft. Viele von ihnen haben heute Kinder und Familie. Das Negative: Das Modell braucht sehr viel Energie, um die vielen Hindernisse zu überwinden und Enttäuschungen zu verkraften.

2. Das Dilemma zwischen Kundenzufriedenheit und Therapieerfolg

Die Kunden bezahlen für die Produkte einen Preis, fordern hohe Qualität und wollen pünktlich beliefert werden. Dies verlangt volle Konzentration und hohe Arbeitsgeschwindigkeit. Die sozial schwächeren Mitarbeiter sind naturgemäß instabil und stehen fachlich im noch nicht abgeschlossenen Ausbildungsprozess. Dies verlangt viel Verständnis und Zeit für therapeutische Gespräche.

3. Die Spezialisierung im Küchenbau

Bald stellte sich die Frage nach einer Spezialisierung in geeignete Produkte. Einerseits durften die Arbeiten für die Mitarbeiter nicht zu anspruchsvoll sein und anderseits mussten sie genügend Abwechslung bieten. Der Küchenbau zeigte sich als ideale Lösung. Diese Entscheidung hatte allerdings große finanzielle Auswirkungen. Für den Bau von Küchen werden sehr teure Maschinen und eine kostspielige Ausstellung benötigt. Roland Baumann konnte diesen Schritt nicht aus eigener Kraft tun und war auf Fremdkapital angewiesen.

4. Messen als Marketinginstrument und Erweiterung in den Handel mit Betten

Als Haupt-Marketinginstrumente setzte Roland Baumann auf regionale Messen und seine Ausstellung. Baumann stellte fest, dass 80% der Ausstellungsbesucher eine Küche kauften. Also ging es darum, auf regionalen Messen Interessenten zu finden und diese in die Ausstellung einzuladen. Als ergänzendes Produkt und Kundenmagnet nahm Baumann Trinatura-Betten in sein Sortiment auf. Diese machen zwar bis heute einen sehr kleinen Teil des Umsatzes aus, aber sie stellen Kontakte zu neuen Kunden her.

5. *Der Quantensprung und seine Folgen*

Der eigentliche Quantensprung – oder die strategische Fehlentscheidung – kam mit einer Versuchung. Die auf die Produktion von Türen spezialisierte Firma Eggimann stand infolge eines Generationenwechsels zum Verkauf. Roland Baumann war zu dieser Zeit auf der Suche nach mehr Produktionsfläche und sah im Kauf der Firma Eggimann eine Chance. Mit einem großen Anteil Fremdkapital eines privaten Investors wurde die Firma gekauft und mit der Firma Baumann zusammengeführt.

Diese Verschmelzung war ausgesprochen schwierig. Die Mitarbeiter der Türenfirma waren auf Serienfertigung mit hoher Geschwindigkeit getrimmt und zeigten wenig Verständnis für die sozialen Sonderbedürfnisse der Individual-Küchenbauer. Viele Gespräche waren nötig, um das gegenseitige Vertrauen und Verständnis aufzubauen. Eine besondere Idee hat schließlich den Durchbruch geschafft: Roland Baumann hat ein altbewährtes Ritual eingeführt: Täglich hat er mit allen Mitarbeitern eine Zeit bei einer gemeinsamen Zwischenmahlzeit verbracht. Hier entstanden die entscheidenden Gespräche.

Besondere Aktivitäten

1. *Beruf als Berufung*

Roland Baumann hat seinen Beruf stets als Berufung verstanden. Geld verdienen ist zwar notwendig, aber nicht alles. Die Arbeitszeit kann noch zu Wichtigerem genutzt werden. Die Frage nach dem Sinn und Zweck der Arbeit steht für den Unternehmer im Raum. So können sich Prioritäten verschieben. Dienen wird unter Umständen wichtiger als verdienen.

2. Wirken durch Vorbild

Ehemalige Drogenabhängige zu überzeugen ist nicht einfach. Worte allein zeigen wenig Wirkung. Es braucht die Tat, das Vorbild. Dies hat den Führungsstil von Roland Baumann geprägt: ein Spannungsfeld zwischen großem Verständnis für Begrenzungen und klaren Forderungen an Zuverlässigkeit. Ein Wechselspiel zwischen Fordern und Fördern.

3. Hindernisse überwinden und Enttäuschungen verkraften

Roland Baumann musste erkennen, dass sich nicht alle sozial schwächeren Personen für sein Geschäftsmodell eignen. Er musste Kriterien entwickeln, im Auswahlprozess ungeeignete Kandidaten auszusortieren. Sonst wäre das Risiko im Umgang mit teuren und gefährlichen Maschinen zu groß. Und Baumann musste auch lernen, sich von Mitarbeitern nach einer Zeit wieder zu trennen, wenn das Therapieziel nicht erreichbar war. Bis heute bereiten ihm diese Enttäuschungen Mühe.

Ein anderes – völlig unerwartetes – Ereignis traf ihn noch tiefer. Sein privater Investor zog sich sehr kurzfristig aus diesem Geschäft zurück und verkaufte seinen Anteil an der Firma an einen neuen Investor, da Roland Baumann nicht über die dazu nötigen finanziellen Mittel verfügte. Der neue Investor arbeitet in der Firma aktiv mit in der Funktion als Geschäftsführer. Der Firmengründer bleibt angestellt als Bereichsleiter Marketing und Verkauf.

Erkenntnisse/Lessons learned

1. Sozial leben ist mehr als sozial reden.

Es ist einfach, vom sozialen Unternehmertum zu reden. Viele Bücher und Zeitungsartikel sind voll davon. Schwieriger ist es, sozialer Unternehmer zu sein. Es heißt dienen und sich aufopfern. Es heißt, ein Auge für andere – Benachteiligte – zu haben. Es heißt verzichten.

2. Wachstum ist wichtig – und gefährlich.
Wachsen gehört zum Leben. Die Übergänge in den Wachstums-
phasen sind aber heikel. Sie verlangen unsere ganze Aufmerksamkeit. Quantensprünge sind verlockend, oft sinnvoll und notwendig, manchmal aber höchst gefährlich.

3. Soziales Wirken braucht einen Rahmen.
Ein altes, ungeschriebenes Gesetz bewahrheitet sich auch in der
Geschichte der Firma Baumann: Eine gesunde Firma kann und
sollte bis zu 10 % der Arbeitsstellen sozial schwächeren Personen
zur Verfügung stellen.

4. Loslassen gehört dazu.
Menschen mit einer Berufung leben intensiv. Ihr Leben ist nicht
voraussehbar. Sie erleben Freude und Enttäuschung. Sie bauen
auf und lassen los. Sie schaffen Neues und sind niemals Gefan-
gene ihrer Werke.

12. Kapitel

Strategisches Management – Praxiserfahrungen aus dem Führungscockpit

von Christian Sartorius

Christian Sartorius ist ein international tätiger Strategie-experte für Firmen und Nonprofit-Organisationen. In diesem Kapitel stellt er seine Erfahrungen in Klein-, Mittel-, und Großfirmen an einem praktischen Beispiel zur Verfügung.

Die Anforderungen an Sie als Unternehmer, Entscheidungsträger oder Führungskraft sind in den letzten Jahren kontinuierlich gestiegen. Für den langfristigen Erfolg einer Organisation wird es zunehmend entscheidend, alle Ressourcen auf ein gemeinsames Ziel auszurichten. Dabei sind drei Fragen von zentraler Bedeutung:

1. Wo bin ich heute?
2. Wohin möchte ich mein Unternehmen bringen?
3. Was tue ich, wenn unvorhergesehene Schwierigkeiten auftreten?

Ziel dieses Kapitels ist es, Ihnen zentrale Instrumente des strategischen Managements vorzustellen und anhand von Praxiserfahrungen konkrete Einsatzmöglichkeiten für den Firmenalltag aufzuzeigen.

Der Unternehmer als Pilot

Oberstes Ziel jedes Unternehmens ist, mit zufriedenen Kunden wirtschaftlich nachhaltig erfolgreich zu sein. Punkt. Diese Grundvoraussetzung ist nicht verhandelbar. Sie ist global gültig und gilt unabhängig davon, ob Ihr Unternehmen Software oder Bodenbeläge produziert, ob Sie Papeterie- und Schulartikel, Bau- oder Finanz-Dienstleistungen verkaufen. Sie gilt unabhängig davon, ob Sie eine Druckerei mit 200 Mitarbeitern betreiben oder als Schweiß-Fachmann und Alleinunternehmer Autos reparieren.

Oberstes Ziel jedes Unternehmens: mit zufriedenen Kunden wirtschaftlich nachhaltig erfolgreich sein

Ich gehe davon aus, dass Sie das auch so sehen. Etwas schwieriger ist die Frage zu beantworten, **wie** dieses übergeordnete wirtschaftliche Ziel erreicht und auch nachhaltig erfüllt werden kann.

Abbildung 14: Cockpit des Airbus A380

Wir vergleichen dazu ein Unternehmen mit einem Flugzeug: Denn Wirtschafts-Organisationen und Unternehmen haben Parallelen mit einem Passagierflugzeug. In diesem Vergleich steht die Größe des Flugzeuges für die Größe Ihres Unternehmens. Die Passagiere im Flugzeug entsprechen den Kunden der Firma. Für die Passagiere sind verschiedenste Faktoren maßgebend, ob sie dieselbe Fluglinie künftig wieder berücksichtigen werden: die Pünktlichkeit, das Preis-Leistungs-Verhältnis, der Service an Bord, die Bequemlichkeit der Sitze, die Aktualität und Vielfalt des Unterhaltungsprogrammes, die kleinen Aufmerksamkeiten – besonders jene beim Aussteigen. Wenn Sie zum Beispiel bei der Fluggesellschaft Swiss das Flugzeug verlassen, bietet Ihnen die Flugbegleiterin mit ihrem schönsten Lächeln ein Stück Schweizer Schokolade an. Passagiere der Fluggesellschaft Thai Air erkennt man daran, dass diese mit einer kleinen Orchidee im Knopfloch oder am Handgepäck das Flugzeug verlassen. Nach dem Flug ist vor dem Flug: Der letzte Eindruck, den die Kunden mitnehmen, beeinflusst den Entscheid für den Kauf des nächsten Flugtickets.

Die Crew mit Flugbegleitern, Technikern, Sicherheits- und Reinigungsleuten übernimmt dieselben Funktionen wie Ihre Mitarbeiter: Sie machen den Passagieren den Flug so angenehm wie möglich – von dem Moment an, wo sie das Flugzeug betreten, bis sie es wieder verlassen. Die Kombination von sachlicher Professionalität und persönlichem Verhalten ist dabei entscheidend für die Zufriedenheit von Kunden und Mitarbeitern.

Der Pilot trägt die Verantwortung für Flugzeug, Fracht, Mitarbeiter und Passagiere. Er plant die gesamte Reise, ist mit den Gegebenheiten des Start- und Ankunftsflughafens vertraut, kontrolliert die technischen Details wie Funktionsfähigkeit des Radars, die ausreichende Menge Kerosin und überprüft die Wetterkarte auf der Flugroute, um bei etwaigen Wetterveränderungen rasch und mit der nötigen Voraussicht reagieren zu können. Er hält den Steuerknüppel in der Hand, und er überprüft laufend die wichtigsten Informationen der Instrumente im Cockpit. Dabei kann er nicht alle Angaben gleichzeitig im Auge behalten, sondern konzentriert sich auf die wichtigsten Anzeigen. Der Pilot – sie ahnen es – hat also die Rolle eines Geschäftsführers inne.

Gemeinsam mit seinem Stellvertreter, dem Kopiloten, trägt er die Gesamtverantwortung für die Reise.

Ob Sie, lieber Leser, bildlich gesprochen nun Pilot einer zwei-sitzigen Cessna oder eines Airbus A380 sind, spielt letztlich keine Rolle. Ihnen allen ist eines gleich: Als Führungskräfte in Ihrem Bereich sind Sie für einen pünktlichen Start (Situationsanalyse), die frühzeitige Vorbereitung auf unvorhergesehene Risiken wäh-rend der Reise (strategische Führung) und für eine sichere Lan-dung (Zielerreichung) verantwortlich. Die folgenden Praxistipps sollen Sie dazu befähigen.

Das Dreieck des strategischen Managements

Strategisches Management ist in einem ersten Schritt die Fähig-keit, eine Vision für das Unternehmen zu formulieren und die Mitarbeitenden zu motivieren, diese Vision zu erreichen. Dabei handelt es sich um eine laufende Tätigkeit, die auf drei vernetz-ten Faktoren basiert:

1. *Definition und Umsetzung der Werte, die Ihnen als Pilot und Führungskraft wichtig sind.*
2. *Berücksichtigung der wirtschaftlichen, politischen und sozia-len Umgebung, in welcher Ihr Unternehmen tätig ist.*
3. *Optimaler Einsatz der Ressourcen, die Ihrem Unternehmen zur Verfügung stehen.*

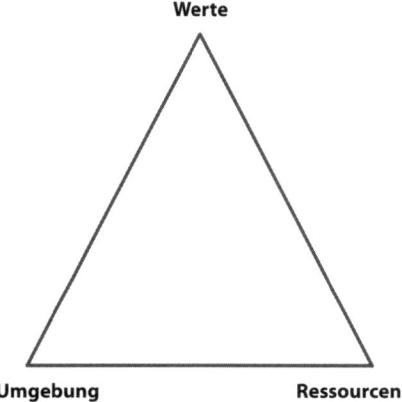

Werte

Umgebung   **Ressourcen**

Abbildung 15: Das Strategie-Dreieck

Folgendes Beispiel einer Chemiefirma in der Schweiz, die wir im Rahmen der Entwicklung von Unternehmenswerten begleiten, soll als Beispiel dienen, wie wichtig das strategische Dreieck für das Erreichen hochgesteckter Ziele ist: Diese Firma mit heute rund 200 Mitarbeitern stand längere Zeit am Rande des finanziellen Abgrundes. Jede noch so kleine Ausgabe wurde mehrfach hinterfragt, bevor sie getätigt wurde. Auf der anderen Seite waren die Know-how-Ressourcen außerordentlich groß: Viele der Mitarbeiter arbeiteten seit zwanzig und mehr Jahren im Betrieb. Die Umgebung, in der das Unternehmen tätig ist, war auf den ersten Blick äußerst attraktiv. Verschiedene multinationale Chemiekonzerne erwirtschafteten eindrückliche Wachstumsraten und generierten ihren Aktionären erquickliche Profitraten. Diese Umstände hatten einen direkten Einfluss auf die in der Firma gelebten Werte: Die Firma war durch die Konkurrenz unter enormem Druck, und es ging primär um die Sicherstellung von genügend Liquidität, um die kurzfristigen Ausgaben decken zu können. Dieser Finanzfokus wiederum bewirkte Verunsicherung bei den Mitarbeitenden: Werden wir als Firma überleben? Wie sicher ist mein Arbeitsplatz? Diese Unsicherheit erzeugte ein Klima des Misstrauens, was wiederum einen Einfluss auf die Art und Weise der Zusammenarbeit hatte. Nach personellen Anpassungen im Cockpit und einer strategischen Neuausrichtung des Unternehmens war es gelungen, wieder mit einer vernünftigen Rendite zu arbeiten. Die Phase des äußerst rigiden Finanzmanagements führte dazu, dass die gemeinsame Ausrichtung auf die Unternehmensziele in Management und Belegschaft verloren gingen und die Motivation sank. Das oberste Management entschied deshalb, dass künftig wieder vermehrt nicht monetäre Werte den Alltag dominieren, sondern die eigentlichen Unternehmenswerte, also zum Beispiel: miteinander statt übereinander reden; Versprechen einhalten; Sitzungen pünktlich starten und beenden; Vorschläge von Mitarbeitenden anhören und bewerten. Es gibt ja nichts Zermürbenderes für einen Mitarbeiter, als wenn er zehnmal auf ein Problem hingewiesen hat und sich nichts ändert. Kennen Sie das Bild vom Hamster in seinem Hamsterrad? Genau so läuft der Prozess der inneren Kündigung und der Resignation – auf allen Stufen der internen Hierarchie! Ein guter Lohn und ein interessanter Bonus reichen längerfristig nicht aus, um den Hamsterrad-Effekt zu übertünchen.

Es gibt nichts Zermürbenderes für einen Mitarbeiter, als wenn er zehnmal auf ein Problem hingewiesen hat und sich nichts ändert.

Es besteht ein direkter Zusammenhang zwischen „weichen" Unternehmenswerten und „harten" Markt-, Produktions- und Finanzresultaten. Das zeigen die drei Faktoren Werte – Umgebung – Ressourcen im strategischen Dreieck. Es ist überlebenswichtig, alle drei Größen in Ihrem Cockpit an einer zentralen Stelle anzubringen und laufend zu verfolgen. Ihre Top-Priorität als Pilot ist es, für das Gleichgewicht im Dreieck zu sorgen.

Abbildung 16: Mitarbeiter im Hamsterrad

Strategisches Management in Aktion: Situationsanalyse, Strategieumsetzung, strategische Führung

Schritt 1: Situationsanalyse

Ein chinesisches Sprichwort sagt: „Wenn der Wind des Wandels weht, bauen die einen Windmühlen, die anderen Mauern." Eine der grundlegenden Eigenschaften für Piloten und strategische Entscheidungsträger ist das Erkennen des Veränderungsbedarfs und das Durchführen von Anpassungen. Andy Grove, früher CEO von Intel stellte fest: „Im Erfolg liegt der Samen des

Misserfolgs." Bei Misserfolg ist der Veränderungsdruck natürlich größer und oft besser sichtbar als in Phasen des Erfolgs; obiges Beispiel der Chemiefirma zeigt das. Die *Textildivision* von *Sulzer*, einem der größten Maschinenbaukonzerne der Schweiz, beschäftigte bis gegen Ende der 1980er-Jahre rund 4000 Mitarbeiter. Die produzierten Textilmaschinen wurden in allen fünf Kontinenten viele Jahre lang hervorragend verkauft. Es bildeten sich Warteschlangen von Kunden, die eine Bestellung platzieren wollten. Die Produktionskapazitäten der Firma wurden laufend erhöht und die Kundenzufriedenheit war sehr hoch – zumindest bei jenen Kunden, die die gewünschten Produkte auch geliefert bekamen. Mit dem Erfolg wuchsen aber auch die firmeninternen Begehrlichkeiten. Die Fixkostenstruktur nahm ungesunde Formen an. Die Aussage „klotzen statt kleckern" machte die Runde und führte unter anderem zu Nachlässigkeit im Umgang mit finanziellen Ressourcen. Und wer im Umgang mit den eigenen Ressourcen nachlässig wird, die Innovationsleistung zurückfährt und den Kunden gegenüber überheblich wird, sägt am Ast, auf dem er sitzt. Es folgte eine Dürrephase, als europäische und asiatische Konkurrenten die Schweizer Firma weit hinter sich zu lassen begannen. In einem rund zwanzig Jahre dauernden Überlebenskampf musste die Mitarbeiterzahl in sich jährlich wiederholenden Abbauschritten reduziert werden, bis die Firma dann schließlich an einen ausländischen Investor verkauft wurde. Und heute befindet sich das Unternehmen in der Situation, die ein Spruch der Dakota-Indianer beschreibt: „Wenn das Pferd tot ist, dann steige ab." Irgendwann helfen alle Wiederbelebungsversuche nicht mehr.

> Und wer im Umgang mit den eigenen Ressourcen nachlässig wird, die Innovationsleistung zurückfährt und den Kunden gegenüber überheblich wird, sägt am Ast, auf dem er sitzt.

Abbildung 17: Situationsanalyse: die vier Phasen der Lebenszykluskurve

Phase	Charakteristika	Strategische Maßnahmen
1. Start	- Firma noch unbekannt - Umsatzentwicklung unstetig - Hoher Finanzbedarf für Produktentwicklung und Marketing - Hauptkundentyp: Pioniere - Teamentwicklung kann stürmisch erfolgen	- Marketingfokus: Pilotkunden, aktive Referenzen (höchste Zufriedenheit ist ein Muss) - Verkaufspreis: Produktkosten plus Muss-Marge - Direktiver Führungsstil, nur so viele Diskussionen wie nötig - Einfache Führungsinstrumente aufbauen und konsequent einsetzen. Dazu gehören stufengerechte Zielvereinbarungen und ein gelebter Kontinuierlicher Verbesserungsprozess (KVP) - Halten Sie Ihre Finanzplanungsinstrumente einfach und tragen Sie der Liquidität Sorge - Klare Vision, die von allen verstanden und getragen wird - Basisprodukte offerieren
2. Wachstum	- Bekanntheitsgrad der Firma wächst - Umsatzentwicklung steigt stark - Aktive Vollreferenzen bringen neue Kunden und möchten neue Produkte - Kunden-Fokus: Massenmarkt – hoher Finanzbedarf für Marktaufbau - Konflikte und interne Meinungsverschiedenheiten sind typischer Bestandteil dieser Phase - Unternehmenswerte als Leitplanken werden auf allen Stufen wichtig - Definierte interne Prozesse sind nicht verhandelbar und werden auf allen Stufen gelebt - Durchsetzung der Prozesse sicherstellen - Konkurrenz wird auf Sie aufmerksam und versucht, Ihre Produkte zu kopieren bzw. weiter zu optimieren	- Qualität der Produkte und Dienstleistungen auf Soll-Niveau halten - Portfolio-Erweiterung: für Schlüsselkunden maßgeschneiderte Produkte offerieren - Kundenakquisition: möglichst große Anzahl neuer Kunden gewinnen - Verkaufspreis: Mit einfachen neuen Features Preis erhöhen - Die internen Prozesse an den Schnittstellen mit Stellenbeschreibungen und klaren Verantwortlichkeiten optimieren - Sicherstellen, dass genügend neue Produkte in der Pipeline sind - Finanzielle Rückstellungen bilden - Probleme (auch interne!) früh genug angehen - Erzielte Siege mit den Mitarbeitern feiern

3. Reife	- Nachfolgebestellungen - Generierung von hohen Profit- margen mit reduzierten Marketing- Aufwendungen aus den bestehen- den Produkten - Lancierung neuer Produkte; diese befinden sich auf der Lebenszyk- lus-Kurve in der Startphase - Konkurrenz wird aggressiver - Entwicklung eines partizipativen Führungsstils - Die definierten internen Prozesse werden u.u. angepasst, bleiben aber auf allen Hierarchiestufen verbindlich	- Marketing-Ausgaben für reife Produkte gezielt zurückfahren; Entwicklungsausgaben erhöhen - Neue Produkte und Dienstleis- tungen lancieren und pushen; strategische Partnerschaften mit Lieferanten und Geschäftspartnern aufbauen - Vorsicht vor Kannibalisierung bestehender Produkte - Die Kosten (speziell die Fixkosten!) im Griff behalten - Produktionskosten (v.a. Stück- kosten) reduzieren, damit die Margen pro verkaufter Einheit optimiert werden können - Schritt für Schritt mehr Aufgaben an die Mitarbeiter delegieren und damit die Eigenverantwortung der Mitarbeiter steigern - Mitarbeitern die Möglichkeit zur Weiterbildungen geben - Effiziente Sitzungsstruktur - Die KVP-Kultur nicht einschlafen lassen. Erfolg macht träge!
4. Alter mit Lebens- ver- länge- rungs- phase	- Die Umsätze mit den alten Produk- ten/Dienstleistungen gehen zurück - Verkaufspreise: Reduktionen, Sonderaktionen - Marketing-Aktivitäten für alte Produkte zurück- und für neue Angebote hochfahren - Eventuell lebensverlängernde Maßnahmen für alte Produkte (einfache, kostengünstige Fea- tures); dies entspricht dem gelben Bereich in Bild 3 - „1:7": Pflege bestehender Kunden ist rund siebenmal effizienter und kostengünstiger als der Aufbau neuer Kunden - Mit steigendem Vertrauen inner- halb der Firma geht der gelebte Führungsstil klar in Richtung Kooperation und weiter zuneh- mender Selbstverantwortung	- Sicherstellen, dass die Weiterent- wicklung der Firma transparent kommuniziert und für alle Hierar- chiestufen verbindlich umgesetzt wird - Der gelebte KVP bleibt essenziell - Schlüssel-Mitarbeiter behalten! Verlieren Sie diese nicht an Ihre Konkurrenz. - Verhindern, dass innerhalb der Organisation „Königreiche" aufge- baut werden - Sicherstellen, dass das in der Firma existierende Know-how auf mög- lichst viele Köpfe verteilt wird - Rechtzeitig die Nachfolge der Schlüssel-Mitarbeiter planen

Um solche Erfahrungen zu vermeiden, hat sich in der Praxis der konsequente Einsatz von einfachen Werkzeugen zur Situationsanalyse als hilfreich erwiesen. Wir haben gesehen, dass die erste Frage für einen Piloten lautet: Wo steht meine Firma heute? Die Zykluskurve in Abb. 18 kann als Instrument für die strategische Analyse der Unternehmenssituation dienen.

Die beiden Hauptparameter sind Zeit (horizontale Achse) und Umsatz (bzw. erzielter Netto-Profit, vertikale Achse). Jede Firma und jedes Produkt durchlaufen, wenn sie nicht schon in der Startphase scheitern, ausnahmslos die vier Phasen der Zykluskurve – im Normalfall mehrfach.

Als Grundlage für die Analyse dienen in einem ersten Schritt die monatlichen Erfolgsrechnungen. Vergleichen Sie Monat für Monat die in den letzten 2 bis 3 Jahren erzielten Nettoresultate, um festzustellen, in welcher Phase sich Ihr Unternehmen befindet. Erstellen Sie in einem zweiten Schritt die Analyse für die aktuell verkauften Produkte und Dienstleistungen. Diese durchlaufen nämlich dieselben Zyklen. Dabei kann die Lebenskurve eines Produktes einige Monate (zum Beispiel Modeartikel und Handys), mehrere Jahre (zum Beispiel Personenwagen) bis hin zu zehn und mehr Jahren umfassen (zum Beispiel Bau- und Textilmaschinen). Folgende Charakteristika kennzeichnen die einzelnen Phasen:

Strategische Analyse Unternehmens-Situation

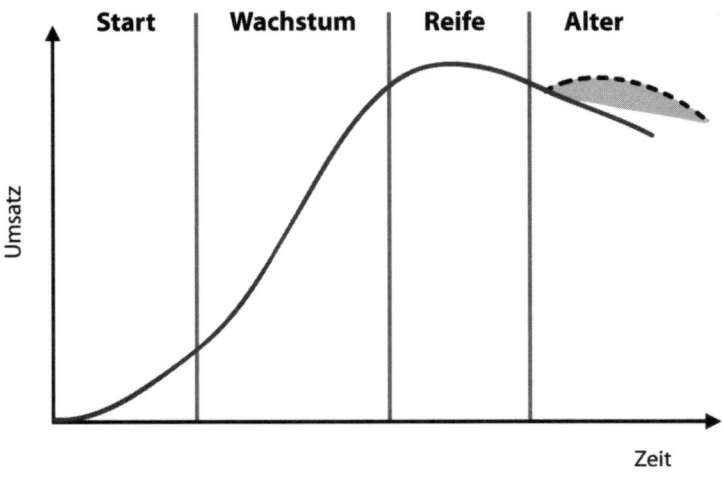

Abbildung 18: In welche Kategorie gehört Ihr Unternehmen?

Ihre Firma bzw. Ihre Produkte und Dienstleistungen werden mehrfach durch diesen 4-Schritt-Prozess hindurchgehen. Das ist völlig natürlich. Quintessenz des Modells ist es, sich

a) vor Augen zu führen, wo Ihr Unternehmen und Ihre Produkte im Vergleich zu Ihren Mitbewerbern stehen („Benchmark") und

b) frühzeitig zu erkennen, wo Sie welche personellen und finanziellen Ressourcen einsetzen müssen, um rechtzeitig neue Produkte auf den Markt bringen zu können („Portfolio-Management").

Basis dieses einfachen und äußerst wirksamen Praxismodells für Hochleistungs-Unternehmen ist eine konsequente Ausrichtung auf die Kunden. Bitte vergessen Sie keine Sekunde: Das Einzige, was den Kunden interessiert, sind seine eigenen Interessen. Nichts anderes. Und stellen Sie sicher, dass dieses Basisprinzip des Marketings auf allen Stufen und in allen Bereichen in Ihrer Firma gelebt wird. Von der Putzfrau, die ihre Aufgabe pflichtbewusst erfüllt, über die Telefonistin, die mit einer freundlichen und professionellen Art den Kunden gewinnt, über den Servicetechniker, Verkäufer und Manager mit regelmäßigen direkten Kundenkontakten bis hin zum Innendienst-Mitarbeiter und dem Buchhalter, die kaum je direkt mit den Kunden zu tun haben: Sie alle sind Visitenkarten Ihrer Firma! Es gibt keinen Mitarbeiter, der nicht Marketing betreibt – positives oder negatives! Mit ihrem professionellen Auftreten, ihrer Hilfsbereitschaft und ihrem raschen Handeln fördern sie die Kundenzufriedenheit. Oder gibt es Mitarbeiter

Das Einzige, was den Kunden interessiert, sind seine eigenen Interessen. Nichts anderes.

auf Ihrer Lohnliste, die nichts dazu beitragen? Dann fragen Sie sich als Pilot, ob Sie diese Person in der Crew wirklich benötigen.

Stellen Sie sich bitte in jeder der vier Phasen die Frage: „Was unterscheidet mein Unternehmen, Produkt und Dienstleistungspaket von denen meiner Mitbewerber?" Weshalb sollte der Kunde künftig in Ihr Flugzeug einsteigen und nicht in das der Konkurrenz? Welches sind aus Kundensicht die Vorteile, die der Kunde beim Kauf erwirbt? Welches sind also Ihre Unique Selling Propositions (USPs)? Nur wenn Sie selbst aus Kundensicht die Gründe darstellen können, werden Sie diese Vorteile dem Kunden gegenüber auch verkaufen können. Eine Schokoladefirma in der Schweiz hatte die großartige Idee, die Verpackung eines ihrer Top-Produkte zu optimieren. Getreu der USP-Leitidee wollten auch sie einzigartig sein. Leider vergaßen sie dabei, die Kunden zu fragen, was sie davon hielten. Bei der Lancierung der neuen Verpackung haben die Kunden das Produkt nicht mehr erkannt – und nicht mehr gekauft.

Kehren wir nochmals zur Lebenszykluskurve zurück. Es gibt viele Beispiele von Unternehmen, die sich zumindest theoretisch obiger Lebenszykluskurve bewusst waren, sich aber offensichtlich zu wenig um die konkreten Maßnahmen gekümmert haben oder sich verändernde Marktbedingungen schlicht nicht wahrhaben wollten – wie die drei Affen, die nichts sehen, nichts reden und nicht hören wollen. Prominentes Beispiel einer solchen Firma ist Kodak. Lange Jahre war sie in der analogen Fotografie Weltmarktführer. Als die ersten Digitalkameras auf den Markt kamen, hat Kodak mehr Marketing gemacht und die Preise gesenkt, um die Versäumnisse an Innovationen zu überdecken. Das Resultat kennen wir: Kodak fristete längere Zeit ein absolutes Nischendasein, und Firmen wie Sony, Nikon oder Canon haben den früheren Stamm-Markt von Kodak unter sich aufgeteilt. Erst langsam kehrt Kodak wieder unter die Top-Player zurück.

Schritt 2: Prozess der Strategieumsetzung

Wo möchten Sie mit Ihrer Firma in zwei bis drei Jahren sein? Und in was für Schritten gelangen Sie dahin? Diese Fragen stehen im Zentrum des Strategieumsetzungs-Prozesses. Der Strategieumsetzungs-Prozess basiert auf fünf Schritten:

1. SWOT-Analyse
Die Analyse aktueller interner Stärken (Strengths) und Schwächen (Weaknesses) sowie künftiger externer Chancen (Opportunities) und Risiken (Threads) bilden die Basis für jede Strategiedefinition (vgl. Kap. 1, S. 27).

2. Definition von 1 bis 3 strategischen Zielen
Seien Sie bitte strikt: Definieren Sie nicht mehr als drei strategische Ziele für Ihre Organisation. Diese dienen als Wegweiser und Leitplanke für die kommenden zwei bis drei Jahre. Bei mehr als drei solcher Leitplanken ist eine verbindliche Umsetzung im Firmenalltag nämlich nicht mehr gewährleistet. Beispiele für solche Ziele können sein:
- Aufbau der Zusammenarbeit mit einem Retailer, der Ihre Produkte über seine eigenen Vertriebskanäle verkauft und außerhalb Ihres Heimmarktes platziert

- Verdoppelung des Marktanteiles im Segment der Mittelklasse in einem geografischen Umkreis von 50 Kilometern um Ihren Firmenstandort
- Lancierung von neuen Produkten, die im laufenden Jahr 8 % des erzielten Umsatzes erwirtschaften

Beachten Sie bei der Zielformulierung bitte konsequent das SMART-Prinzip: Definieren Sie die Ziele spezifisch (für alle verständlich, schriftlich!), messbar und so, dass sie von Ihrer Belegschaft akzeptiert werden. Stellen Sie zudem sicher, dass es für jedes Teilziel nur eine Person gibt, die für die Erreichung verantwortlich (responsible) ist. Und arbeiten Sie mit klaren Terminen: Jedes Ziel ohne Termin bleibt ein Traum – mañana (span.; „morgen") ist immer mañana!

3. Definition von Teilzielen

Wie essen Sie einen Elefanten? Richtig: Stück für Stück. Genauso geht es mit großen Zielen: Die erwähnten Beispiele bleiben Wunschtraum, wenn sie nicht in besser „verdaubare" Teilziele heruntergebrochen werden. Bei SERVUS, der Beratungs- und Schulungsfirma, der ich seit 2003 angehöre, haben wir uns vor zwei Jahren unter anderem das strategische Entwicklungsziel gesetzt, künftig jedes Jahr mindestens 5 % unserer Umsätze durch Schulungs- und Beratungsangebote zu generieren, die wir innerhalb der letzten 12 Monate entwickelt haben. Das bedeutet, dass wir zwar das Hauptaugenmerk unserer Akquisitionsanstrengungen auf den Verkauf existierender Produkte legen. Aber wir fragen bei Gesprächen mit unseren Kunden nicht nur nach der Zufriedenheit mit unseren aktuellen Dienstleistungen, sondern wir versuchen, dem Kunden gut zuzuhören, zukünftige Bedürfnisse frühzeitig zu erkennen und rasch eine Antwort in Form von neuen Produkten darauf zu geben. Dies wiederum hat einen Einfluss auf unsere tägliche Arbeit: Neben der „normalen" operativen Arbeit als Trainer, Berater und Coach, welche die Erreichung von 95 % unserer Ziele ermöglicht, sammeln wir Ideen, bauen diese Ideen wie ein Puzzle zu neuen Seminaren zusammen, schreiben diese auf unserer Homepage aus und akquirieren gezielt Kunden, die am neuen Thema interessiert sein könnten. Und wir stellen so sicher, dass unsere Produkt-Pipeline laufend gut gefüllt ist. (Wissen Sie übrigens, weshalb uns Gott zwei Ohren und nur einen Mund gegeben hat? Genau, damit wir zweimal so viel hören, wie wir selbst reden. Übrigens funktioniert dies nicht nur im Beruf. Bei meiner Ehefrau bin ich seit zwanzig Jahren am Üben.)

4. *Kommunikation der strategischen Ziele*

Das gemeinsame Mittragen des Zieles und der gemeinsame Wille zum Sieg sind nicht verhandelbare Voraussetzungen für die Erreichung des Ziels. Es reicht nicht, per Mail Ziele in Ihrer Firma zu kommunizieren. Der Kapitän im Flugzeug spricht schließlich auch nicht per Mail mit seiner Crew. Pflegen Sie das Prinzip „walk-the-talk". Reservieren Sie sich jeden Tag ein Zeitfenster, um wenigstens mit einem Teil Ihrer Crew zu sprechen. Hören Sie auf Fragen und Vorschläge (auch wenn Sie diese nicht gleich alle umsetzen). Aber nehmen Sie die Mitarbeiter ernst. Richten Sie in diesen kurzen Gesprächen den Blick nicht nur auf die Probleme, sondern immer wieder auf das Ziel. Setzen Sie ein Zeichen als „Chancen-Denker" und nicht als „Problem-Denker"!

Jeden Tag ein Zeitfenster reservieren, um wenigstens mit einem Teil der Crew zu sprechen

5. *Der Kontinuierliche Verbesserungsprozess (KVP – vgl. Kap. 4, S. 74)*

Ohne konsequent gelebten Optimierungsprozess wird jedes Ziel ein Wunsch bleiben. Taiichi Ohno, früher Produktionschef von *Toyota*, wurde klar, dass es jeden Tag wieder neu der bewussten Entscheidung eines jeden Einzelnen bedarf, um eine Organisation kontinuierlich zu optimieren. Jede große Reise beginnt mit dem ersten Schritt. Und wenn der erste Schritt zu groß ist, wird die Reise wohl nie wirklich starten. Deshalb: besser, die 80%-Lösung umsetzen, als von der 100%-Lösung zu träumen.

Der KVP startet mit einer Idee oder dem Erkennen eines Problems oder dem Vorschlag eines Mitarbeiters oder dem Wunsch eines Kunden.

In einem zweiten Schritt geht es um die Formulierung eines einfachen Aktionsplanes. Folgen Sie dort dem *WWW-Prinzip*: *Wer* tut *was* bis *wann*? Mehr braucht es meistens nicht – aber auch nicht weniger. Getreu dem früheren Slogan von *Nike* „just do it" folgt nun die Umsetzung. Bis zu diesem Schritt sind viele Firmen gut auf Kurs. Aber dann folgt der vierte und alles entscheidende Punkt. Stoppen Sie den KVP nicht nach der Umsetzung, sondern gehen Sie einen Schritt weiter. Fragen Sie regelmäßig: Was lief in

WWW: Wer tut was bis wann?

diesem Projekt, in diesem Prozess, in dieser Abwicklung gut? Was nicht? Weshalb waren wir zu spät? Weshalb hat die Qualität den Anforderungen nicht genügt? Weshalb konnten wir die geplanten Kosten nicht einhalten? Es ist mir sehr wohl bewusst, dass es im Alltag viel einfacher ist, über die gut gelaufenen Projekte zu sprechen, als sich selbst und anderen Misserfolge einzugestehen. Und doch gehören die Lektionen, die wir aus den nicht nach Wunsch verlaufenen Projekten gewinnen, zu den wertvollsten überhaupt – falls wir sie künftig konsequent zu vermeiden suchen. Setzen Sie als Pilot durch, dass der KVP konsequent gelebt wird. Auch wenn das eine Kulturveränderung zur Folge hat und diese Veränderung längere Zeit in Anspruch nimmt.

Bei der *Nagra*, der „Nationalen Genossenschaft für die Lagerung radioaktiver Abfälle" in der Schweiz, hat die Sicherheit aus naheliegenden Gründen absolut oberste Priorität: Bei der Arbeitsqualität herrscht die Null-Toleranz. Diese Firma hat eine überaus große und vielfältige Anzahl von Projekten zu bewältigen. Das hat dazu geführt, dass ein Großteil der Belegschaft unter einem gewaltigen Zeitdruck arbeitete und man sich kaum mehr Zeit für den kompletten KVP nahm. Daraus resultierten laufend mehr Projektverzögerungen, und es entwickelte sich zunehmend eine Hochdruck-Kultur. In einem längeren Prozess, wo Zeitmanagement-, Arbeitstechnik-, aber auch Personalentwicklungsmaßnahmen durchlaufen werden, wurde der KVP mit klar definierten „Stellschrauben" eingeführt. Resultat ist eine deutlich verbesserte Nachhaltigkeit in der Termineinhaltung und weniger Reibereien im Alltag.

Persönliches Verhalten, Integrität, Ehrlichkeit und offene, zeitgerechte Kommunikation spielen bei der Umsetzung der Firmenstrategie mit diesen fünf Schritten eine matchentscheidende Rolle. Die konsequente Ausrichtung aller Aktivitäten auf ein gemeinsames Ziel ist zentral. Oder haben Sie schon mal einen Piloten gesehen, der beim Abflug nicht gewusst hat, wohin die Reise geht?

Wissen Sie, wohin Sie Ihr Unternehmen steuern wollen?

Schritt 3: Strategische Führung

Haben Sie auch schon all die Lämpchen, Anzeigen und Bildschirme in einem modernen Flugzeug-Cockpit bewundert? Unglaublich, dass ein Pilot hier die Übersicht nicht verliert und im richtigen Moment den richtigen Hebel betätigt. Mindestens so herausfordernd ist die Aufgabe eines Unternehmensleiters. All die externen Informationen von Kunden, Konkurrenz und Lieferanten, gepaart mit den internen Signalen von Produktion, Logistik, Administration, Personal, Finanzen, Technik und Produktentwicklung geben eine schier unüberschaubare Menge von Hinweisen und Steuerimpulsen. Piloten üben im Flugsimulator heikle Situationen. Crash-Landungen haben im Simulator deutlich weniger verheerende Auswirkungen als in Wirklichkeit. Für Wirtschaftsführer, die am Steuerknüppel sitzen, gibt es diese Art von virtuellen Übungsmöglichkeiten nur ganz bedingt. Oft haben Fehlentscheidungen fatale Auswirkungen, zumal sie oft erst nach längerer Zeit als solche erkannt werden. Umso wichtiger ist es deshalb, alle zur Verfügung stehenden Unfallverhütungsmaßnahmen frühzeitig einzusetzen. Das Zentralste dabei ist die Balanced Score Card (BSC).

Die hohe Kunst der strategischen Führung besteht unter anderem darin, die richtigen Prioritäten zu setzen und diese konsequent zu verfolgen. Die BSC ist ein praxiserprobtes Werkzeug, das aus der Menge der blinkenden Warnleuchten und piepsenden Alarme jene nutzt, die für Ihr Unternehmen von wirklich zentraler Bedeutung sind. Im Management gilt: „Wenn du es nicht messen kannst, kannst du es nicht managen." Erster Schritt für jedes Führungstool ist die Messbarkeit der Kriterien. Und genau hier setzt die BSC an. Statt sich im Dschungel der Vermutungen und Annahmen zu verlieren, konzentriert sie sich auf vier Führungsbereiche und deren hauptsächliche Messgrößen:

„Wenn du es nicht messen kannst, kannst du es nicht managen."

Finanzen: Liquidität, Gewinnentwicklung, EVA (economic value-added)
Kunden: Kundenzufriedenheit, Marktanteile, Debitoren
Interne Prozesse: Durchlaufzeiten, Lieferzeiten, Produkt- und Prozessqualität, Innovation
Lernen und Wachstum: Mitarbeiterzufriedenheit, Vorschlagswesen, Zielvereinbarungen.

Interessant, dass auch scheinbar rein qualitative Bereiche und Messgrössen wie Lernen und Vorschlagswesen mit quantitativen Kriterien hinterlegt und dadurch geführt werden können.

Die BSC konzentriert sich also im Gegensatz zu vielen klassischen strategischen Führungssystemen nicht primär auf finanzielle Kenngrößen. Zudem enthält sie nicht nur Daten, die bereits Vergangenheit sind und aus denen Entscheidungshinweise für die Zukunft extrapoliert werden. Verbunden mit einem einfachen Farbcode-System wird es für Sie als Entscheidungsträger möglich, sich auf wenige Top-Prioritäten zu fokussieren und sich voll auf diese Punkte zu konzentrieren. Genau so, wie wir uns das bei der Betrachtung des Piloten in seinem Cockpit für uns als Führungskräfte gewünscht haben.

Konkret kann die BSC in einem produzierenden Unternehmen zum Beispiel nach folgendem Muster aufgebaut werden:

Führungsbereich	Messgrößen	Werkzeug	Frequenz der Überprüfung	Farbcode
Finanzen	Liquidität	Liquiditätsplan	Täglich	
	Nettogewinn	Erfolgsrechnung	Wöchentlich	
	Reserven	Bilanz	Vierteljährlich	
	Umsatzentwicklung	Erfolgsrechnung	Wöchentlich	
	Umsatz mit Produkten, die jünger als 12 Monate sind	Erfolgsrechnung	Monatlich	
Kunden	Anzahl Reklamationen pro 100 abgewickelte Aufträge	Reklamations-statistik	Monatlich	
	Anzahl Neukunden im vergangenen Monat	Kundenübersicht	Monatlich	
	Anzahl Wiederholungs-Aufträge von bestehenden Kunden	ABC-Analyse	Monatlich	
	Anzahl Debitoren, die länger als 30 Tage nicht bezahlt haben	Debitoren-Kontrolle	Wöchentlich	
	Anzahl offene Offerten	Offert-Kontrolle	Wöchentlich	
Interne Prozesse	Anzahl Offerten pro Verkaufs-Auftrag	Offert-Kontrolle	Wöchentlich	
	Anzahl pünktlich ausgelieferte Bestellungen	Liefer-Kontrolle	Monatlich	
	Durchlaufzeit für ein zeitkritisches Produkt	Auftragszettel mit Zeiterfassung	Wöchentlich	
	Anzahl Krankheitstage pro Mitarbeiter	Abwesenheits-Kontrolle	Monatlich	
	Anzahl Reklamationen z.B. in der Schnittstelle Arbeitsvorbereitung/Produktion	Verbesserungswesen	Monatlich	
Lernen und Wachstum	Prozentsatz pünktlicher Sitzungen (Anfang und Ende)	Sitzungsprotokolle	Wöchentlich	
	Anzahl Verbesserungsvorschläge pro Mitarbeitendem	Verbesserungswesen	Monatlich	
	Anzahl umgesetzte Vorschläge	Verbesserungswesen	Monatlich	
	Zielerreichungsgrad der persönlichen Ziele	Persönliche Zielvereinbarung	2 mal pro Jahr	
	Prozentsatz sehr zufriedener und unzufriedener Mitarbeiter	Mitarbeiterumfrage	Einmal pro 2 Jahre	

Abbildung 19: Balanced Score Card (BSC) am Beispiel einer Großschreinerei

Bei der hier betrachteten Firma bestehen derzeit die größten Herausforderungen in den Kernbereichen Finanzen und Kunden. Und dort wiederum bei der Umsatzentwicklung, der Anzahl der Reklamationen pro abgewickelter 100 Aufträge und bei der Zahlungstreue der Kunden (Debitoren). Die Führungskräfte dieses Unternehmens tun gut daran, die Gründe für die drei roten Warnlampen rasch, genau und konsequent zu prüfen und entsprechende Massnahmen einzuleiten und umzusetzen.

Die Farbcodes bedeuten dabei Folgendes:

Grün (hier Dunkelgrau) = Sie sind auf gutem Weg. Es sind keine zusätzlichen Massnahmen nötig.

Orange (hier Hellgrau) = Vorsicht, halten Sie ein Auge auf dieser Messgröße. Schalten Sie ein Zwischenreview ein, um frühzeitig reagieren zu können, falls sich die Situation dort weiter verschlechtert.

Rot (hier Schwarz) = Halt, hier braucht es Sofortmaßnahmen und Ihre persönliche Aufmerksamkeit.

Begleiten Sie den Reviewprozess und die Definition sowie die Umsetzung von Maßnahmen persönlich. Wichtig ist bei der Überprüfung Folgendes:

1. Vergleichen Sie Ist und Soll.
Die absoluten Zahlen alleine sind zwar wichtig, aber nicht so aussagekräftig wie Vergleichswerte. Überprüfen Sie deshalb nicht nur die aktuellen Zahlen mit jenen aus dem vorangehenden Zeitabschnitt, sondern berücksichtigen Sie jeweils auch die entsprechende Vorjahresperiode, um beispielsweise saisonale Schwankungen herauszufiltern.

2. Die Übersicht wird zusätzlich vereinfacht, wenn Sie mit Indizes arbeiten, also zum Beispiel „Anzahl Reklamationen pro 100 Aufträge", „Prozentsatz pünktlicher Sitzungen" oder „Anzahl Verbesserungsvorschläge pro Mitarbeitenden". Das führt dazu, dass die Zahlen vergleichbar bleiben, auch wenn zum Beispiel die Anzahl der Aufträge oder die Anzahl der Mitarbeitenden schwankt.

3. Es ist wichtig, dass gerade auch in Perioden großen Zeit-
   drucks die Reviews regelmäßig durchgeführt werden.
Arbeiten Sie dabei mit klar definierten Zeitfenstern, zum Beispiel
innerhalb bestehender Sitzungsstrukturen, indem Sie ca. 30 Minuten für ein Review reservieren.

4. Überlegen Sie sich, wie Sie die Resultate visualisieren.
Es ist wichtig, dass auch die Mitarbeiter über die Zahlen informiert sind. Die *Belimo AG*, Weltmarktführer in der Herstellung
von Antrieben und Ventilen aus der Schweiz, veröffentlicht beispielsweise regelmäßig die pro Produktionsteam erreichten Resultate an einer Infotafel. Jeder Mitarbeiter hat so die Möglichkeit
zu erkennen, wo er und sein Team stehen und wo sie den Hebel
ansetzen müssen.

5. Die Feststellung der Resultate ist nur der erste Schritt im Be-
   reich eines gelebten kontinuierlichen Verbesserungsprozesses
   (KVP).
Die gezielte Maßnahmenplanung, das Umsetzen und die an-
schließende Überprüfung der erreichten Resultate gehören in-
härent zum KVP im Praxisalltag (vgl. Abb. 10, S. 74). Um von
der Resultatsanalyse zum Maßnahmenplan zu kommen, hat sich
das 5-W-Prinzip von Toyota als hilfreich erwiesen. Fragen Sie
maximal fünfmal „warum", um zum Kern einer Problemstellung
vorzustoßen.

Die Schreinerei der in Abb. 19 dargestellten BSC hat erkannt,
dass die Anzahl der Reklamationen gestiegen ist, und fragte warum. Die Antwort war, dass sich konkret bei einem ganz bestimmten Tischmodell die Reklamationen angehäuft hatten. Auf
die zweite Frage „warum" hat die Antwort gezeigt, dass vermehrt
Spannungsrisse im Holz aufgetreten waren. Die dritte Warum-
Frage förderte zutage, dass das Holz zu kurz gelagert und deshalb zu nass verarbeitet worden war. Bei der vierten Warum-
Fragerunde wurde klar, dass der Grund für die zu kurze Lagerung
ein Terminengpass beim Lieferanten war. Die 5. Warum-Frage

zeigte, dass der derzeitige Lieferant der einzige war, mit dem diese Schreinerei bei diesem Tischmodell zusammenarbeitete. Mögliche Lösungsansätze können somit darin bestehen, dass die Zusammenarbeit mit dem Lieferanten verbessert wird und/oder dass die Schreinerei einen zweiten Lieferanten aufbaut, um das Klumpenrisiko zu reduzieren.

Fazit

Strategisches Management ist nicht ein abgehobenes Führungssystem, das mit der Hilfe von hochkomplexen Werkzeugen Entscheidungen trifft, die außer dem obersten Kader niemand versteht. Strategisches Management möchte vielmehr sicherstellen, dass Sie als Pilot mit transparenten Ansätzen, praxistauglichen Werkzeugen und regelmäßigen Resultatsüberprüfungen die richtigen Knöpfe und Instrumente in Ihrem Cockpit betätigen, um langfristig erfolgreich zu sein. Es unterstützt Sie darin, Ihre Passagiere, Ihr Team und sich selbst sicher, pünktlich und kostenoptimal mit dem gewünschten Service ans Ziel zu bringen. Und das nicht nur bei idealen Umgebungsbedingungen, sondern auch im nächsten Sturm. Gott segne und begleite Sie auf Ihrer Reise.

Anhang

Mustervorlagen

Die Mustervorlagen stehen im Downloadbereich von
www.swisscreate.com mit dem Passwort *montblancBRUNNEN*
zur Verfügung.

1. Geschäftsplan
   1.1 *Geschäftsmodell*   202
   1.2 *Businessplan*   203
   1.3 *SWOT-Analyse*   204
   1.4 *Die 5 Lebensphasen eines Unternehmens*   204
   1.5 *Franchise-Geber-Checkliste*   205
   1.6 *Lernende Organisation*   206
   1.7 *Erfolgsbedingungen für Unternehmungen*   206

2. Marketing
   2.1 *Marketing*   207
   2.2 *Situationsanalyse Markt*   208
   2.3 *Situationsanalyse Unternehmen*   208
   2.4 *Kundenzufriedenheit*   209
   2.5 *Preispolitik*   209
   2.6 *Kommunikationspolitik*   210
   2.7 *Public Relations*   211
   2.8 *Lieferantenmanagement*   212

3. Risikomanagement
   3.1 *Risikomanagement*   212
   3.2 *Risiken*   213

4. Krisenmanagement
   4.1 *Krisenmanagement*   214

5. Veränderungsmanagement/Innovation
   5.1 *Change-Management*   215
   5.2 *Die 8 Schritte für erfolgreiche Change-Manager*   215
   5.3 *Innovation*   216
   5.4 *Innovation in 5 Schritten*   217
   5.5 *3 Innovations-Strategien*   217

6. Arbeitstechnik/Zeitmanagement

6.1 *Probleme lösen* — 218
6.2 *Zeitmanagement-Instrumente* — 218
6.3 *Selbstmanagement* — 219
6.4 *Rationelles Arbeiten* — 219

7. Finanzen

7.1 *Unternehmer-Cockpit* — 220
7.2 *Firmencockpit/Balanced Score Card* — 220
7.3 *Risikokapitalgeber* — 221
7.4 *Kreditgesuch* — 221

8. Kommunikation

8.1 *Kommunikation Grundsätze* — 222
8.2 *4 Kanäle der Kommunikation* — 223
8.3 *Das 4-Ohren-Modell* — 223
8.4 *Aktives Zuhören* — 224
8.5 *Wirksames Feedback* — 224
8.6 *8 Regeln für gutes Zuhören* — 225
8.7 *Verhandeln-Überzeugen-Verkaufen* — 226
8.8 *Verhandlungstypologie* — 227

9. Organisation

9.1 *Organigramm* — 228
9.2 *Stellenbeschreibung* — 228
9.3 *Das Anstellungsgespräch* — 229
9.4 *Arbeitsvertrag* — 229

10. Mitarbeiterführung

10.1 *Situativer Führungsstil* — 230
10.2 *D-I-S-G-Persönlichkeitstypen* — 230
10.3 *Das Mitarbeitergespräch* — 231
10.4 *Teamentwicklung* — 232
10.5 *Umgang mit Widerstand* — 233
10.6 *Delegieren* — 234
10.7 *Mobbing* — 234

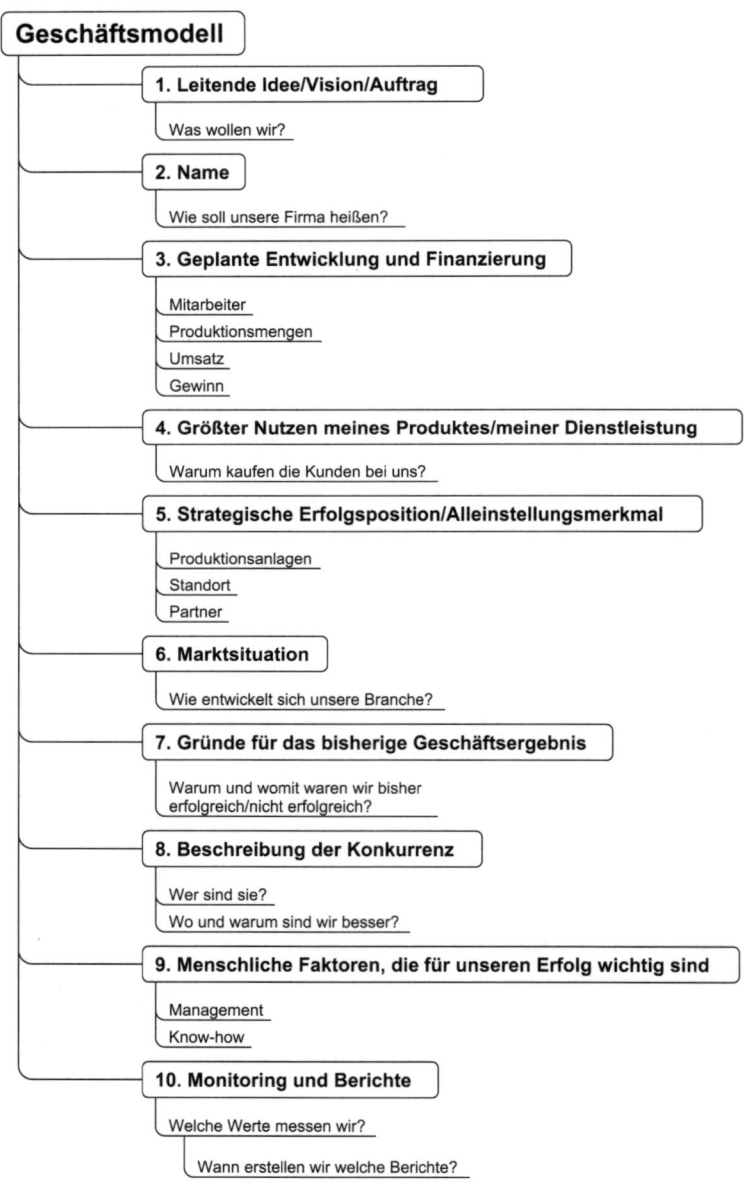

Geschäftsmodell

1. Leitende Idee/Vision/Auftrag
Was wollen wir?

2. Name
Wie soll unsere Firma heißen?

3. Geplante Entwicklung und Finanzierung
Mitarbeiter
Produktionsmengen
Umsatz
Gewinn

4. Größter Nutzen meines Produktes/meiner Dienstleistung
Warum kaufen die Kunden bei uns?

5. Strategische Erfolgsposition/Alleinstellungsmerkmal
Produktionsanlagen
Standort
Partner

6. Marktsituation
Wie entwickelt sich unsere Branche?

7. Gründe für das bisherige Geschäftsergebnis
Warum und womit waren wir bisher erfolgreich/nicht erfolgreich?

8. Beschreibung der Konkurrenz
Wer sind sie?
Wo und warum sind wir besser?

9. Menschliche Faktoren, die für unseren Erfolg wichtig sind
Management
Know-how

10. Monitoring und Berichte
Welche Werte messen wir?
Wann erstellen wir welche Berichte?

Checkliste 1.1: Geschäftsmodell

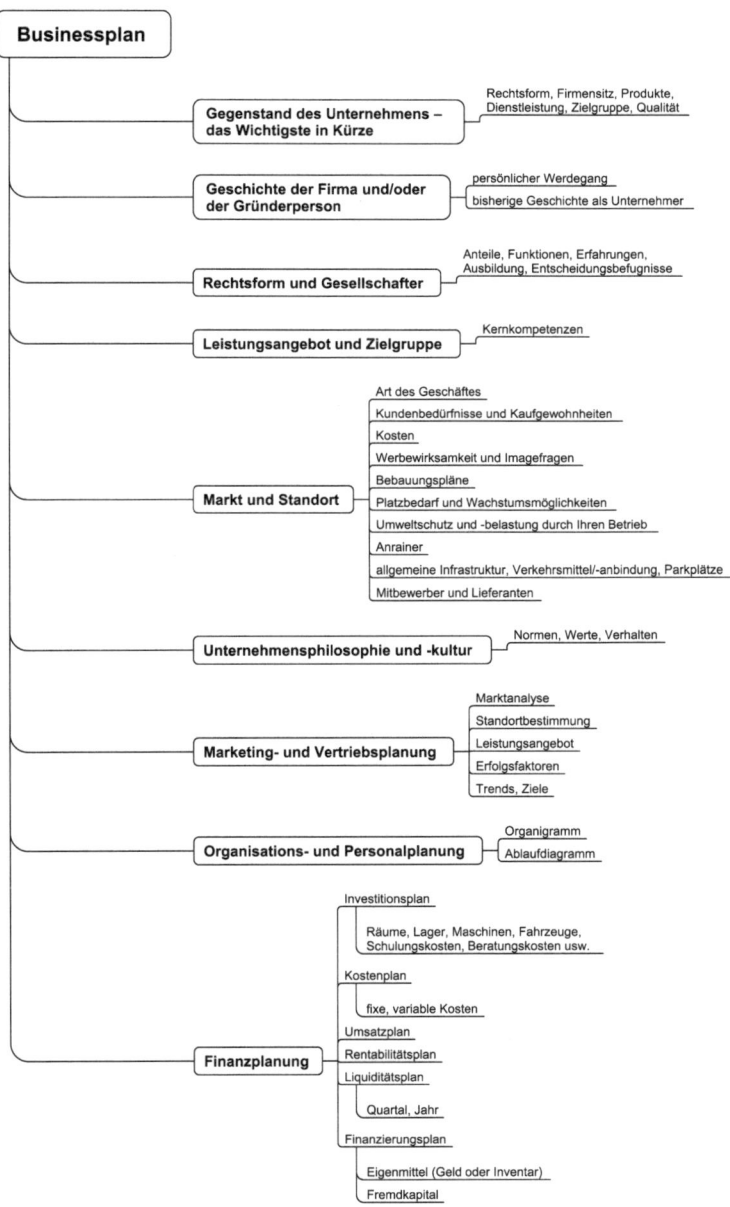

Checkliste 1.2: Businessplan

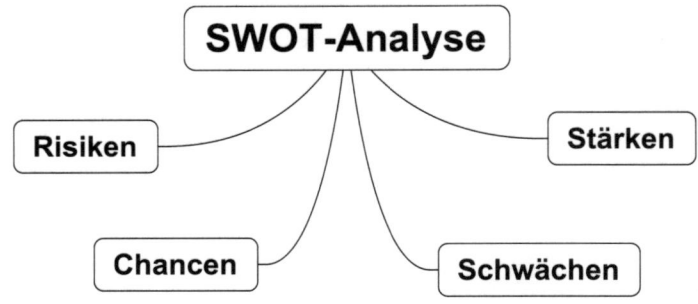

Checkliste 1.3: SWOT-Analyse

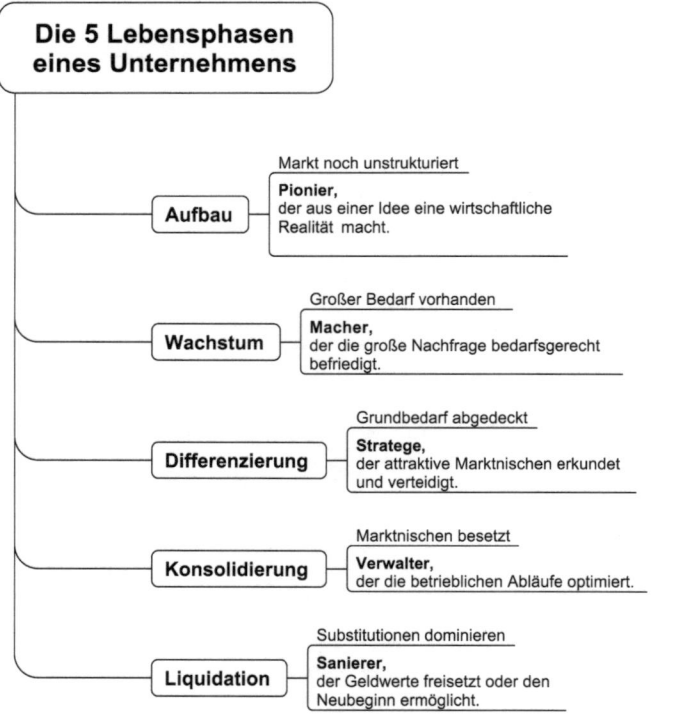

Checkliste 1.4: Die 5 Lebensphasen eines Unternehmens

Franchise-Geber-Checkliste

1. Kann der Franchise-Geber mindestens ein bis zwei Jahre Markterfahrung nachweisen?

2. Hat die Firma des Franchise-Gebers ausreichende Pilot-Erfahrung (mehr als einen Pilot-Betrieb)?

3. Hilft der Franchise-Geber bei der Finanzierung?

4. Ist die Warenwirtschaft stabil?

5. Weist der Franchise-Geber die Eintragung von gewerblichen Schutzrechten nach (Marke, Warenzeichen, Wort-/Bildzeichen)?

6. Sind Entwicklungsmöglichkeiten für den Franchise-Nehmer vorhanden?

7. Gibt es Franchise-Nehmer-Gremien?

8. Gibt es vor Vertragsabschluss die Möglichkeit, andere Franchise-Nehmer und ihre Betriebe kennen zu lernen?

9. Verpflichtet sich der Franchise-Geber, Sie vor und nach Eröffnung Ihrer Firma an Schulungen teilnehmen zu lassen?

10. Ist das Handbuch verständlich aufbereitet?

11. Ist im Konzept eine wirkungsvolle Partnerbetreuung vorgesehen?

12. Übernimmt der Franchise-Geber einen Teil der Werbung?

13. Ist die Höhe der Einmalgebühr akzeptabel?

14. Ist das Geschäftseröffnungspaket definiert?

15. Hat das Franchise-Unternehmen ein spezielles Know-how bzw. etwas Einmaliges?

16. Haben Sie genügend Zeit, den Franchise-Vertrag vor Ihrer Unterschrift zu prüfen?

17. Ist eine Förderung von Franchise-Nehmern des gewählten Systems durch Fremdkapitalgeber möglich?

Checkliste 1.5: Franchise-Geber-Checkliste

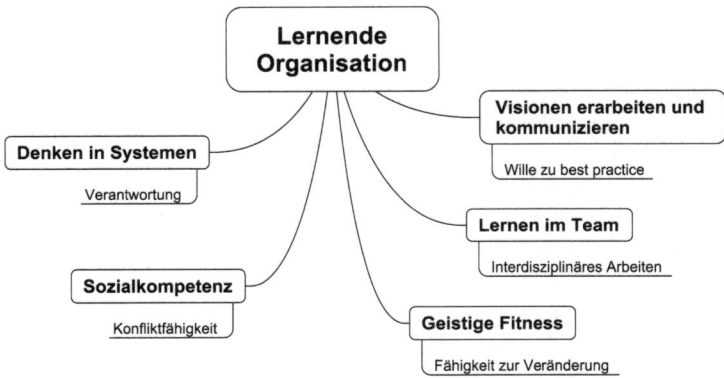

Lernende Organisation

- Visionen erarbeiten und kommunizieren
  - Wille zu best practice
- Denken in Systemen
  - Verantwortung
- Lernen im Team
  - Interdisziplinäres Arbeiten
- Sozialkompetenz
  - Konfliktfähigkeit
- Geistige Fitness
  - Fähigkeit zur Veränderung

Checkliste 1.6: Lernende Organisation

Erfolgsbedingungen für Unternehmungen
(nach Prof. Henner Kleinewefers)

Angebotsbedingungen

Hohe Verfügbarkeit und niedrige Preise von Produktionsfaktoren, Vorprodukten, Rohstoffen, Natur und Umwelt

Hoher Stand und hohes Wachstum der Produktivitäten: Investitionen, Innovationen (Produkte, Prozesse, Märkte etc.)

Nachfragebedingungen

Hohe quantitative Nachfrage

Hohe qualitative Nachfrage

Hohe Einkommenselastizität der Nachfrage

Quantitativ grosser, qualitativ anspruchsvoller, offener Inlandsmarkt

Traditionelle Verbindungen und freier Zugang zum Weltmarkt

Staatliche Rahmenbedingungen

Einflüsse auf die Nachfragebedingungen

Offener Inlandsmarkt

Offene Auslandmärkte

Infrastruktur

Recht

Verwaltung

Fiskus

Konkurrenzstörendes Nachfrageverhalten des Staats selbst

Förderung der langfristigen Konkurrenzfähigkeit durch dynamisch optimale:

Umweltvorschriften

Sicherheitsstandards

Qualitätsbestimmungen

Haftungsregeln

Einflüsse auf die Angebotsbedingungen

Förderung des Wettbewerbs

Optimale Regulierungsdichte und günstige Regulierungsmethoden

Geldwertstabilität

Günstige fiskalische Bedingungen

Hohe Verfügbarkeit von komplementären öffentlichen Gütern und Einrichtungen

Nichtstaatliche Rahmenbedingungen

Marktgröße (Bevölkerungszahl, Wohlstand)

Alters-, Berufs-, Qualifikations-, Einkommensstrukturen, Mentalität, Traditionen

Effizienz, Disziplin, Selbstständigkeit, Anerkennung des Eigentums, Kenntnis und Anerkennung des Märkte, Anerkennung der Marktverteilung, Erfahrungen, Erwartungen und Zeitpräferenz

Hohe Verfügbarkeit und Mobilität von komplementären privaten Gütern und Einrichtungen, insbesondere Humankapital

Vorhandensein von intensiven und tragfähigen wirtschaftlichen, kulturellen und politischen Auslandsbeziehungen

Vorhandensein komplementärer Branchenstrukturen (finanzieller Sektor, qualifizierte Dienstleistungen etc.)

Vorhandensein synergetischer industrieller Netze und Agglomerationen

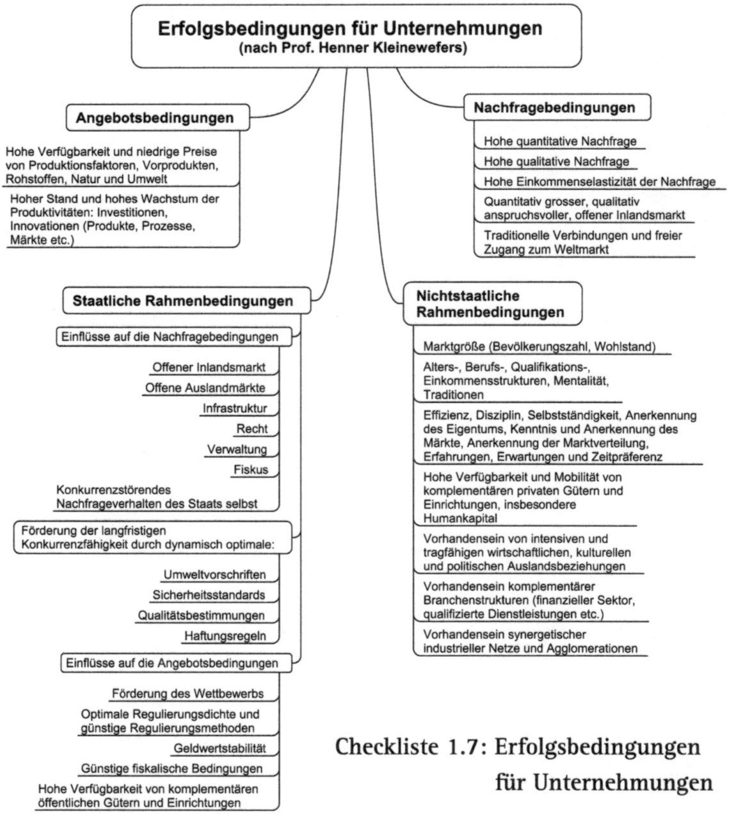

Checkliste 1.7: Erfolgsbedingungen
für Unternehmungen

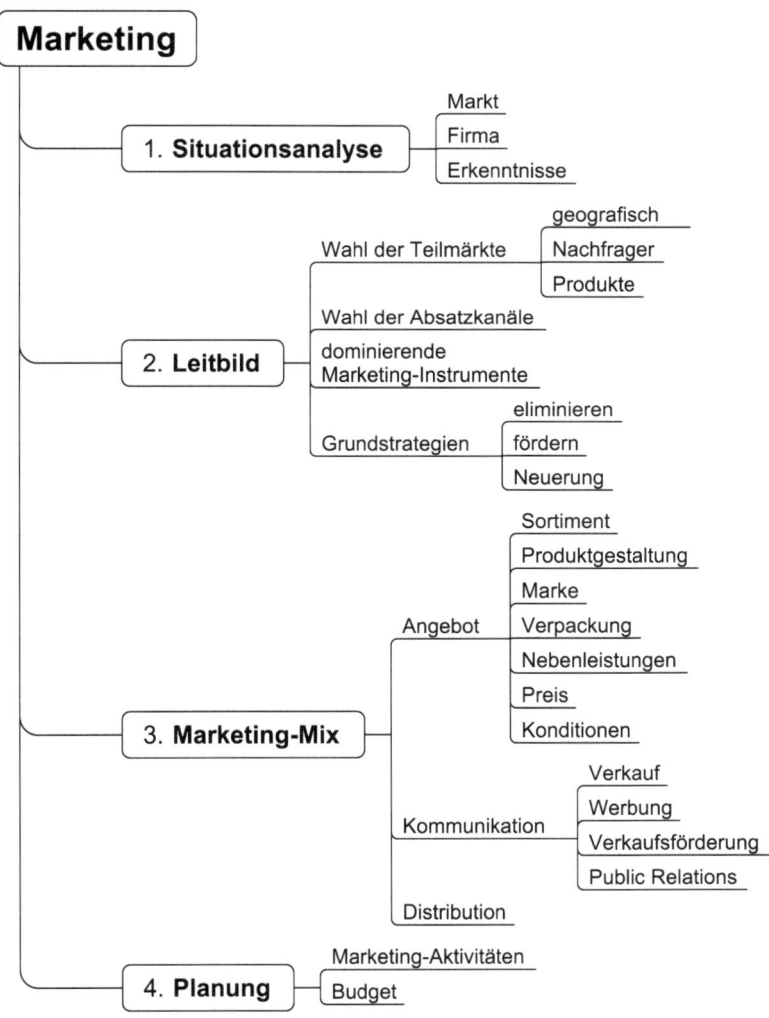

Checkliste 2.1: Marketing

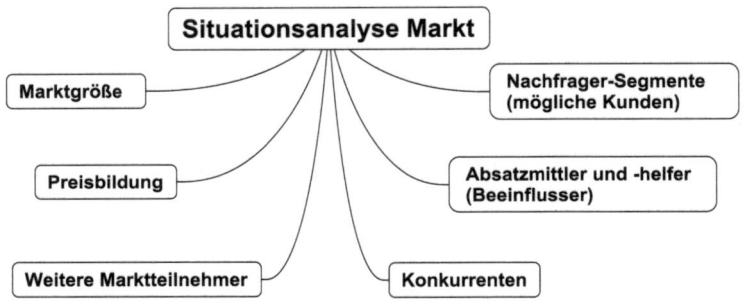

Checkliste 2.2: Situationsanalyse Markt

Checkliste 2.3: Situationsanalyse Unternehmen

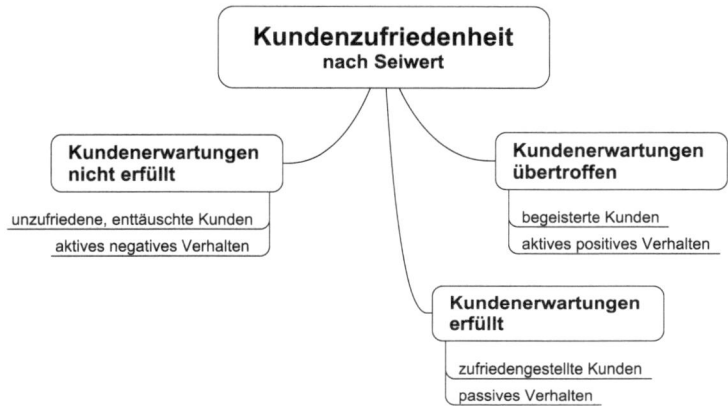

Checkliste 2.4: Kundenzufriedenheit

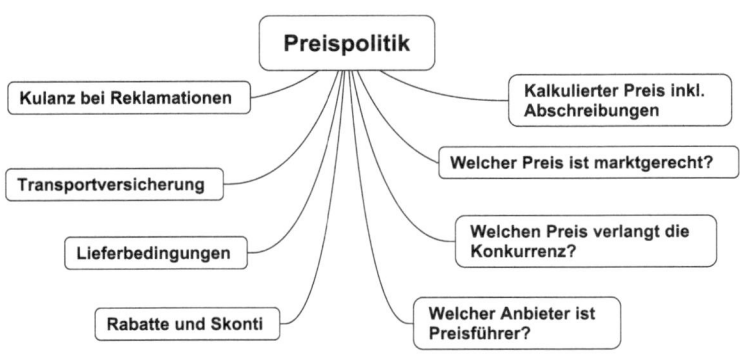

Checkliste 2.5: Preispolitik

Checkliste 2.6: Kommunikationspolitik

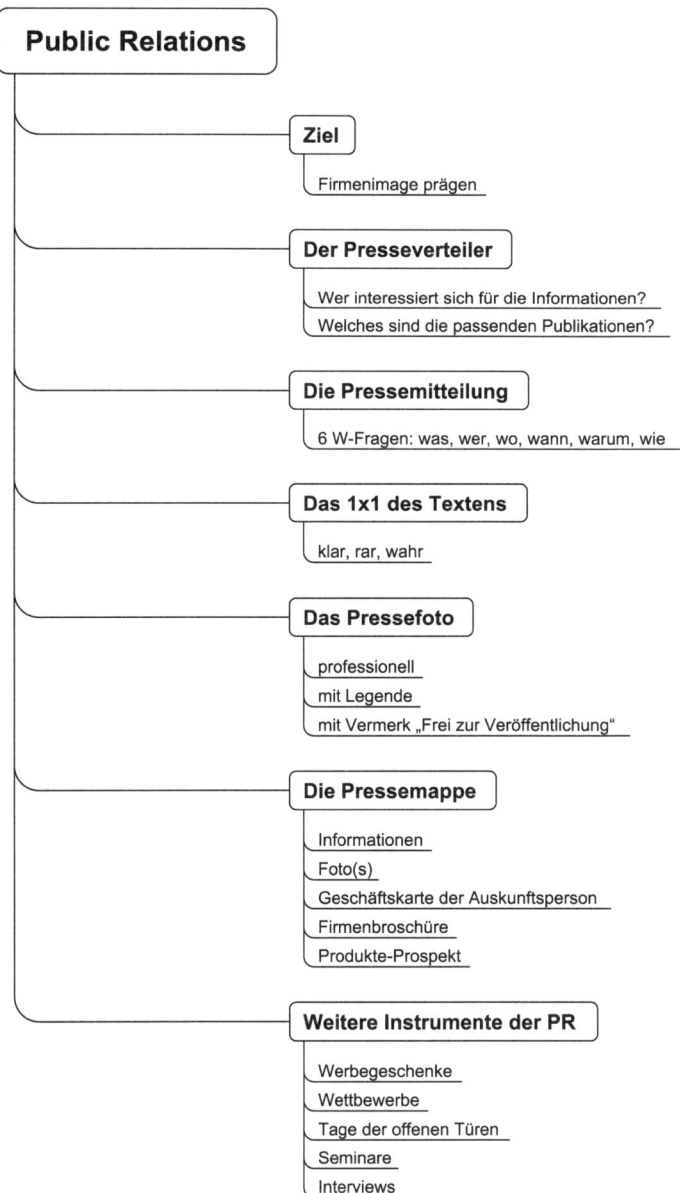

Public Relations

Ziel
Firmenimage prägen

Der Presseverteiler
Wer interessiert sich für die Informationen?
Welches sind die passenden Publikationen?

Die Pressemitteilung
6 W-Fragen: was, wer, wo, wann, warum, wie

Das 1x1 des Textens
klar, rar, wahr

Das Pressefoto
professionell
mit Legende
mit Vermerk „Frei zur Veröffentlichung"

Die Pressemappe
Informationen
Foto(s)
Geschäftskarte der Auskunftsperson
Firmenbroschüre
Produkte-Prospekt

Weitere Instrumente der PR
Werbegeschenke
Wettbewerbe
Tage der offenen Türen
Seminare
Interviews

Checkliste 2.7: Public Relations

Lieferantenmanagement
Vorauswahl von möglichen Lieferanten
Welche Kriterien soll der Lieferant erfüllen?
Kontrolle und Steuerung der Lieferantenbeziehung
Wie sorge ich dafür, dass aus der Beziehung eine langfristige win-win-Situation resultiert?
Bewertung von Lieferanten
Wieweit erfüllt er meine Anforderungskriterien?
z.B. Preis, Qualität, Logistik, Innovationsfähigkeit, Flexibilität, Kommunikation, Transparenz, Vernetzungswille und -fähigkeit

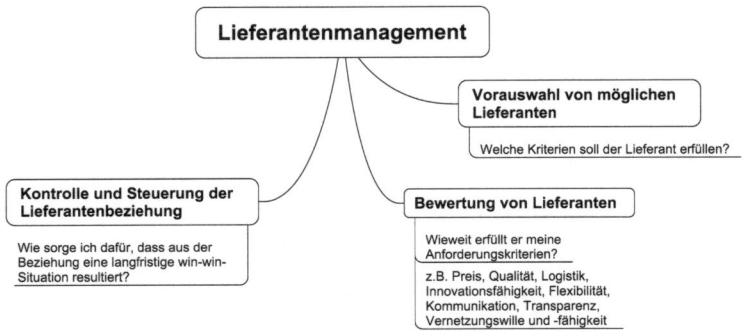

Checkliste 2.8: Lieferantenmanagement

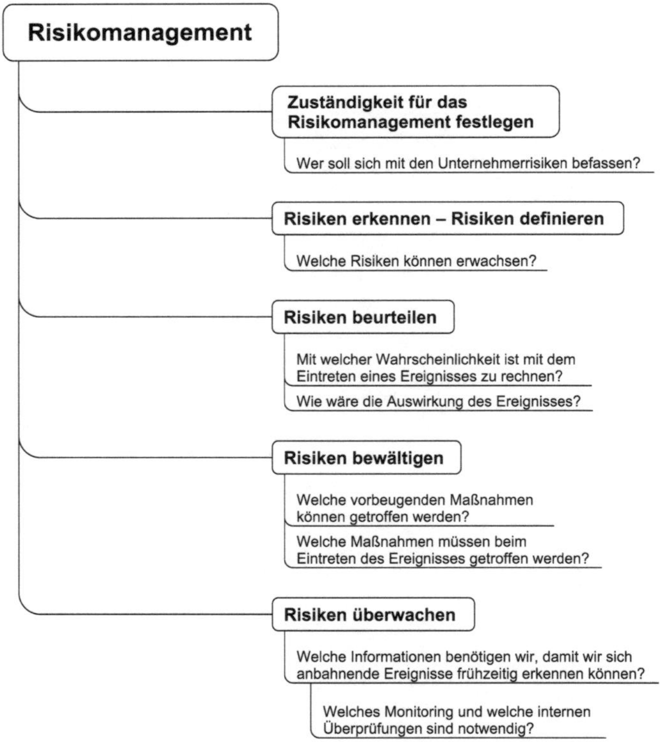

Risikomanagement
Zuständigkeit für das Risikomanagement festlegen
Wer soll sich mit den Unternehmerrisiken befassen?
Risiken erkennen – Risiken definieren
Welche Risiken können erwachsen?
Risiken beurteilen
Mit welcher Wahrscheinlichkeit ist mit dem Eintreten eines Ereignisses zu rechnen?
Wie wäre die Auswirkung des Ereignisses?
Risiken bewältigen
Welche vorbeugenden Maßnahmen können getroffen werden?
Welche Maßnahmen müssen beim Eintreten des Ereignisses getroffen werden?
Risiken überwachen
Welche Informationen benötigen wir, damit wir sich anbahnende Ereignisse frühzeitig erkennen können?
Welches Monitoring und welche internen Überprüfungen sind notwendig?

Checkliste 3.1: Risikomanagement

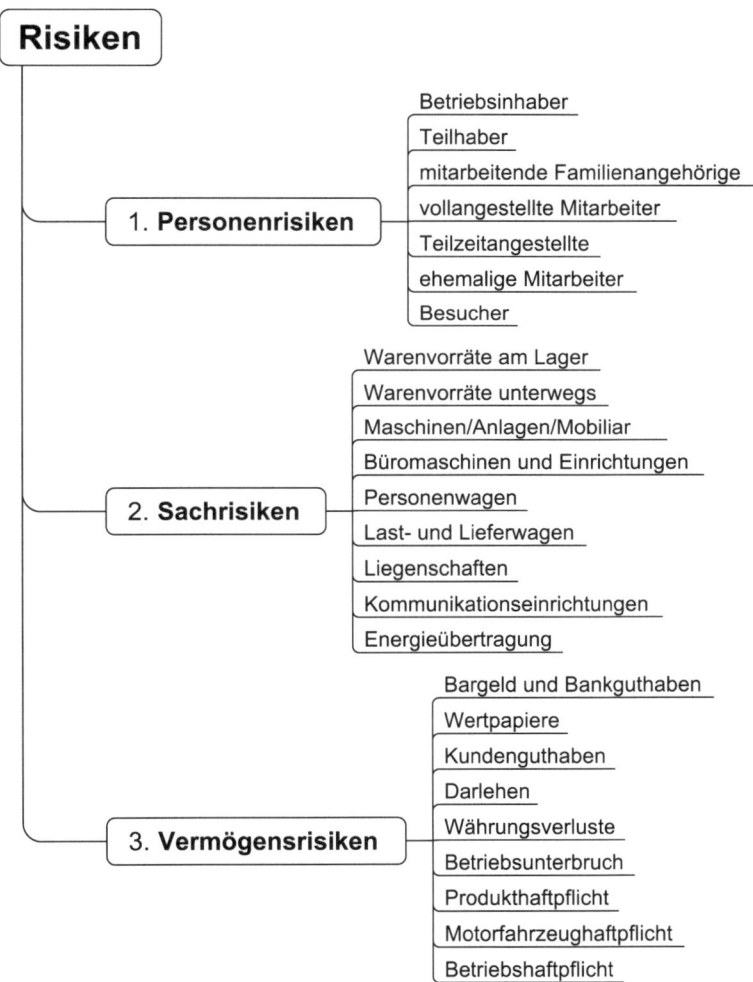

Risiken

1. **Personenrisiken**
   - Betriebsinhaber
   - Teilhaber
   - mitarbeitende Familienangehörige
   - vollangestellte Mitarbeiter
   - Teilzeitangestellte
   - ehemalige Mitarbeiter
   - Besucher

2. **Sachrisiken**
   - Warenvorräte am Lager
   - Warenvorräte unterwegs
   - Maschinen/Anlagen/Mobiliar
   - Büromaschinen und Einrichtungen
   - Personenwagen
   - Last- und Lieferwagen
   - Liegenschaften
   - Kommunikationseinrichtungen
   - Energieübertragung

3. **Vermögensrisiken**
   - Bargeld und Bankguthaben
   - Wertpapiere
   - Kundenguthaben
   - Darlehen
   - Währungsverluste
   - Betriebsunterbruch
   - Produkthaftpflicht
   - Motorfahrzeughaftpflicht
   - Betriebshaftpflicht

Checkliste 3.2: Risiken

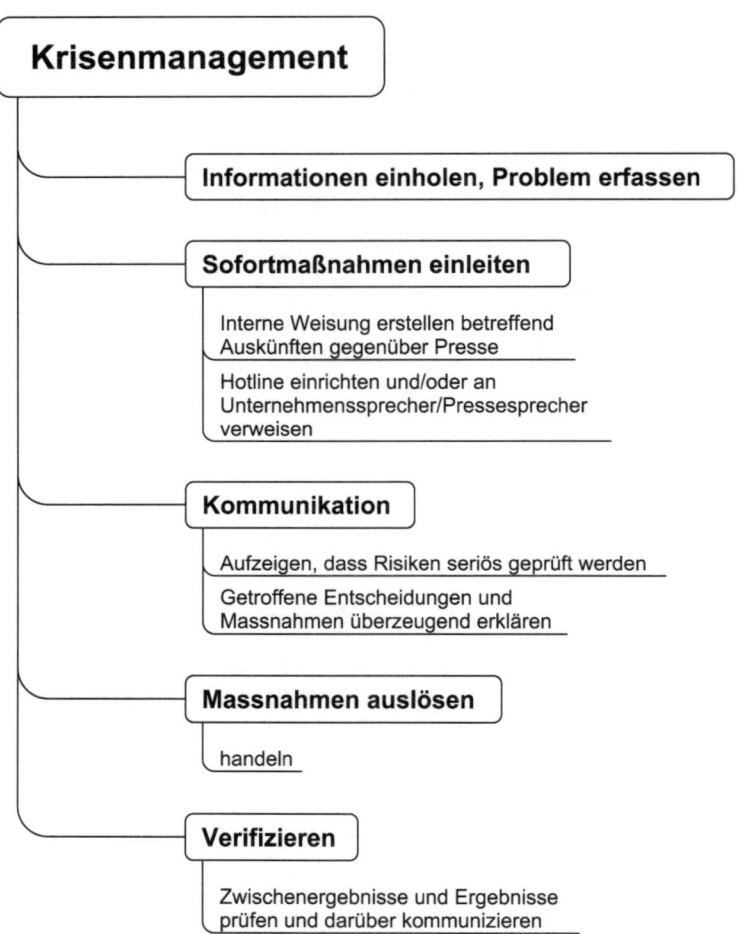

Checkliste 4.1: Krisenmanagement

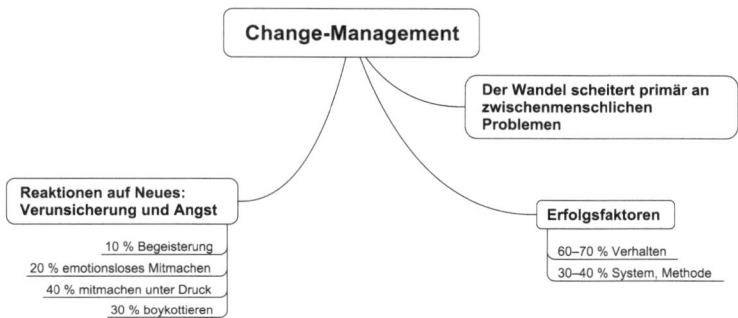

Checkliste 5.1: Change-Management

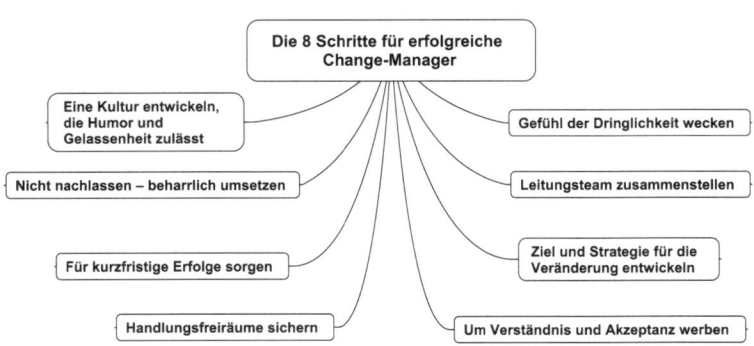

Checkliste 5.2: Die 8 Schritte für erfolgreiche Change-Manager

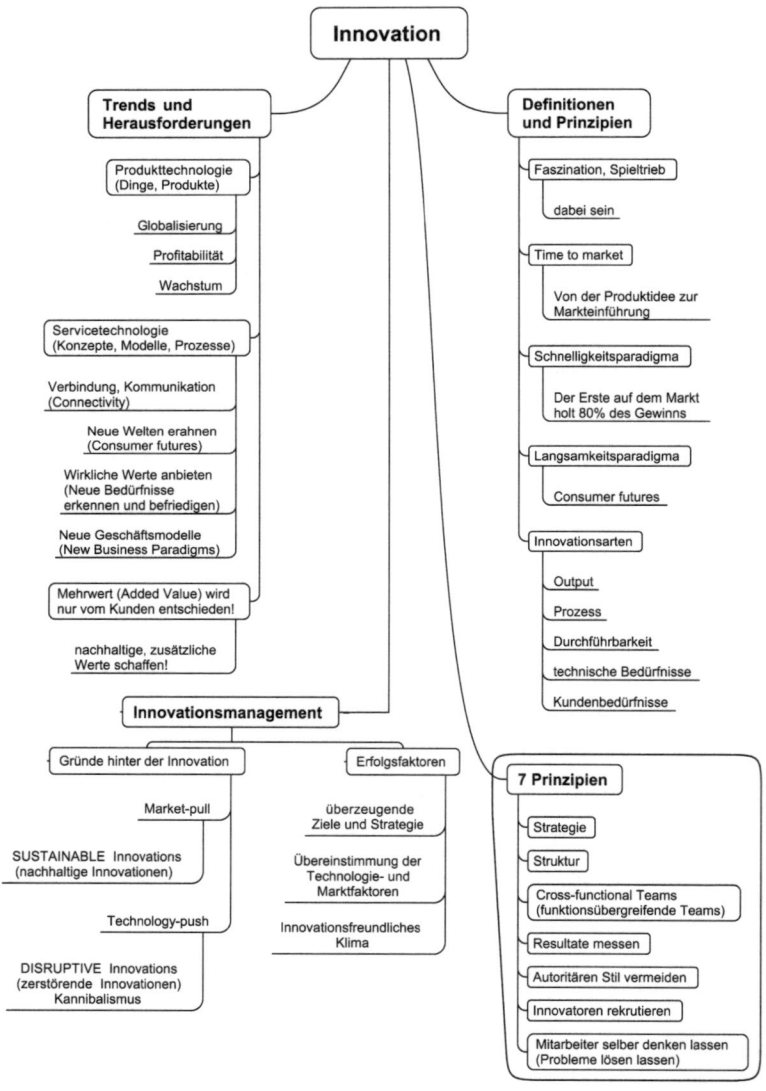

Checkliste 5.3: Innovation

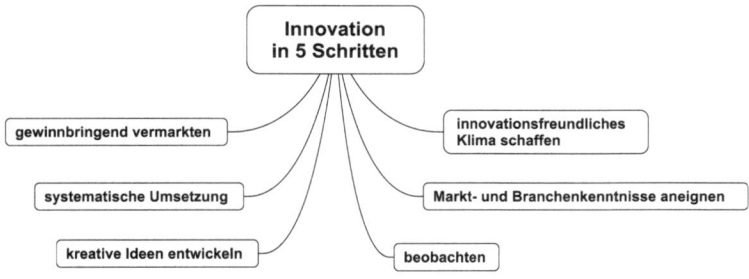

Checkliste 5.4: Innovation in 5 Schritten

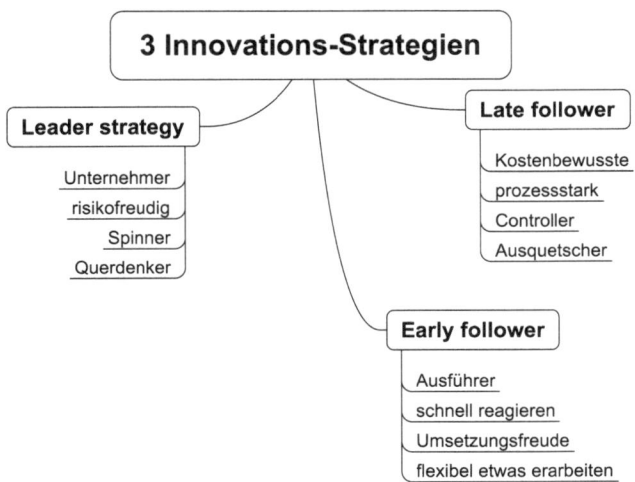

Checkliste 5.5: 3 Innovations–Strategien

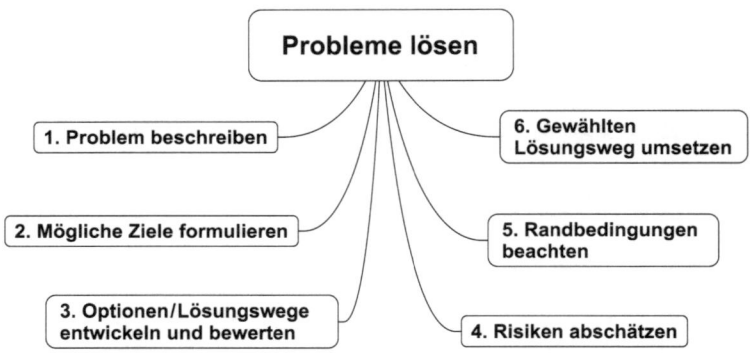

Checkliste 6.1: Probleme lösen

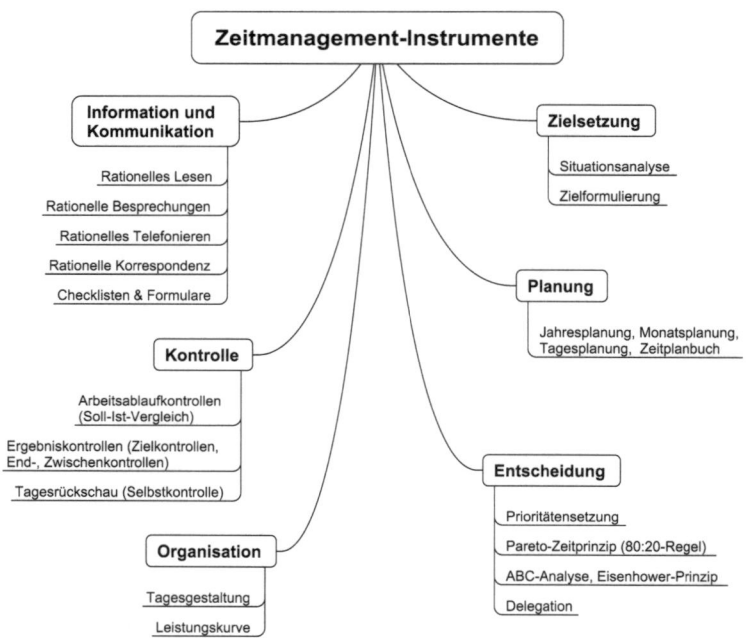

Checkliste 6.2: Zeitmanagement-Instrumente

Checkliste 6.3: Selbstmanagement

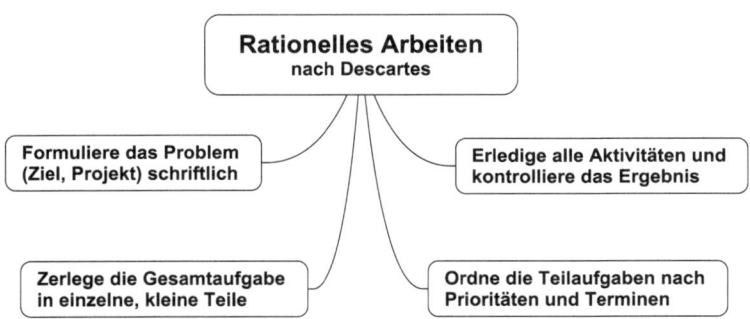

Checkliste 6.4: Rationelles Arbeiten

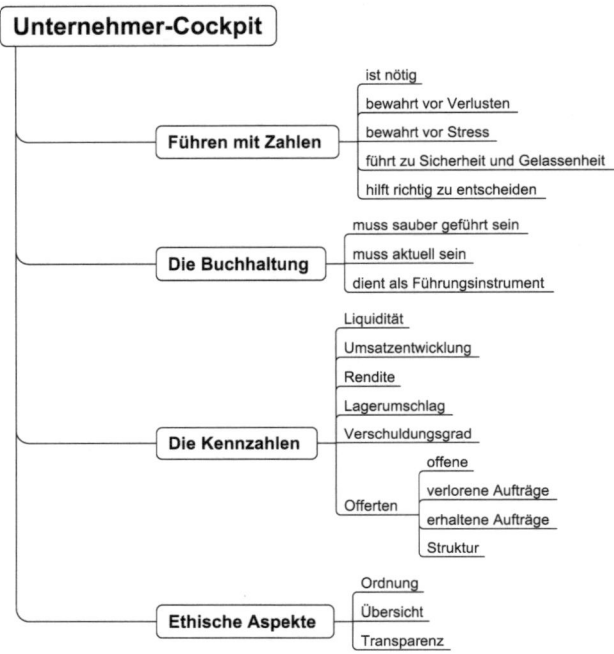

Checkliste 7.1: Unternehmer-Cockpit

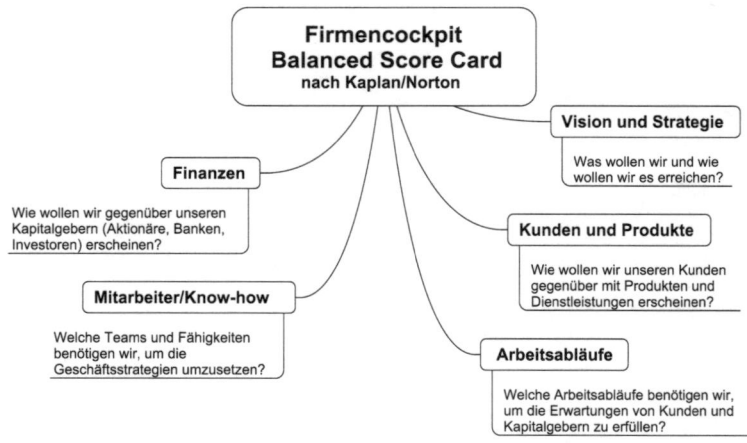

Checkliste 7.2: Firmencockpit/Balanced Score Card

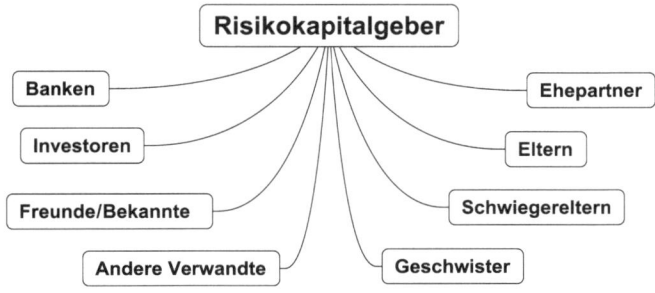

Checkliste 7.3: Risikokapitalgeber

Checkliste 7.4: Kreditgesuch

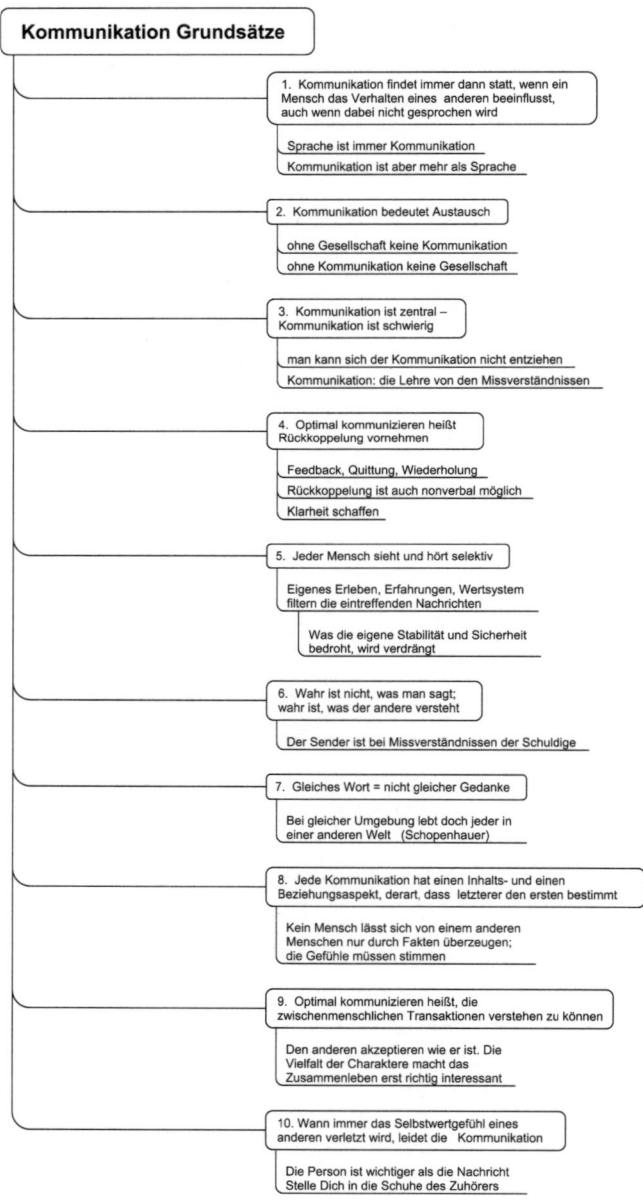

Kommunikation Grundsätze

1. Kommunikation findet immer dann statt, wenn ein Mensch das Verhalten eines anderen beeinflusst, auch wenn dabei nicht gesprochen wird

Sprache ist immer Kommunikation
Kommunikation ist aber mehr als Sprache

2. Kommunikation bedeutet Austausch

ohne Gesellschaft keine Kommunikation
ohne Kommunikation keine Gesellschaft

3. Kommunikation ist zentral – Kommunikation ist schwierig

man kann sich der Kommunikation nicht entziehen
Kommunikation: die Lehre von den Missverständnissen

4. Optimal kommunizieren heißt Rückkoppelung vornehmen

Feedback, Quittung, Wiederholung
Rückkoppelung ist auch nonverbal möglich
Klarheit schaffen

5. Jeder Mensch sieht und hört selektiv

Eigenes Erleben, Erfahrungen, Wertsystem filtern die eintreffenden Nachrichten

Was die eigene Stabilität und Sicherheit bedroht, wird verdrängt

6. Wahr ist nicht, was man sagt; wahr ist, was der andere versteht

Der Sender ist bei Missverständnissen der Schuldige

7. Gleiches Wort = nicht gleicher Gedanke

Bei gleicher Umgebung lebt doch jeder in einer anderen Welt   (Schopenhauer)

8. Jede Kommunikation hat einen Inhalts- und einen Beziehungsaspekt, derart, dass letzterer den ersten bestimmt

Kein Mensch lässt sich von einem anderen Menschen nur durch Fakten überzeugen; die Gefühle müssen stimmen

9. Optimal kommunizieren heißt, die zwischenmenschlichen Transaktionen verstehen zu können

Den anderen akzeptieren wie er ist. Die Vielfalt der Charaktere macht das Zusammenleben erst richtig interessant

10. Wann immer das Selbstwertgefühl eines anderen verletzt wird, leidet die   Kommunikation

Die Person ist wichtiger als die Nachricht
Stelle Dich in die Schuhe des Zuhörers

Checkliste 8.1: Kommunikation Grundsätze

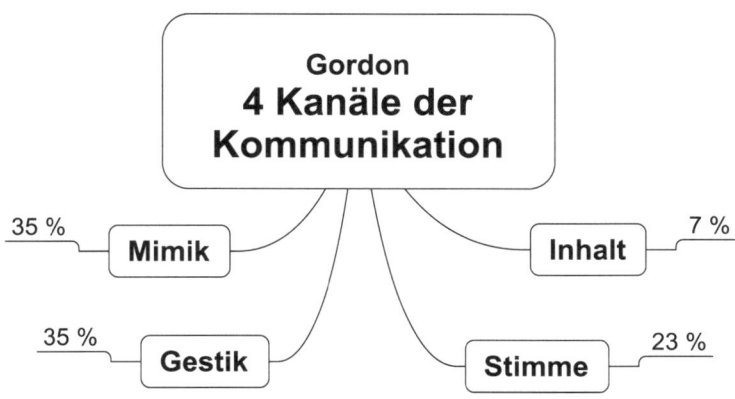

Checkliste 8.2: 4 Kanäle der Kommunikation

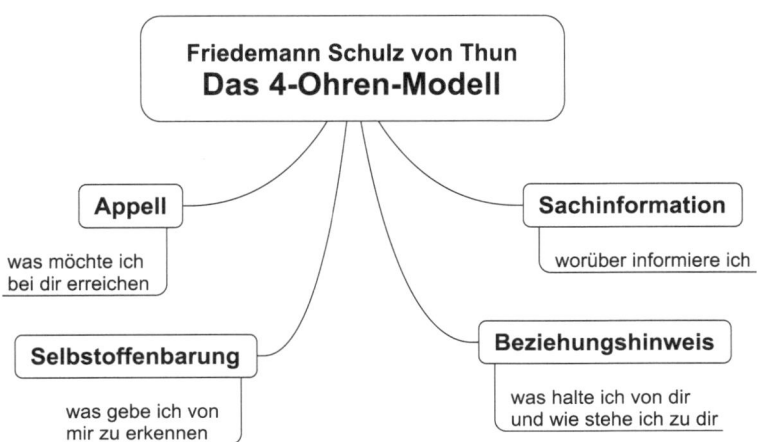

Checkliste 8.3: Das 4-Ohren-Modell

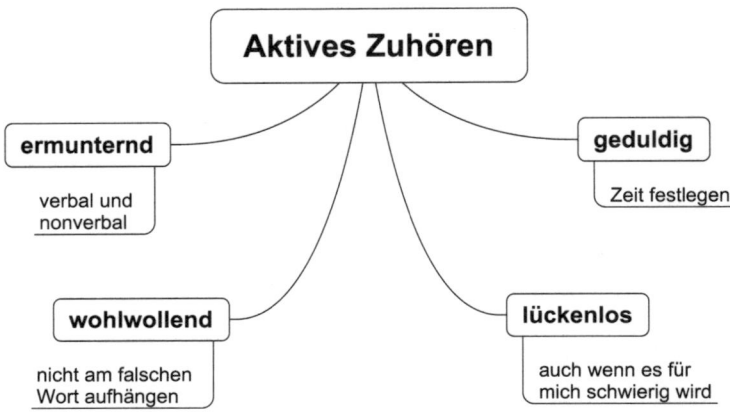

Checkliste 8.4: 4 Aktives Zuhören

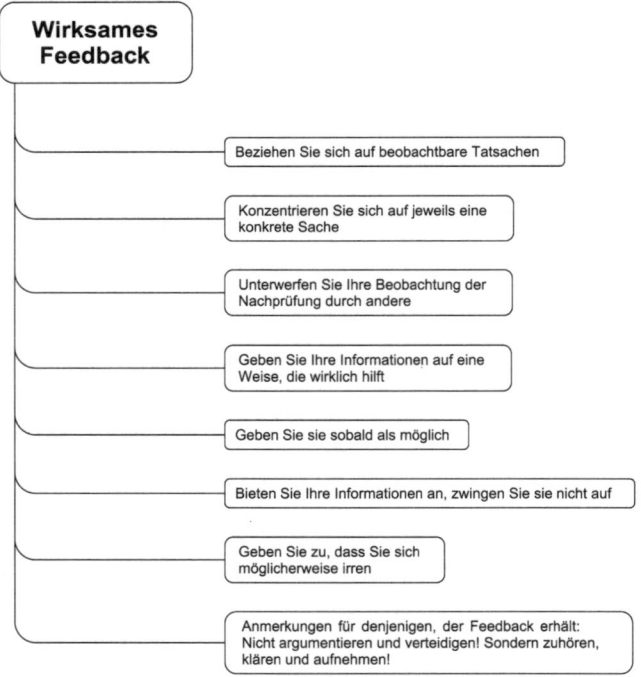

Checkliste 8.5: Wirksames Feedback

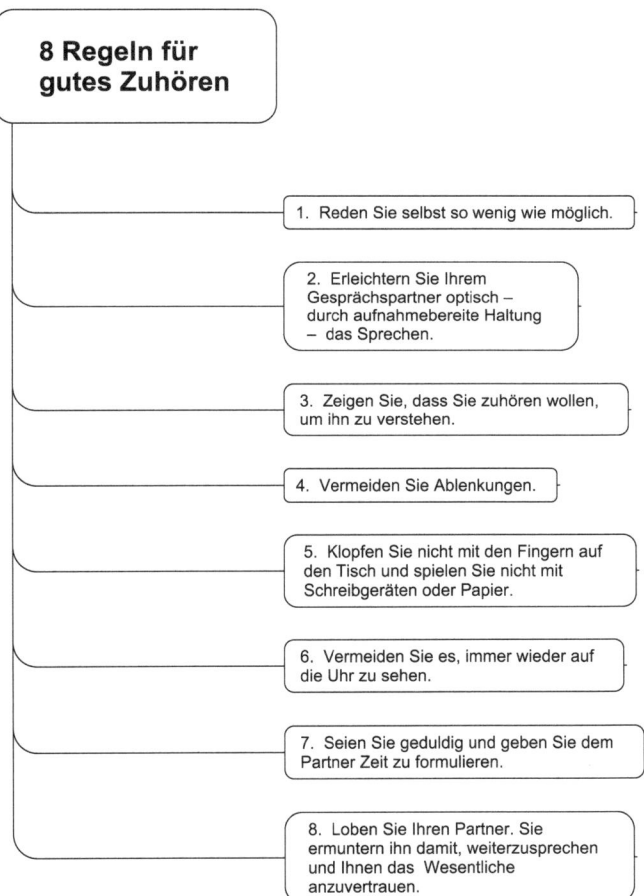

8 Regeln für gutes Zuhören

1. Reden Sie selbst so wenig wie möglich.

2. Erleichtern Sie Ihrem Gesprächspartner optisch – durch aufnahmebereite Haltung – das Sprechen.

3. Zeigen Sie, dass Sie zuhören wollen, um ihn zu verstehen.

4. Vermeiden Sie Ablenkungen.

5. Klopfen Sie nicht mit den Fingern auf den Tisch und spielen Sie nicht mit Schreibgeräten oder Papier.

6. Vermeiden Sie es, immer wieder auf die Uhr zu sehen.

7. Seien Sie geduldig und geben Sie dem Partner Zeit zu formulieren.

8. Loben Sie Ihren Partner. Sie ermuntern ihn damit, weiterzusprechen und Ihnen das Wesentliche anzuvertrauen.

Checkliste 8.6: 8 Regeln für gutes Zuhören

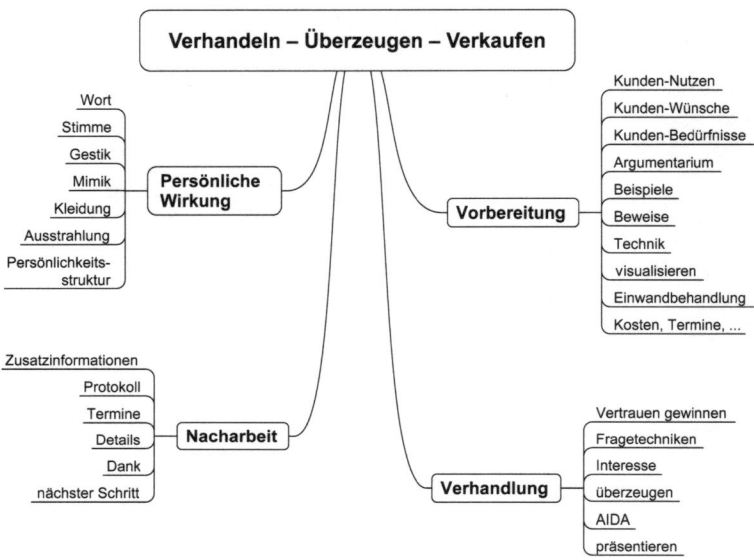

Checkliste 8.7: Verhandeln-Überzeugen-Verkaufen

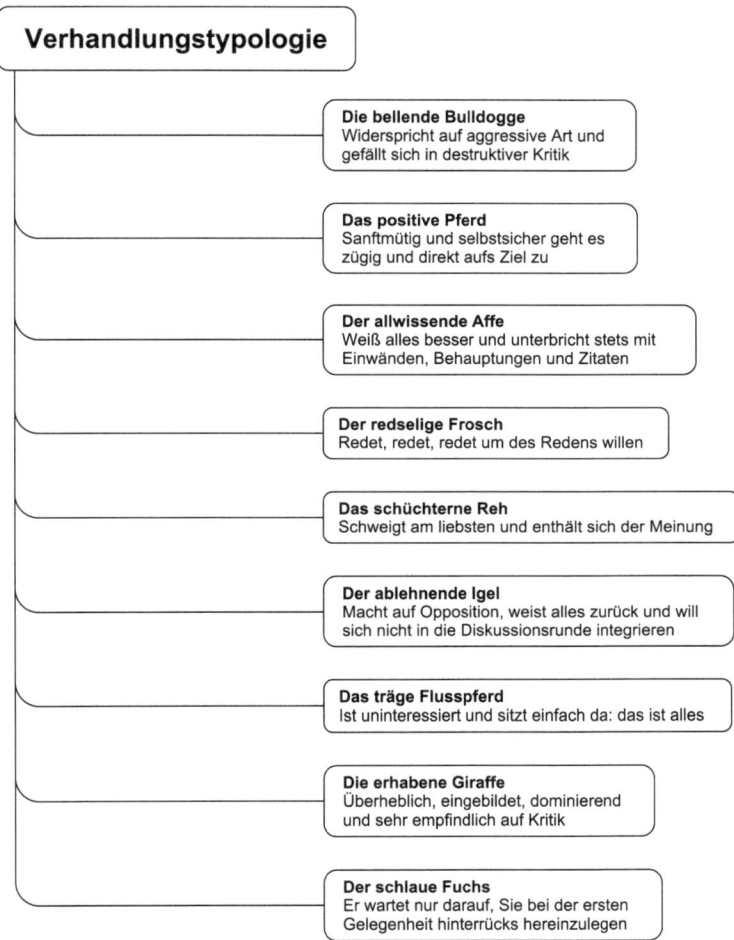

Verhandlungstypologie

Die bellende Bulldogge
Widerspricht auf aggressive Art und
gefällt sich in destruktiver Kritik

Das positive Pferd
Sanftmütig und selbstsicher geht es
zügig und direkt aufs Ziel zu

Der allwissende Affe
Weiß alles besser und unterbricht stets mit
Einwänden, Behauptungen und Zitaten

Der redselige Frosch
Redet, redet, redet um des Redens willen

Das schüchterne Reh
Schweigt am liebsten und enthält sich der Meinung

Der ablehnende Igel
Macht auf Opposition, weist alles zurück und will
sich nicht in die Diskussionsrunde integrieren

Das träge Flusspferd
Ist uninteressiert und sitzt einfach da: das ist alles

Die erhabene Giraffe
Überheblich, eingebildet, dominierend
und sehr empfindlich auf Kritik

Der schlaue Fuchs
Er wartet nur darauf, Sie bei der ersten
Gelegenheit hinterrücks hereinzulegen

Checkliste 8.8: Verhandlungstypologie

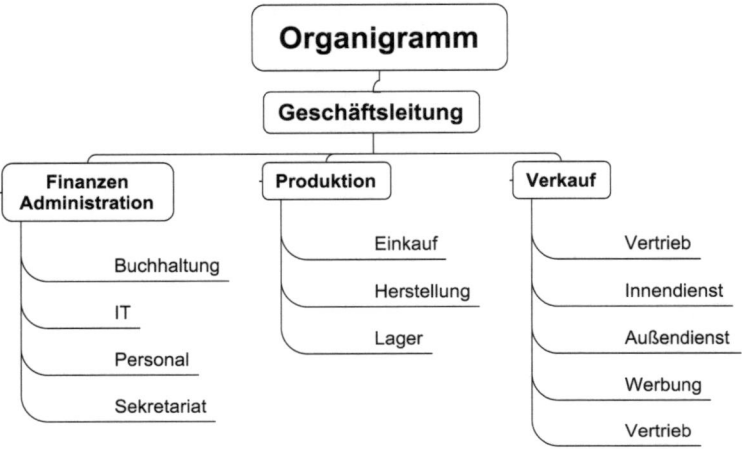

Checkliste 9.1: Organigramm

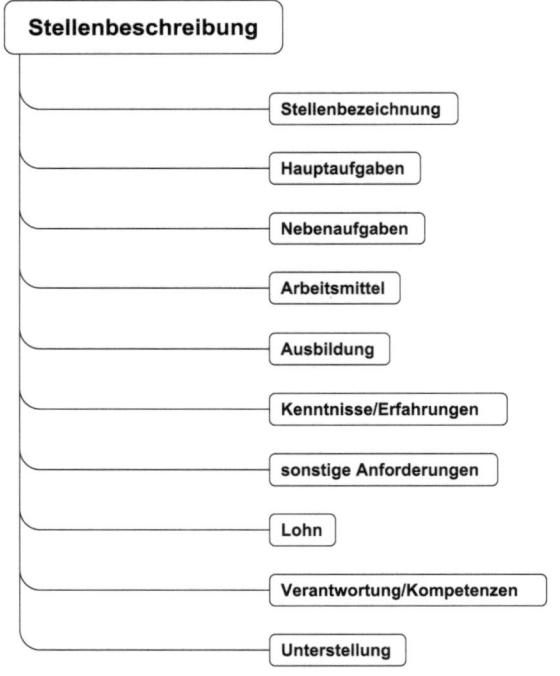

Checkliste 9.2: Stellenbeschreibung

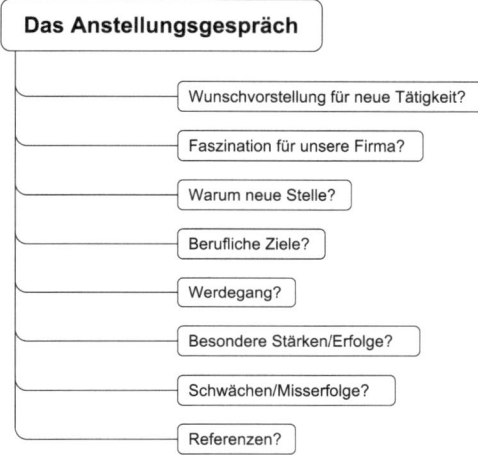

Checkliste 9.3: Das Anstellungsgespräch

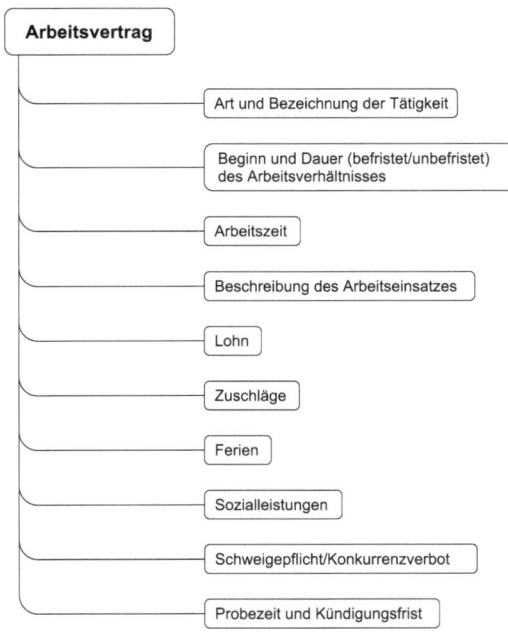

Checkliste 9.4: Arbeitsvertrag

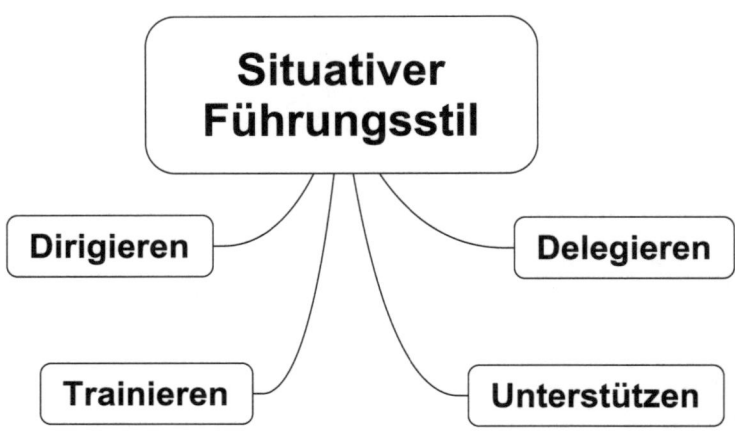

Checkliste 10.1: Situativer Führungsstil

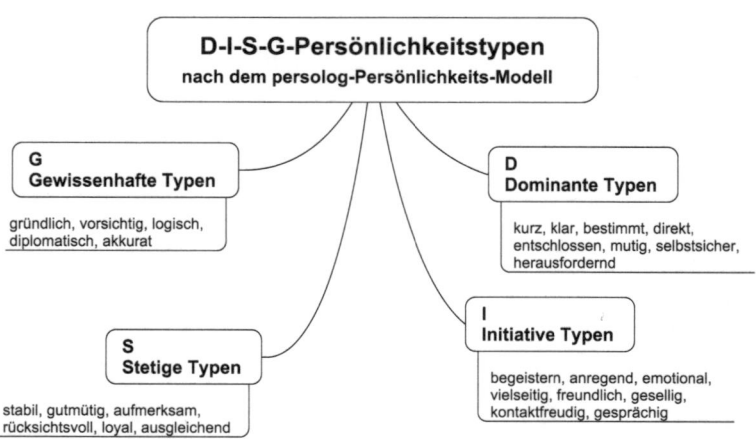

Checkliste 10.2: D-I-S-G-Persönlichkeitstypen

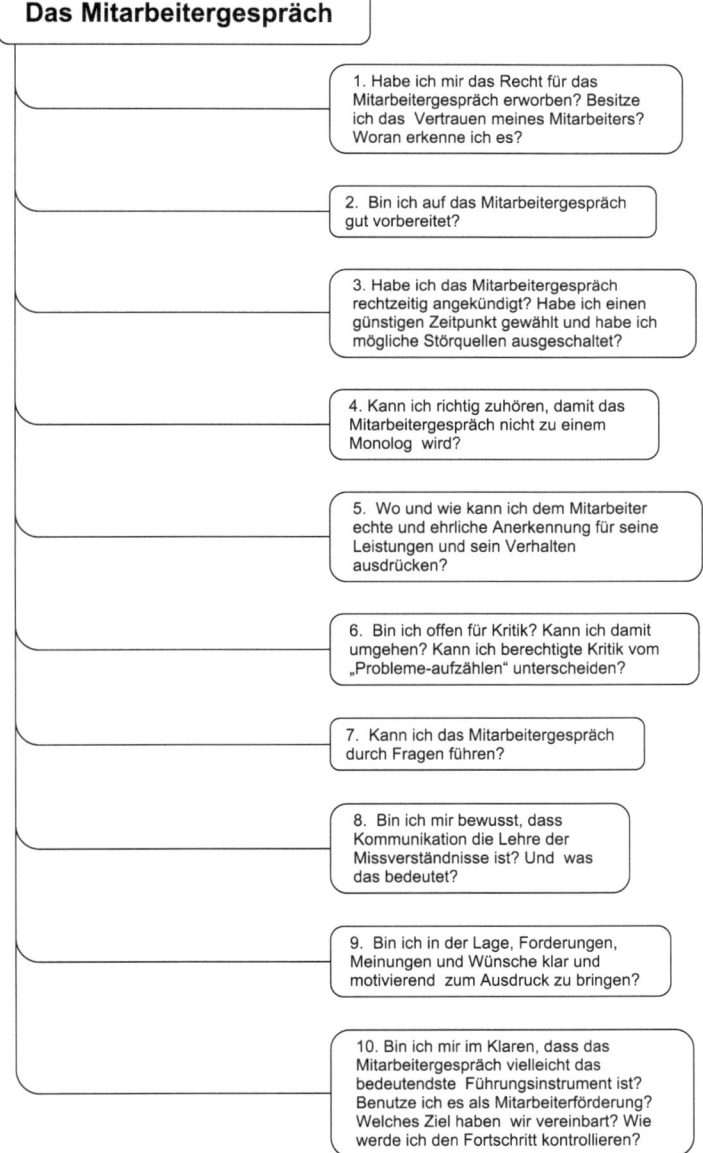

Das Mitarbeitergespräch

1. Habe ich mir das Recht für das Mitarbeitergespräch erworben? Besitze ich das Vertrauen meines Mitarbeiters? Woran erkenne ich es?

2. Bin ich auf das Mitarbeitergespräch gut vorbereitet?

3. Habe ich das Mitarbeitergespräch rechtzeitig angekündigt? Habe ich einen günstigen Zeitpunkt gewählt und habe ich mögliche Störquellen ausgeschaltet?

4. Kann ich richtig zuhören, damit das Mitarbeitergespräch nicht zu einem Monolog wird?

5. Wo und wie kann ich dem Mitarbeiter echte und ehrliche Anerkennung für seine Leistungen und sein Verhalten ausdrücken?

6. Bin ich offen für Kritik? Kann ich damit umgehen? Kann ich berechtigte Kritik vom „Probleme-aufzählen" unterscheiden?

7. Kann ich das Mitarbeitergespräch durch Fragen führen?

8. Bin ich mir bewusst, dass Kommunikation die Lehre der Missverständnisse ist? Und was das bedeutet?

9. Bin ich in der Lage, Forderungen, Meinungen und Wünsche klar und motivierend zum Ausdruck zu bringen?

10. Bin ich mir im Klaren, dass das Mitarbeitergespräch vielleicht das bedeutendste Führungsinstrument ist? Benutze ich es als Mitarbeiterförderung? Welches Ziel haben wir vereinbart? Wie werde ich den Fortschritt kontrollieren?

Checkliste 10.3: Das Mitarbeitergespräch

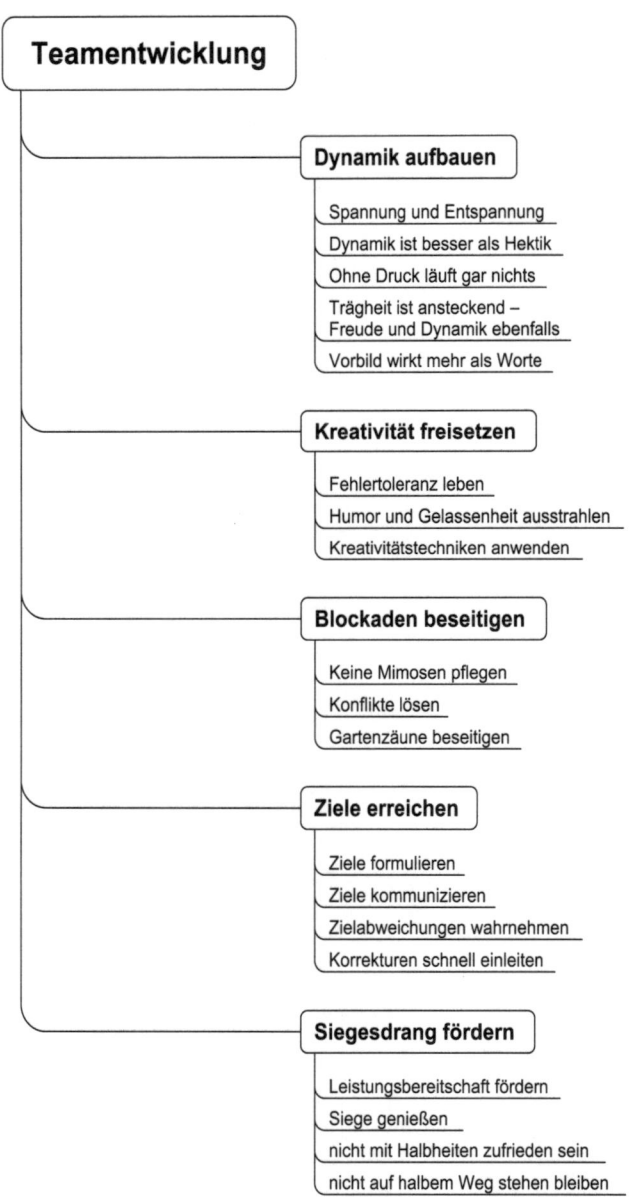

Teamentwicklung

Dynamik aufbauen

Spannung und Entspannung
Dynamik ist besser als Hektik
Ohne Druck läuft gar nichts
Trägheit ist ansteckend –
Freude und Dynamik ebenfalls
Vorbild wirkt mehr als Worte

Kreativität freisetzen

Fehlertoleranz leben
Humor und Gelassenheit ausstrahlen
Kreativitätstechniken anwenden

Blockaden beseitigen

Keine Mimosen pflegen
Konflikte lösen
Gartenzäune beseitigen

Ziele erreichen

Ziele formulieren
Ziele kommunizieren
Zielabweichungen wahrnehmen
Korrekturen schnell einleiten

Siegesdrang fördern

Leistungsbereitschaft fördern
Siege genießen
nicht mit Halbheiten zufrieden sein
nicht auf halbem Weg stehen bleiben

Checkliste 10.4: Teamentwicklung

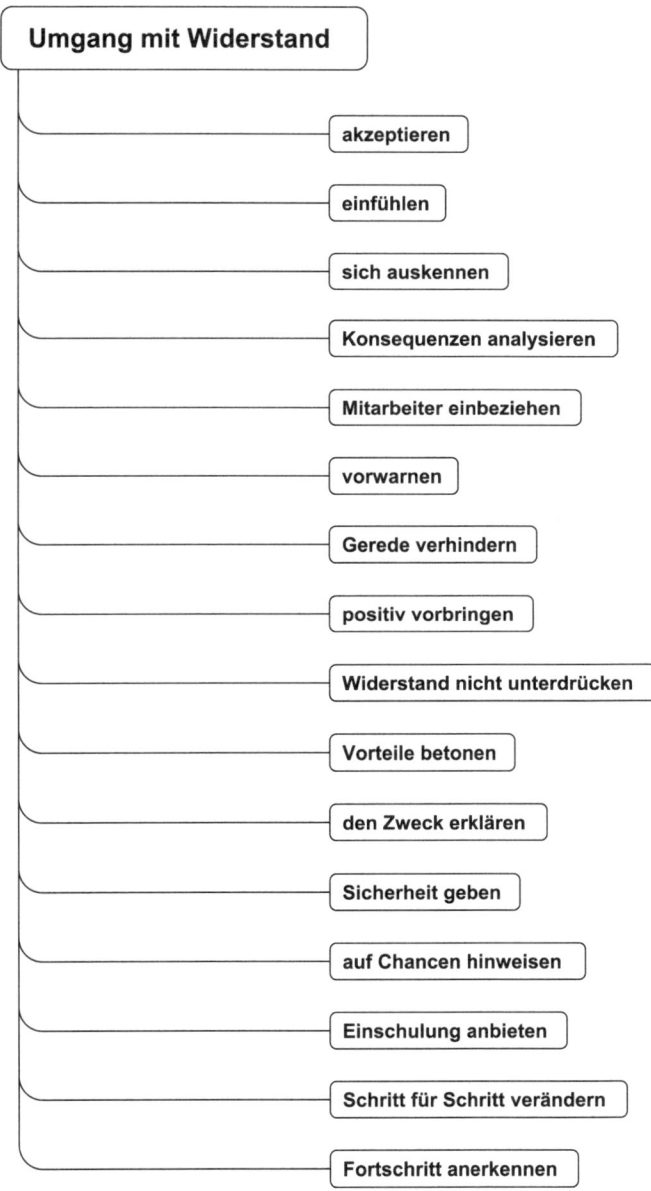

Checkliste 10.5: Umgang mit Widerstand

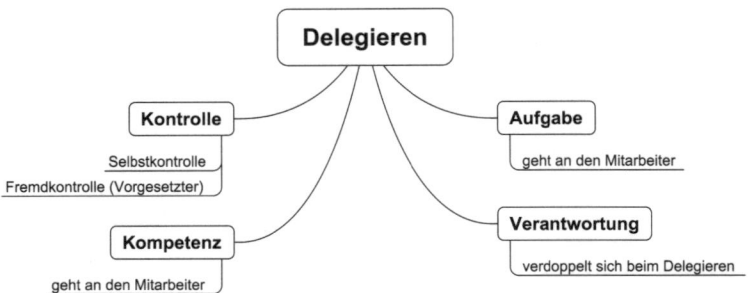

Checkliste 10.6: Delegieren

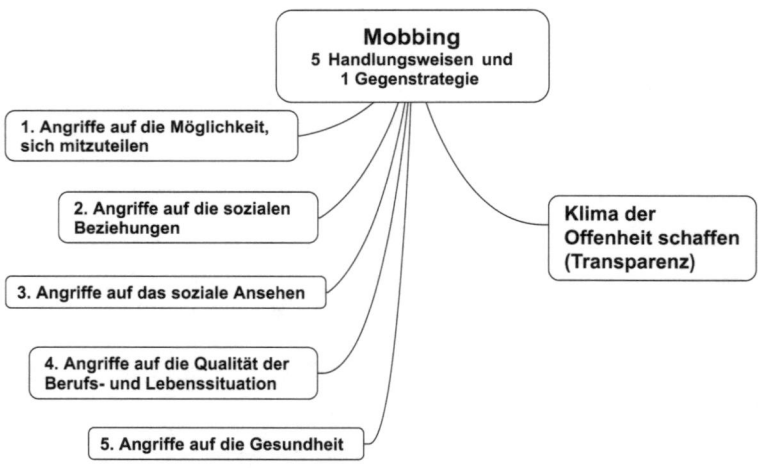

Checkliste 10.7: Mobbing

Bibliografie

Bücher

Ackeret, Matthias: *Das Blocher-Prinzip.* Schaffhausen: Meier Buchverlag, 2007.

Bartu, Friedemann: Nicolas G. Hayek im Gespräch mit Friedemann Bartu – Ansichten eines Vollblut-Unternehmers. Zürich: Verlag der Neuen Zürcher Zeitung, 2005.

Berne, Eric: *Spiele der Erwachsenen.* Reinbek b. Hamburg: Rowohlt, 1993.

Binder, Karlheinz: *Quer gedacht.* Wuppertal: Brockhaus, 1997.

Birkenbihl, Vera F.: *Stroh im Kopf.* Offenbach: Gabal, 1996.

Bischofberger, Roland: Überleben in der Wirtschaftswelt. Wuppertal: Brockhaus, 1993.

Bohinc, Tomas: *Projektmanagement.* Offenbach: Gabal, 2007.

Borschberg, Edwin/Staffelbach, Bruno: *Marketing für kleine und mittlere Unternehmungen.* Bern, Stuttgart: Haupt, 1991.

Bührer, Detlef: *Toolbox Business-Kommunikation.* Offenbach: Gabal, 2007.

Buzan, Tony: *Kopftraining.* München: Goldmann, 1993.

Buzan, Tony: *Nichts vergessen!.* München: Goldmann, 2000.

Buzan, Tony/North, Vanda: *Mind Mapping – Der Schlüssel für deinen Lernerfolg.* Wien: C&G, 2003.

Buzan, Tony/North, Vanda: *Mind Mapping – Der Weg zu Ihrem persönlichen Erfolg.* Wien: C&G, 2005.

Christensen, Clayton M.: *The Innovator's Dilemma.* New York, NY: Harper Collins, 2003.

Covey, Stephen R.: *Die 7 Wege zur Effektivität.* Offenbach: Gabal, 2007.

Covey, Stephen R.: *Die effektive Führungspersönlichkeit.* Frankfurt a.M.: Campus, 1999.

Crabb, Lawrence J.: *Verstehe, wer du bist.* Gießen, Basel: Brunnen, 2009.

Dess/Lumpkin/Taylor: *Strategic Management.* Boston, Mass.: Mc-Graw-Hill, 2005.

Döttling, Dieter: *Marketing Basiswissen.* Offenbach: Gabal, 1999.

Drucker, Peter F.: *Management.* Frankfurt a.M.: Campus, 2009.

Ederer Günter/Seiwert, Lothar J.: *Der Kunde ist König.* Offenbach: Gabal, 2000.

Eschenbach, Rolf/Eschenbach, Sebastian/Kunesch, Hermann: *Strategische Konzepte.* Stuttgart: Schäffer-Poeschel, 2003.

Förster, Anja/Kreuz, Peter: *Alles, außer gewöhnlich.* Berlin: Econ, 2007.

Friedrich, Kerstin: *Empfehlungsmarketing.* Offenbach: Gabal, 1997.

Friedrich, Kerstin: *Erfolgreich durch Spezialisierung.* München: Verlag Moderne Industrie, 2003.

Friedrich, Kerstin/Seiwert Lothar J./Geffroy Edgar K.: *Das neue 1x1 der Erfolgsstrategie.* Offenbach: Gabal, 2007.

Greer, Peter/Smith, Phil: *The Poor will be glad.* Grand Rapids, Mich.: Zondervan, 2009.

Griffiths, Brian/Tan, Kim: *Fighting Poverty Through Enterprise.* London: Transformational Business Network, 2009.

Haferburg, Manfred: *Aus heiterem Himmel.* Selbstverlag, 2010.

Hendl, Claudia: *Wer lacht, hat mehr vom Leben.* Augsburg: Midena, 1998.

Hill, Alexander: *Just Business – Christian Ethics for the Marketplace.* Downers Grove, Ill.: InterVarsitiy Press, 1997.

Hubacher, Erich u.a.: *Der Sprung in die Selbständigkeit* (Schriftenreihe Unternehmensführung im Gewerbe). Muri b. Bern: Cosmos, 1997.

Jeannet, Jean-Pierre: *Managing with a Global Mindset.* New York, NY: Financial Times/Prentice Hall, 2000.

Kessler, Volker und Martina: *Die Machtfalle.* Gießen, Basel: Brunnen, 2001.

Klein, Susanne: *Wenn die anderen das Problem sind.* Offenbach: Gabal, 2007.

Knoblauch, Jörg/Marquardt, Horst: *Werte haben Zukunft.* Gießen, Basel: Brunnen, 2003.

Landes, David: *Wohlstand und Armut der Nationen*. Siedler, 1999.

Lanz, Arnold H.: *So kalkuliert der Praktiker*. Muri b. Bern: Cosmos, 1995.

Levinson, Jay Conrad/Godin, Seth: *Das Guerilla Marketing Handbuch*. Frankfurt a.M.: Campus, 2009.

Marriott, Willard J. u.a.: *Spirit to Serve – Our Stories*. Washington D.C.: Marriott Communications, 2007.

Müller, Renato C.: *E-Leadership*. Norderstedt: Books on Demand, 2008.

Oertli-Cajacob, P.: *Innovation statt Resignation*. Bern, Stuttgart: Haupt, 1990.

Österle, Hubert/Winter, Robert: *Business Engineering*. Berlin: Springer, 2003.

Ostermann, Eduard: *Wissenschaftler entdecken Gott!* Holzgerlingen: Hänssler, 2001.

Patalas, Thomas: *GuerillaMarketing – Ideen schlagen Budget*. Berlin: Cornelsen, 2006.

Pokras, Sandy: *Systematische Problemlösung und Entscheidungsfindung*. Wien: Ueberreuter, 1998.

Ratzinger, Joseph/Benedikt XVI.: *Jesus von Nazareth*. 2 Bde. Freiburg i.Br.: Herder 2007, 2011.

Rest, H.P.: *Als Firma auf- oder abtreten*. Chur: Casanova, 2008.

Rieger, Jacqueline:, *Der Spassfaktor*. Offenbach: Gabal, 1999.

Rogoll, Rüdiger: *Nimm dich, wie du bist*. Freiburg i.Br.: Herder, 1993.

Roth, Gerhard: *Fühlen, Denken, Handeln*. Frankfurt a.M.: Suhrkamp, 2001.

Seifert, Josef W.: *Visualisieren – Präsentieren – Moderieren*. Offenbach: Gabal, 2006.

Seiwert, Lothar: *Das neue 1x1 des Zeitmanagement*. München: Gräfe und Unzer, 2008.

Spiegel, Peter: *Muhammad Yunus – Banker der Armen*. Freiburg i.Br.: Herder, 2007.

Steiger, Rudolf: *Beziehungsstörungen im Berufsalltag*. Frauenfeld: Huber, 2002.

Steiger, Rudolf: *Menschenorientierte Führung*. Frauenfeld: Huber, 2009.

Steiger, Rudolf: *Zuhören – Fragen – Argumentieren*. Frauenfeld: Huber, 2008.

Steiner, Frank: *Erfolgsorientierte Unternehmensführung im Klein- und Mittelbetrieb* (Schriftenreihe Unternehmensführung im Gewerbe). Muri b. Bern: Cosmos, 1993.

Strahm, Rudolf H.: *Warum sie so arm sind*. Wuppertal: Hammer, 1989.

Suttner, Bernhard G.: *Die 10 Gebote*. Murnau a. Staffelsee: Mankau, 2009.

Svantesson, Ingemar: *Mind Mapping und Gedächtnistraining*. Offenbach: Gabal, 1995.

Taleb, Nassim Nicholas: *Der Schwarze Schwan*. München: Hanser, 2008.

Tomczak, Torsten/Brexendorf, Tim Oliver: *Markenaufbau und Markenpflege*. Zürich: Frei, 2005.

Tomlinson, Paul: *How a man handles conflict at work*. Minneapolis, Minn.: Bethany House, 1996.

Tschirky, Hugo/Suter, Andreas: *Führen mit Sinn und Erfolg*. Bern, Stuttgart: Haupt, 1990.

Ulrich, Peter/Fluri, Edgar: *Management*. Bern, Stuttgart: Haupt, 1992.

Vetsch, Hanspeter: *Erfolgreiche Nachfolgeplanung*. Zürich: Wirtschafts-Medien AG, Bilanz, 2001.

Wegelin, Jürg: *Mister Swatch*. München: Nagel & Kimche, 2009.

Zindel, Daniel: *Geistesgegenwärtig führen – Spiritualität und Management*. Schwarzenfeld: Neufeld 2009.

Zuschlag, Berndt: *Mobbing*. Göttingen: Verlag für Angewandte Psychologie Göttingen, 1994.

Zeitschriftenartikel

Bastgen/Falk/Hegele-Raih: Visionäre Wohltäterinnen, Harvard Business Manager, Januar 2009.

Christensen/Johnson/Kagermann: Wie Sie Ihr Geschäftsmodell neu erfinden, Harvard Business Manager, April 2009.

Classen, Martin/von Kyaw, Felicitas: Warum der Wandel meist misslingt, Harvard Business Manager, Dezember 2009.

Garvin/Edmondson/Gino: Das lernende Unternehmen, Harvard Business Manager, November 2008.

Golemann/Boyatzis: Soziale Intelligenz – Warum Führung Einfühlung bedeutet, Harvard Business Manager, Januar 2009.

Güller, Eric/Ruttmann, Robert: Eine neue Ära der Nachhaltigkeit, Bulletin spezial der Credit Suisse, Nr. 5, Dez. 2009/Jan. 2010.

Hambrecht, Jürgen: Lektionen des Lebens, Harvard Business Manager, November 2008.

Homburg/Staritz/Bingemer: Was Produkte unverwechselbar macht, Harvard Business Manager, Dezember 2008.

Kaplan/Norton: Sparen Sie nicht am falschen Ende, Harvard Business Manager, Dezember 2008.

Khurana/Nohria: Die Neuerfindung des Managers, Harvard Business Manager, Januar 2009.

Lechner/Kreutzer/Schädler: Wachstumsinitiativen erfolgreich managen, Harvard Business Manager, Oktober 2008.

Mankins/Harding/Weddigen: Unternehmen umbauen mit System, Harvard Business Manager, Februar 2009.

Nachtwei/Schermuly: Acht Mythen über Eignungstests, Harvard Business Manager, April 2009.

Neue Zürcher Zeitung: Family Business, NZZ Folio, November 2009.

Nidumolu/Prahalad/Rangaswami: In fünf Schritten zum nachhaltigen Unternehmen, Harvard Business Manager, Dezember 2009.

Nix/Schnöring/Siegert: Den guten Ruf professionell managen, Harvard Business Manager, Januar 2009.

Sengupta/Abdel-Hamid/Van Wassenhove: Die Erfahrungsfalle, Harvard Business Manager, November 2008.

Steger/Salzmann: Die soziale Verantwortung von Unternehmen, Harvard Business Manager, Juli 2006.

Van Buren/Safferstone: Warum schneller Erfolg gefährlich ist, Harvard Business Manager, März 2009.

Warnholz, Jean-Louis: Die Allerärmsten als Zielgruppe, Harvard Business Manager, Dezember 2008.